CARLO GUASTALLA
CIRO MASSIMO NADDEO

con la collaborazione di PAOLO TORRESAN

domani

2

CORSO DI LINGUA
E CULTURA ITALIANA

redazione: **Euridice Orlandino** e **Chiara Sandri**

progetto grafico e impaginazione: **Lucia Cesarone**
progetto copertina: **Lucia Cesarone** e **Sergio Segoloni**
in copertina: Linee-forza del pugno di Boccioni [Giacomo Balla, 1916]
illustrazioni interne: **Luca Usai**
fumetto: **Giampiero Wallnofer**
direzione audio: **Vanni Cassori**
realizzazione DVD: **Merodesign**

ringraziamenti:

desideriamo ringraziare tutti gli insegnanti che hanno sperimentato i materiali ed in particolare:
Patrizia Bichi [Hochschule Osnabrück – Institut für Musik], Katia D'Angelo [University of California Rome
Study Center], Andrea Moro e Andrea Ortu [Come mai? Lingua e cultura italiana, Madrid], Franco Pauletto
[Stockholm University], Fabrizio Ruggeri e Maximilian Magrini Kunze [Universidad Complutense de Madrid],
P. T. [Universidade do Estado do Rio de Janeiro], Giuliana Trama [Sapienza Università di Roma].

vogliamo ringraziare anche tutti quelli che hanno prestato la loro voce per i brani audio ed in particolare:
Filomena Anzivino, Ciro Mazzotta, Massimo Malucelli, Simone Iovino, Diana Pedol, Matto Capanni, Teresa
Fallai, Katia D'Angelo, Silvia Tiddi, Emilio Shroeder, Carla Landi, Ivano Bini, Simone Marzola.

dediche:

▸ Dedico questo libro alle mie due zie: Anna e Carla, e ai miei due nipoti: Mattia e Naima. *Carlo*
▸ Un ringraziamento a Giuliana, per tutto. E ancora: grazie a Chiara, Euridice e Lucia, la cui professionalità
  e infinita pazienza hanno reso possibile questo libro. *Massimo*

LEGENDA

 brani di ascolto per le attività di classe

DVD esercizi   brani audio per l'autoapprendimento

DVD fonetica   brani audio per le attività di fonetica

DVD altri multimedia (cortometraggio, fumetto animato, ecc.)

Alma Edizioni
viale dei Cadorna, 44
50129 Firenze
tel +39 055 476644
fax +39 055 473531
alma@almaedizioni.it
www.almaedizioni.it

© 2011 Alma Edizioni
Printed in Italy
ISBN 978-88-6182-215-3

▸ indice

comunicazione	grammatica	lessico	testi scritti e *orali*	cultura

unità 0 | in classe — pagina 9

comunicazione	grammatica	lessico	testi scritti e *orali*	cultura
• Parlare della propria esperienza di studio dell'italiano • Nominare oggetti nella classe • Descrivere i propri interessi • Iscriversi a un corso	• Ripasso generale del primo volume	• Gli oggetti della classe	• *Istruzioni per eseguire dei compiti* 🔊 • Descrizione della scuola in Italia • *Conversazione alla segreteria di una scuola* 🔊	• Il sistema dell'istruzione in Italia

unità 1 | w gli sposi! — pagina 16

comunicazione	grammatica	lessico	testi scritti e *orali*	cultura
• Descrivere persone e situazioni • Fare gli auguri e rispondere	• I pronomi diretti • Il passato prossimo con il verbo *essere* • Il passato prossimo dei verbi riflessivi • L'accordo del participio passato con i pronomi diretti • *Quello* e *bello*	• I mesi e le stagioni • Occasioni, feste e festività, regali, ecc. • Le espressioni per fare gli auguri e rispondere	• *Dialogo ad un matrimonio* 🔊	• Buone maniere nel dare e ricevere un regalo • Fare gli auguri • Il matrimonio in Italia

unità 2 | feste e tradizioni — pagina 22

comunicazione	grammatica	lessico	testi scritti e *orali*	cultura
• Esprimere il grado di una qualità • Descrivere luoghi	• Il superlativo relativo e assoluto • La costruzione *uno dei più / meno* • I superlativi di *buono* • Gli avverbi *già, mai, ancora* e *sempre* con il passato prossimo	• I verbi *gustare, provare, assaggiare*, ecc.	• Descrizioni di luoghi turistici	• Feste e tradizioni italiane

unità 3 | al ristorante — pagina 27

comunicazione	grammatica	lessico	testi scritti e *orali*	cultura
• Prenotare un tavolo • Ordinare al ristorante • Chiedere informazioni su un piatto • Chiedere il conto • Fare paragoni	• I comparativi	• Tipi di cibo e di alimenti • I pasti e le portate • I nomi dei piatti • Formule tipiche al ristorante	• *Dialogo al ristorante* 🔊 • Il menu	• Piatti tipici • I pasti in Italia • Regole di comportamento al ristorante

▸ Storia a fumetti Episodio 1 — pagina 34
▸ Fonetica | suoni [kw] e [gw] / Le lettere *m* e *n* — pagina 36

unità 4 | come eravamo — pagina 38

comunicazione	grammatica	lessico	testi scritti e *orali*	cultura
• Descrivere situazioni passate • Descrivere l'abbigliamento	• L'imperfetto	• Capi di abbigliamento	• L'abbigliamento anni '70 • L'abbigliamento anni '80	• La destra e la sinistra in Italia • L'abbigliamento

unità 5 | io mi ricordo... — pagina 44

comunicazione	grammatica	lessico	testi scritti e *orali*	cultura
• Raccontare eventi passati • Descrivere l'aspetto fisico e il carattere	• L'imperfetto • Il passato prossimo e l'imperfetto • I connettivi *allora, ma, mentre*, ecc. • Le espressioni di tempo *dieci anni fa, l'anno scorso*, ecc.	• Aggettivi per descrizione fisica e psicologica e contrari • L'espressione *un sacco di*	• *Telefonata alla radio* 🔊 • Descrizioni di personaggi • Breve storia d'Italia	• Il calcio in Italia • Personaggi della cultura e della storia d'Italia

▸ Storia a fumetti Episodio 2 — pagina 50
▸ Fonetica | dittonghi *ai, ia, ei, ie, eu, ua* / La *i* muta e la *i* parlante — pagina 52

▼ modulo 1 | **Geografia**

▼ modulo 2 | **Storia**

▸ indice

comunicazione	grammatica	lessico	testi scritti e *orali*	cultura

modulo 3 | Arti

unità 6 | buongiorno, desidera? pagina 54

comunicazione	grammatica	lessico	testi scritti e *orali*	cultura
• Ordinare in un negozio di alimentari • Dare istruzioni per fare la spesa	• L'espressione *ce l'ho* • I pronomi con l'imperativo informale	• Nomi di negozi • Ingredienti e prodotti • *Chilometri, metri, centimetri* • *Grammi, etti, chili, litri*	• *Spot pubblicitario* 🔊 • Lista di ingredienti • Nota della spesa • Testo pubblicitario	• La distribuzione a km zero • I negozi di alimentari in Italia

unità 7 | fare la spesa pagina 59

comunicazione	grammatica	lessico	testi scritti e *orali*	cultura
• Fare la spesa: dire cosa si vuole chiedere e dire la quantità, chiedere se qualcosa c'è, chiedere e dire quanto costa qualcosa, ecc. • Chiedere un prestito	• L'articolo partitivo *del* • La particella *ne* • La dislocazione pronominale • La preposizione *di* • *Poco, molto, troppo*	• Espressioni fisse per fare la spesa	• *Dialogo in macelleria* 🔊 • Articolo sulla dieta mediterranea • Grafico sull'alimentazione	• La dieta mediterranea • La cucina italiana

unità 8 | made in Italy pagina 65

comunicazione	grammatica	lessico	testi scritti e *orali*	cultura
• Interagire in un negozio di abbigliamento: chiedere e dire la taglia e il numero, scegliere un capo, discutere il prezzo, ecc.	• La costruzione *stare per* • I pronomi combinati • La costruzione *avere bisogno di*	• Saldi e sconti • Taglie e misure • Forme e materiali • I numerali collettivi • Modi di dire con i numeri	• *Dialogo in un negozio di abbigliamento* 🔊 • La moda italiana	• La moda italiana • Saldi e sconti

▸ Storia a fumetti Episodio 3 pagina 72
▸ Fonetica L'imperativo informale con i pronomi / Raddoppiamento sintattico pagina 74

modulo 4 | Società

unità 9 | cerco casa pagina 76

comunicazione	grammatica	lessico	testi scritti e *orali*	cultura
• Descrivere la casa • Leggere e scrivere annunci immobiliari • Parlare dell'arredamento • Esprimere un desiderio, un dubbio, una possibilità • Esprimere opinioni su una casa da comprare o affittare	• Il condizionale presente	• La casa: tipi di abitazione, stanze e mobilia	• Annunci immobiliari • *Dialogo tra marito e moglie* 🔊	• La casa per gli italiani • I mercatini in Italia

unità 10 | come ti senti? pagina 8●

comunicazione	grammatica	lessico	testi scritti e *orali*	cultura
• Chiedere e dire come ci si sente • Parlare della propria salute • Chiedere e dare informazioni sui farmaci • Esprimere sensazioni fisiche e stati d'animo • Chiedere e dare consigli	• I nomi irregolari • Il *si* impersonale • L'imperativo formale affermativo e negativo • L'imperativo formale con i pronomi • I connettivi *allora, insomma*, ecc.	• Farmaci e malattie	• Gli italiani e la salute • *Dialogo in farmacia* 🔊	• Il sistema sanitario in Italia

▸ Storia a fumetti Episodio 4 pagina 9●
▸ Fonetica L'intonazione interrogativa / L'intonazione conclusiva, continuativa e esclamativa pagina 9●

indice

comunicazione	grammatica	lessico	testi scritti e *orali*	cultura

unità 11 | che tempo fa
pagina 96

comunicazione	grammatica	lessico	testi scritti e *orali*	cultura
• Parlare del tempo meteorologico • Parlare di azioni future	• I verbi impersonali (*piovere*, *nevicare*) • Il futuro semplice	• Le espressioni *fa freddo / caldo*, *è bello / brutto*, ecc.	• *Previsioni del tempo* 🔊	• Il tempo in Italia

unità 12 | dove vai in vacanza?
pagina 102

comunicazione	grammatica	lessico	testi scritti e *orali*	cultura
• Descrivere una località turistica • Fare la valigia • Fare ipotesi e previsioni	• Il futuro semplice per fare ipotesi nel presente • Le esclamazioni	• Le espressioni con preposizione *nel cuore di, a due passi da, in cima a*, ecc. • Gli oggetti da viaggio	• Pacchetti turistici • *Conversazione tra amiche* 🔊	• In spiaggia • Gli italiani e le vacanze

unità 13 | un viaggio
pagina 109

comunicazione	grammatica	lessico	testi scritti e *orali*	cultura
• Raccontare un viaggio • Indicare azioni abituali nel passato • Indicare azioni successive nel passato • Indicare eventi in combinazione con situazioni nel passato	• L'avverbio *addirittura* • Il passato prossimo con i verbi modali • Gli avverbi in *-mente* • I diversi usi di passato prossimo e imperfetto • I connettivi *però, appena, perché*, ecc.	• Luoghi e attività delle vacanze • I verbi *sapere* e *conoscere* • Le parole dell'amore	• E-mail	• I gesti italiani

▶ Storia a fumetti Episodio 5 — pagina 114
▶ Fonetica Le esclamazioni / La negazione — pagina 116

unità 14 | andiamo al cinema
pagina 118

comunicazione	grammatica	lessico	testi scritti e *orali*	cultura
• Scegliere un film • Fare ipotesi • Esprimere preferenze • Esprimere e contrastare opinioni • Cercare un compromesso • Convincere	• La congiunzione *se* • L'avverbio *mica* • La forma tonica dei pronomi	• Espressioni per negoziare e convincere: *dai, va be', comunque, quindi, secondo me*, ecc.	• *Dialogo al cinema* 🔊	• Il cinema in Italia

unità 15 | racconti d'autore
pagina 123

comunicazione	grammatica	lessico	testi scritti e *orali*	cultura
• Leggere e raccontare la trama di un romanzo • Leggere un testo letterario • Indicare cosa è / non è possibile	• La subordinazione • Gli aggettivi in *-bile* • Il prefisso di negazione *in-*	• Le espressioni verbali *farsi avanti, portarsi dietro*, ecc.	• Trama di un romanzo • Testi letterari	• Scrittori italiani: Ammaniti, Giordano, Veronesi

unità 16 | a tempo di musica
pagina 130

comunicazione	grammatica	lessico	testi scritti e *orali*	cultura
• Interpretare e riscrivere il testo di una canzone • Parlare del proprio rapporto con la musica • Indicare una persona / una cosa indefinita	• Gli indefiniti *qualche, qualcuno, qualcosa, nessuno* • Il pronome relativo *cui*	• I verbi con preposizione *cominciare, finire, continuare*, ecc. • I contrari di alcune parole	• *Canzone "Volare"* 🔊 • Testo *"Volare"* • Biografia	• La musica leggera • La canzone d'autore

▶ Storia a fumetti Episodio 6 — pagina 136
▶ Fonetica Futuro o condizionale / Dislocazione e enfasi — pagina 138

○ Appendici — pagina 139
○ Cortometraggio "La Moglie" — pagina 144
○ Esercizi unità 0 — pagina 148
○ Esercizi, test e bilancio modulo 1 — pagina 149
○ Esercizi, test e bilancio modulo 2 — pagina 158
○ Esercizi, test e bilancio modulo 3 — pagina 168
○ Esercizi, test e bilancio modulo 4 — pagina 180
○ Esercizi, test e bilancio modulo 5 — pagina 190
○ Esercizi, test e bilancio modulo 6 — pagina 203
○ Grammatica — pagina 215
○ Griglia di comparazione tra le competenze — pagina 240

▼ modulo 5 | **Geografia**

▼ modulo 6 | **Arti**

▸ Perché Domani?

Domani rappresenta la sintesi compiuta della visione didattica che ha caratterizzato fino ad oggi Alma Edizioni. Si propone infatti come il punto d'arrivo di anni di produzione editoriale, sperimentazione e ricerca.

In questo senso, vuole essere un'opera che non solo raccoglie la sfida lanciata dal Quadro Comune, ma – recependone le indicazioni – mira ad andare oltre attraverso caratteristiche proprie, nuove e forti.

▸ Com'è Domani?

▸ Ogni livello è organizzato in moduli culturalmente connotati e classificati in base a differenti aree tematiche:
geografia, **arti**, **società**, **storia**, **lingua**.

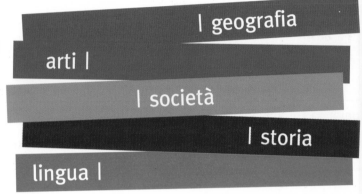

▸ A loro volta i moduli sono divisi in agili unità che propongono un percorso di apprendimento che mette in grado lo studente di sviluppare le diverse competenze in modo efficace e adeguato ai bisogni comunicativi reali.

▸ Dal punto di vista metodologico, la particolarità di Domani consiste principalmente nella dimensione attiva e vitale in cui viene immerso lo studente, fatta di input suggestivi e coinvolgenti, compiti non banali, attività creative, autenticità delle situazioni, contesti credibili e non pretestuosi che si sviluppano per fili conduttori immediatamente ricollocabili (personaggi, situazioni e storie ricorrenti).

▸ Da qui la scelta di privilegiare un approccio globale alla lingua, centrato su una testualità che oltre agli aspetti morfosintattici affronta – in modo sempre consono al livello di studio – quelli pragmatici, conversazionali, lessicali e socioculturali.

Domani è indirizzato a studenti adulti e adolescenti ed è organizzato in tre livelli:
▸ Domani 1 (A1) ▸ Domani 2 (A2) ▸ Domani 3 (B1)

Il livello A2 di Domani si compone di:

▸ un **libro dello studente**
provvisto di **eserciziario** con
• 16 unità organizzate in 6 moduli
• gli esercizi
• i test di valutazione e di autovalutazione
• una storia a fumetti
• la grammatica

▸ **multimedia** con
• i brani di ascolto per le attività di classe
• i brani musicali
• i brani audio per l'autoapprendimento
• un cortometraggio con attività didattiche
• il radiodramma della storia a fumetti
• i glossari
• le chiavi degli esercizi

▸ una **guida per l'insegnante** con
• le indicazioni metodologiche
• le istruzioni per svolgere le lezioni
• le chiavi delle attività
• le trascrizioni dei brani audio

Domani ha un'impostazione innovativa, caratterizzata da un approccio globale e un coinvolgimento multisensoriale che permette un'immersione totale nella lingua, nella cultura e nella società italiana.

▶ **ascoltare** I brani di ascolto sono presentati attraverso originali attività di comprensione. Le attività di analisi della lingua orale pongono particolare attenzione all'**analisi conversazionale** e pragmatica.

▶ **leggere** Le letture appartengono a vari generi testuali e sono proposte attraverso percorsi di comprensione che fanno leva sulla motivazione. Le attività di analisi della lingua scritta riservano particolare attenzione all'**analisi lessicale** secondo i principi del lexical approach.

▶ **scrivere** Le attività di produzione scritta sono sempre funzionali all'inserimento attivo e consapevole dello studente all'interno del contesto di studio sia in Italia che all'estero.

▶ **parlare** Gli spunti di conversazione danno la possibilità allo studente di esprimersi fin dall'inizio in italiano, in un'ampia varietà di contesti socio-culturali.

▶ **sintesi riassuntiva** Alla fine di ogni unità è prevista un'attività di sintesi che coinvolge lo studente in prima persona nella riflessione sulle funzioni comunicative e i contenuti linguistico-grammaticali trattati.

▶ **attività analitiche** Le attività di analisi portano lo studente a riflettere sulla grammatica in modo induttivo.

▶ **giochi** I giochi consentono allo studente di lavorare con i compagni (in coppie, in piccoli gruppi, in squadre) in un'atmosfera ludica e rilassata.

▶ **testualità** Tutte le attività didattiche seguono un approccio fortemente testuale. Pertanto ogni riflessione analitica è sempre strettamente legata ad un testo (scritto o orale).

Domani è ricco di materiali e strumenti multimediali utili sia all'insegnante per organizzare il lavoro in classe sia allo studente per proseguire lo studio a casa.

▶ **storia a fumetti** Creata allo scopo di dare allo studente la possibilità di scoprire il piacere di leggere un fumetto in italiano, la storia percorre tutto il volume. Alla fine di ogni modulo infatti, secondo una progressione delle strutture comunicative affrontate, viene presentato un episodio della storia in un crescendo di suspense che coinvolge lo studente e lo porta a contatto con la realtà della lingua viva, fuori dai canoni consueti dell'apprendimento.

Nel DVD è disponibile il **radiodramma** della storia, che offre allo studente ed all'insegnante la possibilità di scegliere diverse modalità di uso del fumetto.

▶ **cortometraggio** Offre numerosi spunti di approfondimento per entrare in contatto con la dimensione sociale e culturale italiana attraverso il linguaggio e la struttura visuale e narrativa del cinema.

Nel DVD sono disponibili numerose attività ed esercizi.

▶ **esercizi** Ogni unità è corredata di una sezione di esercizi per consolidare e sistematizzare le strutture grammaticali affrontate.

▶ **autovalutazione** La sezione di autovalutazione delle competenze e delle strategie di apprendimento coinvolge direttamente lo studente portandolo a riflettere su di sé, sui propri bisogni e sulle proprie potenzialità.

▶ **pagina della fonetica** Alla fine di ogni modulo è presente una pagina dedicata a intonazione e pronuncia.

▶ Alla fine del volume una **grammatica** riassuntiva permette allo studente di avere un quadro d'insieme chiaro ed esauriente sui temi affrontati.

comunicazione

Parlare della propria
esperienza di studio
dell'italiano
▶ *Studio l'italiano perché...*

Nominare oggetti nella classe
▶ *banco, sedia, ecc.*

Descrivere i propri interessi
▶ *Mi piace la musica*

Iscriversi a un corso ▶ *Senta,
vorrei delle informazioni...*

grammatica

Ripasso generale del primo
volume

To enrol
sign up to a cours
General review

1 Introduzione

1a *Perché studi l'italiano? Scegli uno o più motivi, oppure scrivine uno nello spazio.*

Studio l'italiano perché...

- ☐ ...ho parenti italiani.
- ☐ ...amo la musica italiana.
- ☐ ...mi piace la cultura italiana.
- ☐ ...voglio vivere in Italia.
- ☐ ..._____.

- ☒ ...voglio andare in Italia in vacanza.
- ☐ ...è utile per il mio lavoro.
- ☐ ...sono un / una cantante lirico / -a.
- ☐ ...ho un / una fidanzato / -a italiano / -a.

disponibile
available

To learn another
language is helpful
for the conserving the
brain cells

1b *Lavora con un compagno che non conosci bene. Presentatevi, poi raccontatevi perché studiate l'italiano e quali sono i vostri interessi.*

I like to spend holidays in different parts of Italy

2 Esercizio | In classe

2a *Siediti di fronte ad un compagno. Scegliete un elemento della lista e pensate
ad almeno tre usi che può avere. Sono ammessi anche usi "strani".
Poi scrivete gli usi nello spazio, come nell'esempio.*

lavagna b/board
- scrivere
- cancellare
- fare rumori
  fastidiosi

sedia

sedersi
alzarsi

penna

puntare
mostrare a pen...

computer

vedere lo
Schermo

quaderno

scrivere
desegnare
fare le matemat...
ica

attaccapanni

appendere

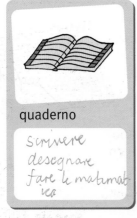

banco

sedersi a
nascondere

libro

leggere
scrivere
studiare

classe

ascoltare
imperare
parlare
insegnare

zaino

portare
mettere lo zaino
perdere

finestra

aprire
chiudere
pulire
rompere

porta

bussare
aprire
verniciare

2b *Lavora con un nuovo compagno. A turno, raccontate quali usi può avere
il vostro elemento, senza dire il nome. L'altro cerca di indovinare.
Successivamente scegliete insieme un nuovo elemento, pensate ad almeno
tre usi che può avere e scriveteli.*

2c *Lavora con un nuovo compagno e ripetete il punto* **b**.

3 Ascoltare | Pesci e tartarughe

*La classe si divide in due squadre, **pesci** e **tartarughe**.*
Ascolta più volte il brano audio e segui le istruzioni.

 2

---

4 Leggere | L'istruzione in Italia

4a *Leggi il testo e collega alcune parole evidenziate alle immagini.*

Promossi e bocciati

In Italia la scuola dell'obbligo comincia per tutti a sei anni.
La scuola primaria (o scuola elementare) dura cinque anni ed è seguita
dalla scuola secondaria di primo grado (o scuola media), che dura
tre anni.
A questo punto iniziano le scuole superiori di secondo grado, che durano
cinque anni e si chiudono con un Esame di Stato (detto anche "maturità")
che permette di entrare all'università.
Alla fine di ogni trimestre o quadrimestre gli studenti della scuola ricevono
una pagella, dove sono scritti i voti, che in genere vanno da o a 10.
Il 6 è la sufficienza.
All'università cambia tutto: gli esami sono valutati in trentesimi (la sufficienza
è 18) e vengono scritti sul libretto, mentre il voto di laurea più alto è 110 e lode.
Tutti gli studenti che concludono positivamente un anno di studi (o, all'università,
superano un esame) si dicono promossi, mentre chi non è promosso è un bocciato.
L'insegnante si chiama maestro / maestra alle elementari e professore / professoressa
dalle medie in poi. Anche gli studenti cambiano nome a seconda del grado della scuola:
si chiamano alunni alla scuola elementare e alle medie, poi diventano tutti studenti.
Gli studenti che finiscono la scuola media hanno la "licenza media", quelli che finiscono
la scuola superiore si dicono "diplomati", chi prende la laurea è un "laureato".
In Italia inoltre tutti i laureati possono farsi chiamare "dottore" o "dottoressa",
mentre non esiste un nome specifico per chi ha ottenuto un dottorato o un master.

6

4b *Lavora con un compagno e cercate di evidenziare tutte le differenze tra
il sistema dell'istruzione italiano e quello del vostro Paese.*

5 Analisi lessicale | Cruciverba

Completa lo schema. Attenzione: le parole sono contenute nel testo del punto 4.

Orizzontali ➡

1. L'insegnante della scuola elementare.
3. La sufficenza all'università.
4. Laureato.
6. Gli anni delle scuole superiori.
8. La sufficenza a scuola.
14. Chi finisce la scuola superiore.
15. L'insegnante dell'università (femminile).
16. L'ultimo grado di istruzione.

Verticali ⬇

1. La scuola che viene dopo l'elementare.
2. Si mette vicino al 110 per dare il massimo dei voti all'università.
5. La prima scuola.
7. Periodo scolastico di quattro mesi.
9. Chi supera un anno a scuola o un esame all'università.
10. Persona che studia, dopo le elementari.
11. Può essere 5, 8, 18, 30, 110…
12. Chi deve ripetere un anno a scuola o un esame all'università.
13. L'altro nome dell'Esame di Stato.

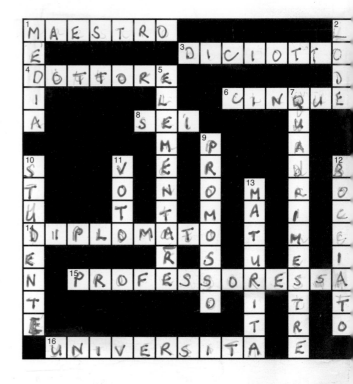

6 Gioco | Ripassiamo la grammatica

6a *Unisci gli argomenti grammaticali con le frasi corrispondenti, come nell'esempio.*

Argomento grammaticale

1. I nomi
2. Gli aggettivi
3. Il presente dei verbi regolari
4. Gli aggettivi di nazionalità
5. Gli articoli determinativi e indeterminativi
6. I nomi delle professioni
7. I verbi riflessivi
8. I possessivi
9. C'è / Ci sono
10. Stare + gerundio
11. L'imperativo
12. I dimostrativi *questo* e *quello*
13. I pronomi diretti *lo, la, li, le*
14. Le preposizioni semplici e articolate
15. Il passato prossimo
16. Il pronome relativo *che*

Frase

a. Abbiamo trovato *tutta* la casa in disordine.
b. Che *stai facendo*?
c. Faccio il *barbiere*.
d. Guarda!
e. Ho comprato un libro *che* parla di fantascienza.
f. In Puglia *c'è* un mare bellissimo.
g. La pensione si trova nel centro *storico*.
h. *Le mie* giornate sono tutte uguali.
i. Le valigie *le* mettiamo nel portabagagli.
l. Mi sveglio alle 8:00.
m. *Nel* nome del padre.
n. Noi *arriviamo* il 13 marzo.
o. Per il nostro *futuro*!
p. *Quello* dove lo mettiamo?
q. Solo per una notte?
r. Sono *spagnola*.

'ALMA.tv ▶

Dottore = laureato

In Italia la parola "dottore" indica una persona laureata. Vai su *www.alma.tv*, cerca "Siamo tutti dottori" nella rubrica **Vai a quel paese** e guarda la divertente spiegazione di Federico Idiomatico.

Siamo tutti dottori | CERCA

6b Quali sono gli argomenti grammaticali più difficili per te? Parlane con un compagno e cercate di aiutarvi.

✎ Esempi

▶ Cos'è la parola "giorno" nella frase "Domani è un altro giorno"?
▶ Fate una frase con un verbo riflessivo.

6c La classe si divide in due squadre. Ogni squadra cerca di risolvere i dubbi di tutti i suoi partecipanti e prepara una serie di problemi grammaticali per l'altra squadra. I problemi devono avere come oggetto uno degli argomenti della lista del punto **a**, come negli esempi.

6d Le due squadre si mettono una di fronte all'altra e a turno si fanno le domande preparate al punto **C**. La squadra che risponde ha un minuto per confrontarsi e dare la risposta. Ogni risposta corretta vale un punto.

7 Ascoltare | Non capisco...   3

Ascolta il dialogo e rispondi alle domande, consultandoti con un compagno.

1. Chi sono le due persone che parlano?

2. Cosa vuole la donna?

3. Tra i due c'è un problema di comunicazione. Quale?

8 Parlare | Iscrizione ad una scuola di lingue

8a Mettetevi su due file, A e B, una di fronte all'altra. Gli studenti della fila A sono i segretari di varie scuole di lingue, gli studenti della fila B sono persone che vogliono iscriversi a un corso e hanno bisogno di informazioni.

8b Tutti, studenti A e studenti B, hanno una caratteristica che rende difficile la comunicazione (tosse, udito debole, tic nervoso, ecc)*. Ogni studente riceve un foglietto dall'insegnante e legge qual è la sua caratteristica. Chi non vuole quella caratteristica, può chiedere all'insegnante di cambiarla.

8c Al VIA dell'insegnante, ogni studente della fila B si alza e va a chiedere informazioni al segretario della scuola seduto di fronte a lui (fila A). Tutti gli studenti devono comunicare, cercando di rappresentare il più fedelmente possibile la caratteristica indicata nel loro foglietto.

*per l'insegnante: vedi la lista a pag. 139.

9 Scrivere | Elimina le parti superflue

9a *Rileggi il testo e cancella tutte le parti che non ti sembrano necessarie, senza modificare però il significato del testo. Attenzione: non puoi inserire nuove parole. Segui l'esempio.*

Promossi e bocciati

In Italia la scuola dell'obbligo comincia ~~per tutti~~ a sei anni. La scuola ~~primaria (o scuola~~ elementare) dura cinque anni ed è seguita dalla scuola secondaria di primo grado (o scuola media), che dura tre anni.

A questo punto iniziano le scuole superiori di secondo grado, che durano cinque anni e si chiudono con un Esame di Stato (detto anche "maturità") che permette di entrare all'università.

Alla fine di ogni trimestre o quadrimestre gli studenti della scuola ricevono una pagella, dove ~~sono~~ scritti i voti, che in genere vanno da 0 a 10. Il 6 è la sufficienza.

All'università cambia tutto: gli esami sono valutati in trentesimi (la sufficienza è 18) e vengono scritti sul libretto, mentre il voto di laurea più alto è 110 e lode.

Tutti gli studenti che concludono positivamente un anno di studi (o, all'università, superano un esame) si dicono promossi, mentre chi non è promosso è un bocciato.

L'insegnante si chiama maestro / maestra alle elementari e professore / professoressa dalle medie in poi. Anche gli studenti cambiano nome a seconda del grado della scuola: si chiamano alunni alla scuola elementare e alle medie, poi diventano tutti studenti.

Gli studenti che finiscono la scuola media hanno la "licenza media", quelli che finiscono la scuola superiore si dicono "diplomati", chi prende la laurea è un "laureato". In Italia inoltre tutti i laureati possono farsi chiamare "dottore" o "dottoressa", mentre non esiste un nome specifico per chi ha ottenuto un dottorato o un master.

9b *Lavora con un compagno e cercate di "pulire" ancora i vostri testi.*

Segna con una ☒ le cose che hai studiato. Poi verifica con l'indice a pag. 9. Attenzione: c'è una cosa in più. Il contenuto "intruso" della lista sarà presentato nel modulo uno.

comunicazione

- ☒ Parlare della propria esperienza di studio dell'italiano
- ☐ Ordinare al ristorante
- ☒ Nominare oggetti nella classe
- ☐ Descrivere i propri interessi
- ☐ Iscriversi a un corso

grammatica

- ☐ Ripasso generale del primo volume

modulo uno | **geografia**

unità 1   *viva* **w gli sposi!**

unità 2   **feste e tradizioni**

unità 3   **al ristorante**

comunicazione

Descrivere persone e situazioni ▶ *Capelli lunghi bianchi…*

Fare gli auguri e rispondere ▶ *Buon anno!*

Esprimere il grado di una qualità ▶ *Il sud più autentico*

Descrivere luoghi ▶ *Boschi e verdi colline*

Prenotare un tavolo, ordinare al ristorante
▶ *Senta, c'è un tavolo per…*

Chiedere informazioni su un piatto
▶ *È sicuro che non c'è la carne?*

Chiedere il conto ▶ *Ci porti
subito il conto, per favore*

Fare paragoni ▶ *La zuppa
di pesce è certamente
più caratteristica delle fettuccine*

grammatica

I pronomi diretti

Quello e *bello*

Il passato prossimo con *essere*

Il passato prossimo dei riflessivi

L'accordo del participio passato
con i pronomi diretti

I verbi *gustare, provare,* ecc.

Il superlativo relativo e assoluto

La costruzione *uno dei più / meno*

I superlativi di *buono*

Gli avverbi *già, mai,* ecc.
con il passato prossimo

I comparativi

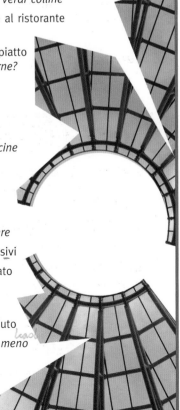

unità 1 | W gli sposi!

comunicazione

Descrivere persone e situazioni ▸ *Capelli lunghi bianchi...*

Fare gli auguri e rispondere ▸ *Buon anno!*

grammatica

I pronomi diretti

Quello e *bello*

Il passato prossimo con il verbo *essere*

Il passato prossimo dei verbi riflessivi

L'accordo del participio passato con i pronomi diretti

1 Introduzione

1a *In Italia, cosa puoi regalare in queste occasioni? Scegli le opzioni che ti sembrano più adatte, poi confrontati con un compagno.*   *Buona Pasqua Buon Anno*

more suitable

Occasioni   (compleanno)   (matrimonio)   (invito a cena)   (laurea)

(nascita di un figlio)   (Natale)   *Buon Natale*

birth of a child   *laurea nascita*   *dinner invitation invite to dinner*

Regali

una bottiglia di vino

un orologio

una pianta

una torta

un servizio di piatti

una catenina *a charm*

 *laurea*

una penna stilografica

un vestito   *natale un matrimonio*

un mazzo di fiori

niente

una busta con dei soldi   *Natale nascita*

Cosa NON fare in Italia

In Italia sei maleducato se...

• ...non apri subito un regalo che hai appena ricevuto.

• ...non dici che un regalo che hai ricevuto è bellissimo (anche se non è vero).

• ...regali un portafogli vuoto.

• ...non porti niente quando sei invitato a cena (o porti un vino di cattiva qualità).

1b *E nel tuo Paese cosa si regala in queste occasioni? Ci sono differenze con l'Italia? Parlane con un compagno.*

I mesi e le stagioni

gennaio febbraio	**inverno**
marzo aprile maggio	**primavera**
giugno luglio agosto	**estate**
settembre ottobre novembre	**autunno**
dicembre	**inverno**

2 Parlare | Il matrimonio

Come si svolge un matrimonio nel tuo Paese? Quali sono le abitudini e le tradizioni? E secondo te come si svolge un matrimonio in Italia? Parlane con un compagno.

discorso degli sposi   luna di miele

pranzo di nozze   regali agli sposi   tipo e durata della cerimonia

brindisi

vestito dello sposo e della sposa

regalo agli invitati (bomboniere)   vestiti degli invitati

3 Ascoltare | Il matrimonio

3a *Ascolta il dialogo e fai una ✗ ogni volta che senti una nuova persona che parla. Poi confrontati con un compagno.*

3b *Guarda le foto scattate ad ogni tavolo. Poi riascolta e segna il percorso che fa Stefano, come nell'esempio.*

tavolo 1

tavolo 2

tavolo 3

tavolo 4

tavolo 5

palco

tavolo 7

tavolo 6

bar

MATTEO

3c *Scrivi i nomi della lista sotto alle foto. Se necessario riascolta.*

Annalisa   barista   Euridice   Francesca   Franco   papà di Annalisa   Vincenzo

3d *Scrivi quale regalo Stefano ed Euridice fanno agli sposi. Se necessario riascolta il dialogo.*

4 Analisi lessicale | Auguri

Scrivi nelle vignette la formula più adatta per fare gli auguri e la risposta corrispondente, come nell'esempio.

matrimonio

Formule per fare gli auguri	Formule per rispondere agli auguri
Buon anno!	Crepi!
Buona fortuna!	~~Grazie!~~
In bocca al lupo!	Grazie!
~~Tanti auguri!~~	Grazie!
Tanti auguri!	Grazie!

esame, concorso, colloquio

Buon anni

capodanno

Buona

durante un periodo negativo

Tanti Auguri · Grazie

compleanno

5 Analisi grammaticale | I pronomi diretti

Trova nei dialoghi i pronomi mancanti nella tabella e inseriscili al posto giusto.

- Ma chi è quella ragazza che ha cantato con Stefano?
- Ma come, non la conosci? È la sua ragazza, Euridice.
- Carina!

▸ Sentite, mi scusate un attimo? Vado a prendere qualcosa da bere.
- Ma certo, a dopo.

□ Aspetta un attimo, forse tu ci puoi aiutare. Per caso conosci quel signore seduto a quel tavolo?
▸ No, perché?
□ Scusa eh, ma... guardalo un attimo eh... I capelli lunghi bianchi con il codino, la barba e l'orecchino. Sembra un figlio dei fiori uscito da un film degli anni '70.
▸ Sì... un po' sì. Però non lo conosco. Ora vado, Annalisa e Vincenzo mi aspettano...

	singolare	plurale
prima persona	mi	ci
seconda persona	ti	vi
terza persona maschile	lo	li
terza persona femminile	la	le

L'aggettivo *quello*

quel - definiti

L'aggettivo dimostrativo *quello* cambia la terminazione come l'articolo determinativo *il, l', lo, la.*

changes ending just as article do

✏ Esempi

il signore	⇨	*quel* signore
i signori	⇨	*quei* signori
la ragazza	⇨	*quella* ragazza
le ragazze	⇨	*quelle* ragazze

lo - quello
il - quell'

Attenzione! Anche l'aggettivo *bello* si comporta come il dimostrativo *quello*.

6   Gioco | Ma chi è?

Gioca in un gruppo di quattro, due contro due. A turno una coppia sceglie una casella e recita il dialogo modificando gli elementi evidenziati, come nell'esempio. Attenzione: in alcuni casi devi usare "essere" come ausiliare del passato prossimo. Vince la prima coppia che completa quattro caselle in orizzontale o in verticale.

✏ Esempio

- • Ma chi è quella ragazza che ha cantato con Stefano?
- ■ Ma come, non la conosci? È la sua ragazza.

> quel signore
> mangiare
> zio

- • Ma chi è quel signore che ha mangiato con Stefano?
- ■ Ma come, non lo conosci? È suo zio.

---

quelle signorine cantare sorelle	**quei giovani** entrare studenti	**quell'uomo** parlare nonno	**quel tipo** andare al cinema cugino
quei signori cenare colleghi	**quella signora** partire madre	**quella signorina** fare la spesa fidanzata	**quella donna** ballare amica
quella ragazza passeggiare moglie	**quel ragazzo** mangiare fratello	**quegli uomini** uscire amici	**quella bambina** arrivare figlia
quelle signore rimanere in classe professoresse	**quel signore** prendere il treno padre	**quel bambino** giocare nipote	**quelle donne** cucinare zie

riga -line

7   Analisi grammaticale | Il passato prossimo

7a *Sottolinea* nel dialogo i verbi al passato prossimo. Poi confrontati con un compagno.

Annalisa	Finalmente!
Vincenzo	Ecco il nostro cantante preferito!
Stefano	Scusate ragazzi, è che Franco mi ha fermato a parlare. Sapete com'è fatto. Si è fissato con quel buffo signore laggiù!
Annalisa	Mio padre?
Stefano	Ah sì? Scusa, scusa Annalisa, non volevo...
Annalisa	Ma figurati! Papà è una persona molto particolare... è sempre al centro dell'attenzione. Ma è adorabile.
Stefano	Va be', dai. Allora? Come stai?
Annalisa	Devo dire la verità? Non capisco niente. Però il vostro concerto è stato fantastico. E quest'ultima canzone poi... è bellissima. L'hai scritta tu?
Stefano	Sì. È una canzone molto importante per me perché io ed Euridice ci siamo conosciuti proprio su queste note, in un pub a Firenze.
Vincenzo	Euridice ha una voce bellissima!
Stefano	Sì, è fantastica. Comunque cantare per voi è stata un'emozione unica. Grazie!
Annalisa	No no, grazie a te! Il vostro è stato sicuramente il regalo più simpatico ed originale che abbiamo ricevuto. Eh Vincenzo?
Vincenzo	Eh già...
Stefano	Perché, avete avuto regali inutili?
Annalisa	Eh, si vede che non ti sei mai sposato eh!
Vincenzo	Pensa che ora abbiamo un centinaio di bicchieri, due aspirapolvere, due cellulari a testa, non so quanti tostapane e... forse... tre set di piatti?
Annalisa	No, no, sono quattro. Ci sono anche i piatti di Mirella, non li hai visti?
Vincenzo	Oh no!!!
Annalisa	Eh sì!!
Stefano	Forse dovevate fare una lista di nozze! Piuttosto, avete deciso dove andare in viaggio di nozze?

direct object

is fixed

7b *Guarda nel testo i verbi al passato prossimo con ausiliare* **avere** *e completa l'eccezione lavorando con un compagno. Poi scrivi gli esempi del testo che confermano le vostre ipotesi.*

> Quando il passato prossimo si forma con il verbo **avere** l'ultima lettera del participio è generalmente -*o* (maschile singolare).
>
> Eccezione: *L'hai scritto tu . must agree*
>
> Esempi:

Il passato prossimo con il verbo *essere*

Osserva:
- *Il vostro concerto è stato fantastico.*
- *È stata un'emozione unica cantare per voi.*

Quando il passato prossimo si forma con il verbo essere il participio concorda sempre con il soggetto.

Anche con i verbi riflessivi, che vogliono sempre l'ausiliare essere, il participio concorda con il soggetto.
Osserva:
- *Io e Euridice ci siamo conosciuti proprio su queste note.*

8 Gioco | Preparativi per il matrimonio

* Studente A (Le istruzioni per lo **Studente B** sono a pag. 139)
Lavora con un compagno. A turno ricostruisci oralmente la domanda della prima colonna, ascolta la risposta del compagno e controlla la grammatica, come nell'esempio. Poi ascolta la domanda del compagno, controlla la grammatica e rispondi con gli elementi della seconda colonna. Per ogni domanda e per ogni risposta corretta si guadagna un punto. Vince chi alla fine ha totalizzato più punti.

✎ Esempio

<u>Domanda</u>
Tu / prendere / fiori
■ (Tu) Hai preso i fiori?

<u>Risposta</u>
No / Luisa
• No, li ha presi Luisa.

domanda	risposta
1. Tu / spedire / inviti	*P.139*
2.	No / mia sorella
3. Tua madre / comprare / bomboniere	
4.	No / mia madre
5. Voi / invitare / Giulio	
6.	Sì
7. I nostri amici / prendere / indirizzo	
8.	No / io
9. Noi / prenotare / chiesa	
10.	No / Giulia
11. Tu / preparare / festa	
12.	Sì

9 Parlare | Al matrimonio di Laura

Formate gruppi di tre. Uno dei tre, usando la fantasia, comincia a raccontare gli eventi di un matrimonio italiano immaginario a cui ha partecipato, usando l'inizio qui sotto. Gli altri due, mentre il compagno parla, scrivono parole a caso (motorino, mare, simpatico, ecc.) su dei biglietti e glieli mostrano. Chi parla deve inserire nel racconto le parole che riceve. Dopo tre minuti il secondo studente deve continuare il racconto mentre gli altri due gli trasmettono le parole da inserire. Lo stesso, infine, succede con il terzo narratore.

LA PRIMA VOLTA CHE SONO STATO AD UN MATRIMONIO ITALIANO È STATO QUANDO SI È SPOSATA LA MIA AMICA LAURA. QUANDO SONO ENTRATO IN CHIESA HO VISTO...

unità 1 | w gli sposi!

Collega gli esempi a destra con i contenuti di comunicazione a sinistra.
Poi confronta con l'indice a pag. 16.

comunicazione

Descrivere persone e situazioni ▶

Fare gli auguri e rispondere ▶

Buon anno!

Capelli lunghi bianchi...

comunicazione

Esprimere il grado di una qualità ▶ *Il sud più autentico*

Descrivere luoghi ▶ *Boschi e verdi colline*

grammatica

I verbi *gustare, provare, assaggiare*, ecc.

Il superlativo relativo e assoluto

La costruzione *uno dei più / meno*

I superlativi di *buono*

Gli avverbi *già, mai, ancora* e *sempre* con il passato prossimo

1   Leggere | Quattro regioni

1a *Leggi i testi e completa gli spazi con i nomi delle regioni. Aiutati con la cartina d'Italia che trovi all'inizio del libro.*

a. Sei stanco delle solite vacanze al mare? Se cerchi natura, ma anche arte e buona cucina, allora vieni in ___Umbria___ .
Niente mare ma tanti boschi e verdi colline in questa piccola regione dell'Italia centrale, che per la sua natura e per la sua posizione è chiamata anche "cuore verde d'Italia".
Questo è un luogo ideale per lo spirito (siamo nella terra di San Francesco, il più importante santo italiano) e anche per il corpo: qui puoi gustare il migliore olio d'oliva d'Italia e provare i piaceri della dolcissima cioccolata!

Umbria

b. Sole caldo tutto l'anno, mare azzurro, tradizioni antichissime, questa è la ___Puglia___ . Se cerchi il sud più autentico, quello che hai sempre sognato o hai visto solo nei film, qui lo puoi ancora trovare.
È il sud della *pizzica*, la musica sfrenata che si balla nelle strade nelle sere d'estate; ed è il sud dei *trulli*, le caratteristiche case in pietra abitate dai contadini ancora oggi.
Sud, ma anche oriente. Tra tutte le regioni dell'Italia meridionale, questa è infatti la più vicina all'Europa dell'est.

Puglia

c. Non c'è solo Venezia, in questa splendida e facoltosa terra del Nord Italia (siamo in una delle zone più ricche del nostro Paese).
Certo, la città sull'acqua è la più conosciuta e forse anche la più bella località della regione, ma tanti sono i posti interessanti che meritano una visita: le città d'arte con la pittura e l'architettura italiana del Rinascimento, le campagne dove si produce un ottimo vino, le montagne delle Dolomiti.
Cultura, bellezze artistiche, natura. Il ___Veneto___ è tutto questo e molto altro ancora.

Veneto

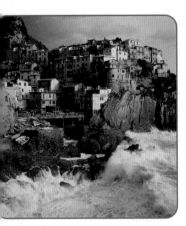

d. Non hai ancora deciso dove passare le prossime vacanze?
Vieni in _Liguria_! Grazie alla sua posizione geografica particolarissima, tra mare e montagna, a due passi dalla Francia, questa piccola regione è una delle zone turistiche più visitate d'Italia.
Qui puoi trovare la storia (siamo nella regione di Cristoforo Colombo), un clima dolce e mediterraneo (siamo nella terra dei fiori), una cucina buonissima (certamente hai già assaggiato il pesto alla genovese), ma soprattutto puoi visitare le famosissime "cinque terre", una striscia di costa affacciata su un mare cristallino e protetta da monti spettacolari, riconosciuta dall'Unesco come Patrimonio Mondiale dell'Umanità.

overlooked

1b *Secondo te, alla fine dove sono andati in viaggio di nozze Annalisa e Vincenzo? Se necessario riascolta il dialogo con il consiglio di Stefano.* 5

1c *E tu, quale regione scegli per le vacanze? Confrontati con i compagni.*

1d *Guarda le foto di queste feste tradizionali e associale alle regioni del punto **a**. Attenzione: c'è una foto in più!*

Battaglia dei fiori
festa che celebra l'inizio della primavera

na.

Calendimaggio di Assisi *3 days after 1st May*
manifestazione in costume che rievoca la giovinezza spensierata di San Francesco ✗
carefree youth

Palio di Siena
corsa di cavalli tra i quartieri storici della città di Siena

Regata storica
corteo di barche e navi storiche che attraversa il Canal Grande

*remi
1st Sund.*

Notte della taranta
concerto di musica e danza popolare che si svolge in agosto dalla sera fino al mattino

1e *Conosci queste o altre feste e tradizioni italiane? Parlane in gruppo con i compagni.*

assaggiare - just use to sample

2 Analisi lessicale | Gustare, assaggiare, provare...

2a *Completa la tabella.*

highlighted verb

testo	espressione	puoi sostituire il verbo evidenziato con uno o alcuni degli altri verbi evidenziati? Se sì, scrivi negli spazi con quali verbi lo puoi sostituire
a	*savour* gustare il migliore olio	☐ no ☑ sì *assaggiare provare*
a	provare i piaceri della dolcissima cioccolata	☑ no ☐ sì *gustare*
c	meritare una visita	☑ no ☐ sì
c	produrre un ottimo vino	☐ no ☐ sì
d	assaggiare il pesto alla genovese	☐ no ☑ sì *gustare · provare*

2b *Confronta il punto **a** con un compagno e discutete su come cambia il significato con i verbi che possono sostituire l'originale.*

3 Analisi grammaticale | I superlativi

3a *Scrivi sulle righe _____ gli esempi di aggettivi, superlativi relativi e superlativi assoluti che trovi nei testi.*

comparative adjective

	aggettivo	superlativo relativo	superlativo assoluto
1		*il più importante*	importantissimo
2	dolce		*dolcissima*
3		le più antiche *older*	*antichissime*
4	vicina	*la più vicina*	
5		*la più conosciuta*	conosciutissima
6	bella	*la più bella*	
7	*particolare*	la più particolare ?	*particolarissimo*
8	*buona*	la più buona	*buonissima*
9	famose		*famosissime*

3b *Gioca con un compagno. Le istruzioni per lo **Studente A** sono a pag. 139, quelle per lo **Studente B** sono a pag. 140.*

3c *Collega le espressioni **evidenziate** alle immagini qui accanto che meglio spiegano il loro significato.*

Non c'è solo Venezia, in questa splendida e facoltosa terra del Nord Italia (siamo in **una delle zone più ricche del nostro Paese**). Certo, la città sull'acqua è **la più conosciuta località della regione**, ma tanti sono i posti interessanti che meritano una visita...

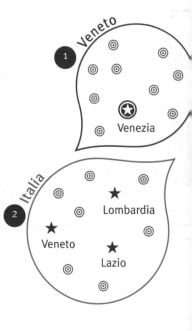

Buono

(handwritten: How do you know when to use alternatives)

L'aggettivo buono ha due forme di superlativo relativo e assoluto.

superlativo relativo regolare
il più buono

superlativo relativo irregolare
il migliore

superlativo assoluto regolare
buonissimo

superlativo assoluto irregolare
ottimo

4 Gioco | Tradizioni e prodotti tipici d'Italia

Gioca in un gruppo di 3-4 persone con un dado e pedine. A turno i giocatori lanciano un dado e avanzano con la pedina di tante caselle quanti sono i punti indicati dal dado. Arrivati sulla casella devono formare una frase con gli elementi indicati, come negli esempi. Attenzione: quando l'aggettivo è verde, va usato alla forma base, quando è blu al grado relativo, quando è rosso al grado assoluto, quando è nero va usata la forma "uno dei più / una delle più". Gli altri studenti controllano: se la frase non è corretta, la pedina non può avanzare e torna indietro. Se la pedina capita sulla casella STOP, deve rimanere ferma un turno.

✎ Esempi

Palio di Siena / tradizione

emozionante	Il Palio di Siena è una tradizione emozionante. *(handwritten: exciting; thrilling)*
emozionante	Il Palio di Siena è la più emozionante tradizione italiana.
emozionante	Il Palio di Siena è una tradizione emozionantissima.
emozionante	Il Palio di Siena è **una delle più emozionanti** tradizioni **italiane**.

---

partenza

Carnevale di Venezia
carnevale
importante

Calendimaggio
festa
tradizionale

Mele del Trentino
mele
dolce

STOP

Regata storica
di Venezia
manifestazione
bella

Partita degli scacchi
viventi di Marostica
tradizione
interessante

Battaglia dei fiori
di Ventimiglia
festa
colorata

Formaggio sardo
formaggio
saporito

STOP

Festa siciliana
del Muzzuni
festa
antico

Soppressata
calabrese
specialità
piccante

Mozzarella di bufala
mozzarella
conosciuto

Pasta
specialità
tipico

arrivo

Olio umbro
olio
buono

Corsa dei Ceri
festa
popolare

Prosciutto di Parma
prosciutto
famoso

Notte della Taranta
evento
musicale

Vino veneto
vino
buono

Calcio storico
fiorentino
sport
antico

STOP

Palio di Siena
palio
popolare

---

5 Analisi grammaticale | Gli avverbi di tempo con il passato prossimo

5a *Osserva le frasi e completa la tabella.*

esempi	con il passato prossimo dove si trova l'avverbio?		
	prima del passato prossimo	in mezzo al passato prossimo*	dopo il passato prossimo
1. Se cerchi il sud più autentico, quello che hai sempre sognato o hai visto solo nei film, qui lo puoi ancora trovare.	*quello che hai sempre sognato*	quello che hai sempre sognato	
2. Non hai ancora deciso dove passare le prossime vacanze? Vieni in Liguria!		non hai ancora deciso dove ecc	
3. ...hai già assaggiato il pesto alla genovese.		hai già assaggiato il pesto alla genovese	
* tra l'ausiliare e il participio			

5b *Ora scegli l'opzione giusta e completa la regola.*

Con il passato prossimo, in genere l'avverbio di tempo va
☐ prima / ☑ in mezzo / ☐ dopo.

6 Scrivere | Il mio Paese - Edinburgh Military Tattoo final night

Convinci un amico italiano a venire nel tuo Paese in occasione di una festa tradizionale.

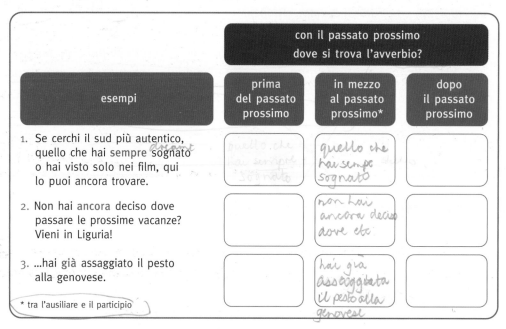

unità 2 | feste e tradizioni

Completa i contenuti di grammatica con le parole di destra. Poi confronta con l'indice a pag. 22. *compare* *index*

grammatica

I verbi *gustare*, *provare*, *assaggiare*, ecc.

Il superlativo relativo e assoluto

La costruzione *uno dei più / meno*

I superlativi di *buonissimo / il più buono*

Gli avverbi *già*, *mai*, *ancora* e *sempre* con il passato prossimo

(ancora)

(buono)

(gustare)

comunicazione

Prenotare un tavolo
▶ *Senta, c'è un tavolo per due persone?*

Ordinare al ristorante
▶ *Prendo la zuppa*

Chiedere informazioni su un piatto ▶ *È sicuro che non c'è la carne?*

Chiedere il conto ▶ *Ci porti subito il conto, per favore*

Fare paragoni ▶ *La zuppa di pesce è certamente più caratteristica delle fettuccine*

grammatica

I comparativi

unità 3 | al ristorante

1 Ascoltare | Al ristorante

1a *Chiudi il libro e ascolta queste frasi tratte da un dialogo. Poi, insieme a un compagno, cerca di rispondere alle domande usando l'immaginazione.* 6

▶ Dove siamo? Chi sono i personaggi? Qual è la situazione?

1b *Ascolta il dialogo e verifica le tue ipotesi.* 7

1c *Ascolta ancora il dialogo e segna a chi si riferiscono le informazioni.* 7

informazioni	lui	lei	un altro cliente	cameriere
1. È in viaggio di nozze	☑	☑	☐	☐
2. Ha prenotato un tavolo	☐	☐	☑	☐
3. Arriva alle 8	☑	☑	☐	☐
4. Arriva alle 9	☐	☐	☑	☐
5. Non è soddisfatto/a del tavolo	☐	☑	☐	☐
6. È soddisfatto/a degli antipasti	☑	☐	☐	☐
7. Non mangia carne	☐	☑	☐	☐
8. Consiglia di prendere la zuppa di pesce	☐	☐	☐	☑

1d *Ricostruisci i nomi dei piatti e scrivi se sono un primo* (P), *un secondo* (S) *o un contorno* (C), *come nell'esempio. Se necessario riascolta il dialogo.* 7

P	*Tagliolini in brodo*		e spinaci
	Zuppa		alle vongole
	Spaghetti		*con scaglie di pollo*
	Ravioli ricotta		di pesce
	Fettuccine		di tacchino
	Carciofi		al ragù
	Patate		di calamari e gamberi
	Baccalà		di carne
	Arrosto		in umido
	Grigliata		arrosto
	Frittura		alla genovese

artichoke Carciofi

1e *Scrivi sul blocco le ordinazioni. Se necessario riascolta il dialogo.* 7

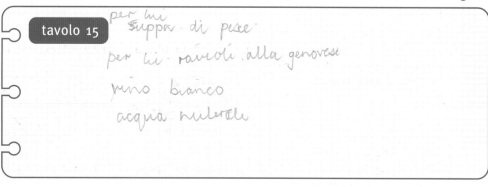

tavolo 15

per lui suppa di pesce
per lei ravioli alla genovese
vino bianco
acqua naturale

I pasti

Gli italiani generalmente fanno tre pasti al giorno: colazione, pranzo e cena.

Tra la colazione e il pranzo e tra il pranzo e la cena, si può fare merenda o uno spuntino.

Prima del pranzo o della cena si può prendere un aperitivo: di solito si tratta di una bevanda alcolica o analcolica, ma negli ultimi anni si è diffusa la moda dell'aperitivo "rinforzato", un pasto costituito di tanti piccoli piatti da gustare dopo il lavoro in qualche locale insieme agli amici e che può sostituire la cena.

Gli orari dei pasti cambiano tra nord, centro e sud: al nord si pranza verso le ore 12.00/13.00 e si cena verso le 19.00, al centro e al sud si mangia più tardi (pranzo verso le 13.00/14.00 e cena verso le 20.00/21.00).

2 **Gioco** | Cosa hai ordinato?

* Studente A (Le istruzioni per lo **Studente B** sono a pag. 140)

Segui l'esempio e chiedi allo **Studente B** cosa ha ordinato. Ascolta la risposta e prova ad indovinare in che portata deve essere inserito il piatto. Se è giusto scrivilo nello spazio, come nell'esempio. Poi rispondi alla domanda dello **Studente B**. Devi scegliere una delle portate evidenziate. Vince chi completa per primo il menu.

🖊 Esempio

Studente A Cosa hai ordinato?
Studente B La zuppa di pesce.
Studente A È un primo di pesce.
/ È un secondo di carne e verdure.
Studente B Esatto. / No, sbagliato.

Antipasto della casa

Primi di carne e verdure
Tagliolini in brodo con scaglie di pollo
Ravioli ricotta e spinaci
Fettuccine al ragù

_____

Fettuccine ai funghi

Secondi di carne e verdure
Polpette al sugo
Grigliata di carne

_____

Contorni

_____

Insalata verde

_____

Carciofi in umido

Dolci

_____

Crème caramel

_____

Tiramisù

Primi di pesce
Zuppa di pesce
_____
Linguine allo scoglio
Risotto di mare
Penne salmone e vodka

_____

Secondi di pesce
Frittura di calamari e gamberi
Baccalà alla genovese

_____

Ristorante Mare Monti

To make comparisons

3 **Analisi grammaticale** | Fare paragoni

compare

3a *Ascolta e scegli. Poi confronta con un compagno, se necessario riascoltate.* 8

| Cosa è più caratteristico per il cameriere? | ☐ La zuppa di pesce | ☐ Le fettuccine al ragù |

| Cosa è meno pesante per il cameriere? | ☐ La zuppa di pesce | ☐ Le fettuccine al ragù |

3b *Quando fai un paragone tra due nomi devi usare sempre una preposizione. Quale? Se necessario ascolta ancora il dialogo. Attenzione: nel dialogo la preposizione è articolata.*

 8

☐ di ☐ a ☐ da ☐ in ☐ con ☐ su ☐ per ☐ tra ☐ fra

4 **Esercizio** | Comparativi

Secondo te, quale alimento è più dolce? Quale è più leggero? Completa la tabella. Poi confrontati con un compagno, come negli esempi.

> 🖉 Esempi
> ▸ Secondo me la cipolla è più saporita della patata.
> ▸ Per me la patata è meno saporita del pomodoro.

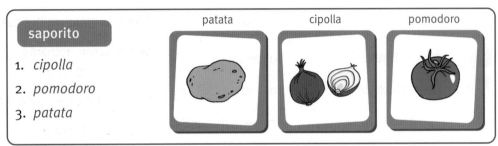

saporito

1. *cipolla*
2. *pomodoro*
3. *patata*

patata — cipolla — pomodoro

dolce

1. _____
2. _____
3. _____

limone — mela — banana

leggero

1. _____
2. _____
3. _____

pasta — zuppa — riso

grande

1. _____
2. _____
3. _____

albicocca — arancia — melone

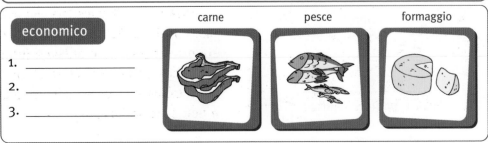

economico

1. _____
2. _____
3. _____

carne — pesce — formaggio

Al ristorante

Quando si va al ristorante in Italia:

• bisogna lasciare al cameriere una "mancia", di solito il 5% del conto;

• il pane si paga;

• non sempre c'è un menu scritto. Nei locali più tradizionali o familiari (le trattorie) è il cameriere che fa l'elenco dei piatti del giorno;

• il vino può essere in bottiglia o "della casa" (in questo caso ha un prezzo inferiore);

• anche l'antipasto può essere "della casa": significa che è composto con le specialità del luogo o è caratteristico di quel ristorante.

5 Analisi lessicale | Avete prenotato?

5a *Ricostruisci le domande e poi collegale alla risposta giusta, come nell'esempio. Attenzione: due domande non hanno risposta. Indica anche se la domanda è del cameriere (CA) o dei clienti (CL).*

	domande		risposte
1.	____ Senta, c'è un tavolo	mi consiglia?	A me piace il rosso.
2.	_CA_ Avete	o gassata?	Naturale, grazie.
3.	____ Da bere	subito?	Prima di tutto dell'acqua.
4.	____ Naturale	o rosso?	Senza carne abbiamo dei ravioli al sugo.
5.	____ Volete ordinare	per due persone?	Sì, ma vi dico io cosa c'è.
6.	____ C'è	per vegetariani?	La zuppa di pesce è
7.	____ Non c'è niente	cosa prendete?	certamente più caratteristica delle fettuccine al ragù.
8.	____ Che cosa	prenotato?	È la nostra specialità.
9.	____ Vino bianco	un menu?	Veramente no.

5b *Le due risposte mancanti sono due domande che hai ricostruito. Quali?*

6 Parlare | Al ristorante

Lavora con due compagni e dividetevi i ruoli (Cameriere e Clienti).

Cameriere È il tuo primo giorno di lavoro come cameriere in un ristorante molto famoso. Arrivano due clienti che non hanno prenotato. Il ristorante è pieno. Tu cerchi di trovare un posto, ma non è facile: i due sono molto esigenti. Poi prendi le ordinazioni e rispondi alle loro domande sul menu (usa il menu che hai completato al punto **2**).

Clienti Tu e il tuo amico/la tua amica entrate in un ristorante molto famoso. Non avete prenotato. Il ristorante è pieno ma insistete con il cameriere per avere il posto migliore. Poi chiedete informazioni sui piatti del menu e ordinate (usate il menu che avete completato al punto **2**). Ma il cameriere non è molto preparato e non siete soddisfatti.

7 Ascoltare e parlare | Ecco i vostri piatti

7a *Ascolta la continuazione del dialogo del punto **1** e metti i disegni nel giusto ordine. Attenzione, due disegni non vanno bene.*

 9

n°

7b *Ascolta ancora e correggi il blocco delle ordinazioni al punto **1e**.* 9

7c *Lavora con due compagni e immaginate cosa succede quando torna il cameriere Cercate di immaginare un finale usando la fantasia, poi dividetevi i ruoli e preparatevi a recitare la scena. Se necessario riascoltate la parte precedente. Quando siete pronti, recitate la scena davanti alla classe.*

'ALMA.tv

PAGARE ALLA ROMANA

Al ristorante si può "pagare alla romana". Vuoi sapere cosa significa? Vai su *www.alma.tv*, cerca "Pagare alla romana" nella rubrica Vai a quel paese e guarda la divertente spiegazione di Federico Idiomatico.

| Pagare alla romana | CERCA |

7d *Ascolta l'ultima parte del dialogo e lavora con i compagni del punto **C** per decidere quale gruppo ha fatto la rappresentazione più vicina all'originale. Riascoltate tutte le volte necessarie.* 10

unità 3 | al ristorante

Collega i contenuti di comunicazione a sinistra con gli esempi di destra. Poi confronta con l'indice a pag. 27. Attenzione, c'è un esempio in più!

comunicazione

Prenotare un tavolo ▶

Ordinare al ristorante ▶

Chiedere informazioni su un piatto ▶

Chiedere il conto ▶

Fare paragoni ▶

È sicuro che non c'è la carne?

Prendo la zuppa

Prego, accomodatevi

La zuppa di pesce è certamente più caratteristica delle fettuccine

Ci porti subito il conto, per favore

Senta, c'è un tavolo per due persone?

1   I suoni [kw] e [gw]

PAGINA DELLA FONETICA

1a *Ascolta e segna quale suono senti per ogni parola.* 📀 fonetica 1
Segui gli esempi.

	1.	2.	3.	4.	5.	6.	7.	8.	9.	10.	11.	12.
[kw]	☒	☐	☐	☐	☐	☐	☐	☐	☐	☐	☐	☐
[gw]	☐	☒	☐	☐	☐	☐	☐	☐	☐	☐	☐	☐

1b *Ascolta e completa le frasi.* 📀 fonetica 2

1. La macchina si è _____ un'altra volta. È vecchia ormai, ha _____ dieci anni.
2. _____ non è ancora _____.
3. Quel _____ rosso sembra _____.
4. _____ _____ non _____ il telefono per controllare i messaggi!
5. Il treno per _____ parte alle _____ e un _____.

2   Le lettere *m* e *n*

2a *Ascolta e segna per ogni parola le* **m** *e le* **n** *che senti, come nell'esempio.* 📀 fonetica 3

1. *n n m* _____
2. _____
3. _____
4. _____
5. _____
6. _____
7. _____
8. _____
9. _____
10. _____

2b *Ascolta e inserisci* m o n. 📀 fonetica 4

1. co __ pito   2. sa __ dalo   3. o __ belico   4. a __ fora   5. a __ sioso   6. to __ bola

7. ca __ po   8. po __ te   9. lu __ go   10. e __ brione   11. sette __ bre   12. co __ pletare

2c *Completa la regola con* m o n.

> In italiano prima delle consonanti **b** e **p** non si usa mai la lettera ___
> (in questo caso si usa la lettera ___).

unità 4 · come eravamo

unità 5 · io mi ricordo...

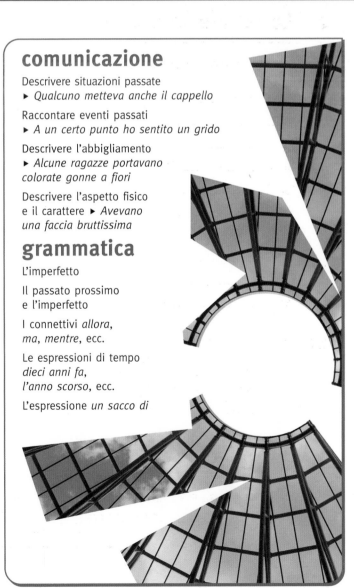

comunicazione

Descrivere situazioni passate
▸ *Qualcuno metteva anche il cappello*

Raccontare eventi passati
▸ *A un certo punto ho sentito un grido*

Descrivere l'abbigliamento
▸ *Alcune ragazze portavano colorate gonne a fiori*

Descrivere l'aspetto fisico e il carattere ▸ *Avevano una faccia bruttissima*

grammatica

L'imperfetto

Il passato prossimo e l'imperfetto

I connettivi *allora, ma, mentre*, ecc.

Le espressioni di tempo *dieci anni fa, l'anno scorso*, ecc.

L'espressione *un sacco di*

comunicazione

Descrivere situazioni passate
▸ *Qualcuno metteva anche il cappello*

Descrivere l'abbigliamento
▸ *Alcune ragazze portavano colorate gonne a fiori*

grammatica

L'imperfetto

1 Introduzione

Collega le foto alle epoche storiche. Poi confrontati con i compagni.

(1900-1925) (1925-1945) (1945-1960) (1960-1970) (1970-1978) (1978-1990) (1990-oggi)

La destra e la sinistra in Italia

Dopo la Seconda Guerra Mondiale la Destra fascista è stata messa fuori legge e la politica italiana ha avuto due grandi partiti: il Partito Comunista Italiano (sinistra) e la Democrazia Cristiana (centro). Dagli anni '90, dopo la caduta del muro di Berlino e lo scandalo di corruzione denominato "Mani pulite", il panorama politico ha avuto diversi mutamenti, ma è rimasta la divisione del Parlamento in due grandi aree chiamate generalmente di Centro Sinistra e Centro Destra.

2 Leggere | Moda e politica

2a *Leggi il testo. A quale foto del punto 1 puoi collegarlo?*

[annotazione manoscritta: pella human / pelo animal (hair on human)]

Moda e politica

COME VESTIVANO NEGLI ANNI '70

I giovani degli anni '70 usavano l'abbigliamento per essere politicamente riconoscibili anche a prima vista.

L'abbigliamento maschile di destra comprendeva giacca, camicia e cravatta (ma a volte, al posto della camicia, alcuni usavano un maglione nero a collo alto) e cappotto elegante. Qualcuno metteva anche il cappello.

L'abbigliamento femminile di destra era elegante e di boutique. Generalmente le donne preferivano indossare la gonna o la minigonna. Tutte le ragazze di destra inoltre avevano sempre borsa e accessori, preferibilmente di Gucci, e scarpe firmate. Profumo più in voga: Calèche di Hermès.

L'abbigliamento di sinistra era rigorosamente unisex: tutti indossavano un paio di pantaloni (di solito jeans... ma mai di marca Levi's!) e una maglietta. Eccezione: alcune ragazze portavano colorate gonne a fiori al posto dei pantaloni.

Per i ragazzi di sinistra l'accessorio che indiscutibilmente indicava l'appartenenza politica era l'eskimo. L'eskimo era un semplice giubbotto verde, con molte tasche e un cappuccio bordato di pelo. Unico profumo accettato (unisex anche questo): l'essenza di Patchouli.

L'eskimo era il capo di abbigliamento tipico dei ragazzi di sinistra. Uno di destra non poteva né doveva indossarlo. Nel tempo è diventato un cult. Il cantautore Francesco Guccini ha intitolato così una sua canzone. Il successo dipendeva, a parte il basso costo, dalle numerose e capienti tasche che permettevano di contenere oggetti di vario tipo: dai volantini arrotolati pronti da distribuire, al nastro adesivo per attaccare manifesti ovunque.

2b *Collega i disegni ai tipi di abbigliamento descritti nel testo. Attenzione: c'è un disegno in più!*

| abbigliamento maschile di destra | abbigliamento femminile di destra | abbigliamento di sinistra |

3 Analisi lessicale | L'abbigliamento

Rileggi il testo e sottolinea i termini rappresentati nei disegni del punto 2b.
Poi confrontati con un compagno.

4 Esercizio | L'abbigliamento

Scrivi nel testo i nomi dei vestiti corrispondenti ai disegni.

ANNI OTTANTA

Negli anni Ottanta cambiano definitivamente i modelli culturali.

Le ragazze anni Ottanta sono magre e vanno in palestra, *leggings*
portano (1) _jeans_ molto aderenti oppure un paio di fuseaux
con una (2) _minigonna_ colorata.

Sopra, una (3) _giacca_ con le spalline, coperta da uno strano *shoulderpads*
(4) _maglione_ molto largo con un enorme buco per la testa
e maniche da pipistrello.

Infine una (5) _giacca_, ancora con le spalline.

Gli anni Ottanta sono gli anni degli yuppie, giovani che vogliono
diventare ricchi e famosi. Se l'uomo di sinistra resta vicino
alla moda degli anni Settanta, l'uomo di destra diventa sempre
più elegante e indossa una (6) _camicia_ con la (7) _cravatta_
e un vestito composto da (8) _giacca_ e (9) _pantaloni_.

Sopra, in inverno, un (10) _capotto_ lungo, mentre
il (11) _giubbotto_ è accettato solo nella versione casual.

Le (12) _____ devono essere di marca mentre, per i più alla
moda, sono necessari occhiali e (13) _il_ ventiquattrore. *borsa*

shoulder pads, sto

calzoani

5 Gioco | Il domino dell'imperfetto

5a *La classe si divide in due squadre. Lavora con la tua squadra. Nel testo*
del punto 2a, il verbo della prima riga (usavano) e quello della terza riga
(comprendeva) sono al tempo imperfetto. Cercate tutti gli altri verbi in questo
tempo.

5b *Mettiti faccia a faccia con uno studente dell'altra squadra. A turno dite,*
nell'ordine di comparizione nel testo del punto 2a, i verbi all'imperfetto.
Se pensi che il verbo che dice l'altro studente sia corretto, rispondi Giusto!,
e poi fai il tuo tentativo, come nell'esempio 1. Altrimenti rispondi No, è...,
prova a dire il verbo e poi fai il tuo tentativo, come nell'esempio 2.
Chiamate l'insegnante solo per contestazioni. Vince lo studente che dice
più verbi all'imperfetto corretti.

Esempio 1
• *Usavano.*
▸ Giusto! *Comprendeva.*
• ...

Esempio 2
• *Essere.*
▸ No, è *usavano. Comprendeva.*
• ...

abbastanza.
seggi

coscienzios
conscientious

6 Analisi grammaticale | L'imperfetto

6a *Aiutati con i verbi del testo del punto* **2a** *e completa la tabella delle forme dell'imperfetto. Poi confronta con un compagno.*

	usare	mettere	preferire	essere	avere
io	usavo	mettevo	preferivo	ero	avevo
tu	usavi	mettevi	preferivi	eri	avevi
lui/lei	usava	metteva	preferiva	era	aveva
noi	usavamo	mettevamo	preferivamo	eravamo	avevamo
voi	usavate	mettevate	preferivate	eravate	avevate
loro	usavano	mettevano	preferivano	erano	avevano

6b *Riguarda i verbi all'imperfetto nel testo del punto* **2a** *e indica, secondo te, cosa esprime l'imperfetto. Puoi collegare più di una parola.*

fare	
io	facevo
tu	facevi
lui/lei	faceva
noi	facevamo
voi	facevate
loro	facevano

ricordo nuova informazione
situazione
azione presente
tristezza
imperfetto
racconto descrizione
passato futuro
nostalgia

6c *Lavora con un compagno. Confrontate le parole che avete evidenziato al punto* **b** *motivando le vostre scelte. Poi decidete insieme quali sono le cinque parole che esprimono meglio l'uso dell'imperfetto. Infine confronta i risultati con la classe e l'insegnante.*

7 Gioco | L'oca dell'imperfetto

Gioca in un gruppo di 3-4 persone con un dado e pedine. A turno ogni giocatore lancia un dado e avanza con la pedina di tante caselle quanti sono i punti indicati dal dado. Arrivato sulla casella deve formare una frase usando gli elementi indicati e il verbo all'imperfetto, come nell'esempio 1.

Gli altri studenti controllano: se la frase non è corretta la pedina non può avanzare e torna indietro.

Attenzione: se la pedina capita sulla casella STOP, deve rimanere ferma un turno.

Se la pedina capita sulla casella verde*, deve formare la frase dicendo se l'oggetto negli anni '70 era di destra o di sinistra, come nell'esempio 2.*

Se gli altri giocatori non accettano la scelta la pedina non può avanzare.

Se la pedina capita sulla casella rossa*, se forma la frase in modo corretto (esempio 3) può tirare ancora il dado.*

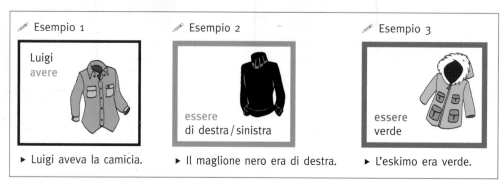

✎ Esempio 1

Luigi
avere

▸ Luigi aveva la camicia.

✎ Esempio 2

essere
di destra / sinistra

▸ Il maglione nero era di destra.

✎ Esempio 3

essere
verde

▸ L'eskimo era verde.

8 Parlare | Ricordi

Come ti vestivi? E come si vestivano i tuoi genitori o i tuoi nonni?
Parlane con un compagno.

unità 4 | come eravamo

Segna con una ☒ le cose che hai studiato. Poi confronta con l'indice a pag. 38. Attenzione: c'è un contenuto in più. Il contenuto "intruso" sarà presentato nell'unità 5.

comunicazione

☒ Descrivere situazioni passate
  ▸ *Qualcuno metteva anche il cappello*

☒ Descrivere l'abbigliamento
  ▸ *Alcune ragazze portavano colorate gonne a fiori*

grammatica

☒ L'espressione *un sacco di*   lots of heaps of

☒ L'imperfetto

partenza

Carlo
portare

Tu
avere

essere
di destra / sinistra

Io e Andrea
usare

Costanza
indossare
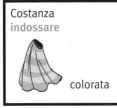
colorata

STOP

Le ragazze
indossare

Mio fratello
odiare

firmate

essere
di destra / sinistra

indicare
l'appartenenza
politica

avere
il cappuccio

Stefano
avere

arrivo

essere
di destra / sinistra

Tu
portare

Le giovani
preferire

essere
di destra / sinistra

avere
molte tasche

essere
di destra / sinistra

essere
di destra / sinistra

Le mie amiche
mettere

Noi
usare

Tu e Lucia
odiare

Tu
usare

STOP

essere
un giubbotto

I ragazzi
mettere

Tu
usare

essere
di destra / sinistra

Voi
amare

essere
di destra / sinistra

Tutti
indossare

STOP

Levi's
essere
di destra / sinistra

Tu
usare

STOP

L'abbigliamento
comprendere

essere
di destra / sinistra

Noi
avere

Mia sorella
amare

unità 5 | io mi ricordo...

comunicazione

Raccontare eventi passati
▸ *A un certo punto ho sentito un grido*

Descrivere l'aspetto fisico e il carattere ▸ *Avevano una faccia bruttissima*

grammatica

L'imperfetto

Il passato prossimo e l'imperfetto

I connettivi *allora, ma, mentre,* ecc.

Le espressioni di tempo *dieci anni fa, l'anno scorso,* ecc.

L'espressione *un sacco di*

1 Ascoltare | Domani è un altro giorno

1a *Ascolta il dialogo e rispondi alla domanda segnando il percorso giusto.* 🔊 11

lots of, heaps of

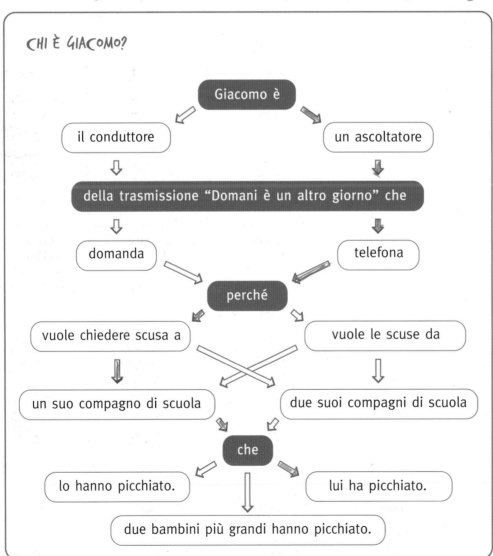

CHI È GIACOMO?

Giacomo è

il conduttore — un ascoltatore

della trasmissione "Domani è un altro giorno" che

domanda — telefona

perché

vuole chiedere scusa a — vuole le scuse da

un suo compagno di scuola — due suoi compagni di scuola

che

lo hanno picchiato. — lui ha picchiato.

due bambini più grandi hanno picchiato.

Trent'anni fa

Osserva:

▸ *Tra 2 (3, 50, 100...) anni*

▸ *Il prossimo anno / L'anno prossimo*

▸ *Quest'anno*

▸ *L'anno scorso / L'anno passato*

▸ *2 (3, 50, 100...) anni fa*

quarantaquattro

quasi tutto — *nearly all*

Il calcio

Lo sport nazionale in Italia è il calcio. La nazionale italiana ha vinto quattro volte i Campionati del Mondo, sempre in momenti delicati della storia del Paese: nel 1934 e nel 1938, durante la dittatura fascista; nel 1982, dopo gli *anni di piombo* *lead* del terrorismo e nel 2006. In questo caso la vittoria arriva subito dopo Calciopoli, un grande scandalo che ha coinvolto le più importanti squadre italiane.

1b *Riascolta e completa la tabella.* 11

Quanti anni ha Giacomo...	Età di Giacomo *age*
quando telefona alla radio?	_38_ _____
quando l'Italia ha vinto il suo terzo mondiale?	_2006_ _1982_ _____
quando l'Italia ha vinto il suo quarto mondiale?	_____
quando è successo l'episodio che racconta?	9 _9_ _____
quando ha visto per l'ultima volta Antonio?	_venti anni fa._ _aveva dicotto anni_

1c *E tu, a chi devi chiedere scusa per qualcosa che è successo in passato?*
Parlane con un compagno.

tutti e due

2 Analisi lessicale | Descrizione fisica e psicologica

passage

2a *Riascolta un brano del dialogo e scrivi l'aggettivo nella casella giusta.* *correct box* 12
Indica anche a chi si riferisce ogni aggettivo, come nell'esempio.

alto *tall*

biondo *blond*

brutto *ugly*

cattivo *bad*

grande *big*

magro *thin skinny*

tatuato *tattoo*

timido ~~timido~~

robusto *sturdy well built*

spaventato
feared taken aback
que due those 2

timido
- ☒ Giacomo
- ☐ Antonio
- ☐ Ragazzo 1
- ☐ Ragazzo 2

cattivo
- ☐ Giacomo
- ☒ Antonio
- ☒ Ragazzo 1
- ☒ Ragazzo 2

grande
- ☐ Giacomo
- ☐ Antonio
- ☒ Ragazzo 1
- ☒ Ragazzo 2

io invece

magro
- ☒ Giacomo
- ☐ Antonio
- ☐ Ragazzo 1
- ☐ Ragazzo 2

robusto
- ☐ Giacomo
- ☐ Antonio
- ☐ Ragazzo 1
- ☒ Ragazzo 2

immobile

spaventato
- ☒ Giacomo
- ☒ Antonio
- ☐ Ragazzo 1
- ☐ Ragazzo 2

tutti et due erano

biondo
- ☐ Giacomo
- ☐ Antonio
- ☒ Ragazzo 1
- ☒ Ragazzo 2

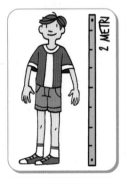

alto
- ☐ Giacomo
- ☐ Antonio
- ☐ Ragazzo 1
- ☒ Ragazzo 2

brutto
- ☐ Giacomo
- ☐ Antonio
- ☒ Ragazzo 1
- ☒ Ragazzo 2

tatuato.
- ☐ Giacomo
- ☐ Antonio
- ☒ Ragazzo 1
- ☐ Ragazzo 2

non si è accorto di niente

2b *Scrivi alcuni aggettivi del punto **a** accanto <u>al loro contrario</u>, come nell'esempio.*

estroverso	*timido*		moro	*biondo*
basso	*alto*		debole	*robusto*
grasso	*magro*		buono	*cattivo*
piccolo	*grande*		bello	*brutto*

3 ✕ Gioco | Descrizione fisica e psicologica

3a *Lavora con un compagno. Inserite al posto giusto le descrizioni mancanti.*

✓ a. La più famosa cantante italiana. ✓ Ha vinto Sanremo giovanissima nel 1993 con *La solitudine*.

✓ b. Uno dei più importanti calciatori della storia del calcio italiano.

c. Il più grande poeta e scrittore italiano, autore della *Divina Commedia*.

✓ d. Generale, dittatore e scrittore romano, ucciso in una congiura nel 44 a.C. È considerato uno dei personaggi più importanti della storia.

✓ e. Fondatore del fascismo e dittatore d'Italia dal 1925 al 1943.

f. Scrittore e giornalista, autore di *Gomorra*. Vive protetto dalla polizia per le minacce di morte della Camorra, la mafia napoletana.

Benito Mussolini
Fondatore del facismo + dittatore d'Italia da diciannove venti cinque al diciannove quarantatre

Dante Alighieri
Il più grande poeta e scrittore italiano, autore della Divina Commedia

Giuseppe Garibaldi
Il rivoluzionario che, con la *spedizione dei Mille*, ha creato le basi per l'unità d'Italia del 1861.

Umberto Eco
Uno dei più importanti scrittori italiani. Famoso per *Il nome della rosa*.

Laura Pausini *era*
La più famosa cantante italiana. Ha vinto Sanremo giovanissima nel 1993 con La solitudine mille novecento

mille nove

Leonardo Da Vinci
Pittore del 1400, considerato uno dei più grandi geni dell'umanità. *genius*

Sophia Loren
Una delle più famose attrici della storia del cinema, vincitrice di due premi Oscar.

Roberto Baggio
uno dei più importante calciatore della storia del calcio italiano

Roberto Saviano
Scrittore e giornalista autore di Gomorra. Vive protetto dalla polizia per dei minacci di morte della Camorra, la mafia napoletana

Giulio Cesare
Generale, dittatore e scrittore romano, killed in a conspiracy nel 44 aC Was considered one the most important figures in history

non ho mai novante

anta dras

3b *Forma un gruppo di quattro persone. Scegli uno dei personaggi del punto* **a** *e prova a descriverlo: gli altri indovinano chi è. Aiutati con le liste qui sotto.*

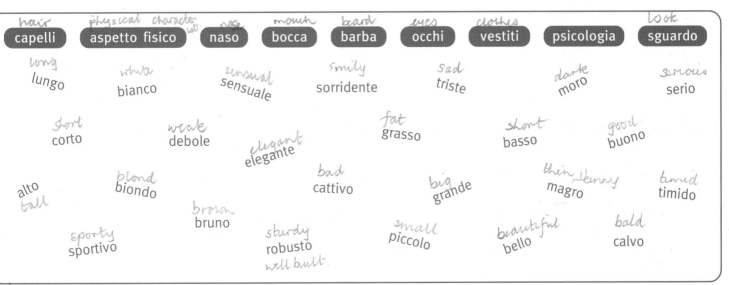

capelli **aspetto fisico** **naso** **bocca** **barba** **occhi** **vestiti** **psicologia** **sguardo**

hair *physical character* *nose* *mouth* *beard* *eyes* *clothes* *look*

long lungo — *white* bianco — *sensual* sensuale — *smily* sorridente — *sad* triste — *dark* moro — *serious* serio

short corto — *weak* debole — *elegant* elegante — *fat* grasso — *short* basso — *good* buono

alto *tall* — *blond* biondo — *bad* cattivo — *big* grande — *thin, skinny* magro — *timid* timido

brown bruno — *sporty* sportivo — *sturdy* robusto *well built* — *small* piccolo — *beautiful* bello — *bald* calvo

[handwritten left margin:]
questo persona
loro

RB capelli pelle bruna
lunghi la barba piccola
mare i baffi stretti
ricci magri
curly un sguardo
triste
reflessivo
SL un sguardo sensuale.
labbra carnose
elegante
bella
Occhi a mandorla
veste rivelatori
i capelli corti
folta capelli mossi
abbastanza corti

4 Analisi grammaticale | Il passato prossimo e l'imperfetto

4a *Collega le definizioni di destra ai verbi evidenziati.*

Allora, era l'estate del 1982, luglio... faceva caldissimo. Ed era domenica, proprio il giorno della vittoria dell'Italia. Alla fine dell'ultima partita tutta la gente è scesa in strada a festeggiare...

> racconta un fatto o un'azione del passato

> descrive una situazione o uno stato (fisico o psicologico) del passato

4b *Completa il dialogo con i verbi al passato prossimo o all'imperfetto. Poi ascolta e verifica.* 13

- Certo, questo me lo ricordo. In finale (*battere*) _____ abbiamo battuto _____ la Germania, giusto?
- ▸ Sì, esatto. 3 a 1. Insomma, anch'io sono uscito, mi ricordo che (*avere*) _____ la bandiera dell'Italia in mano e (*urlare*) urlavo _____, come tutti. A un certo punto (*sentire*) ho sentito _____ un grido, cioè... tutti gridavano ma quello non era un grido uguale agli altri, (*sembrare*) _____ sembrava _____ più... più un pianto che un grido di gioia.
- Ah...
- ▸ Sì, così (*girarsi*) sono girato / mi action _____ e in un angolo, in un punto un po' lontano dalla strada, (*vedere*) ho visto _____ tre bambini: un mio compagno di scuola e due bambini più grandi che non conoscevo. I due che non conoscevo davano dei pugni al primo e mentre lo (*picchiare*) picchiavano _____ gli prendevano anche la bandiera e la maglietta dell'Italia.

5 Gioco | Il passato prossimo e l'imperfetto

Gioca con un compagno. Dichiara quali caselle vuoi occupare (2 o 3).
Poi forma una frase al passato (con almeno un verbo all'imperfetto e uno
al passato prossimo) usando le parole o le espressioni che hai scelto, come
nell'esempio. L'altro studente verifica: se è tutto giusto puoi occupare le caselle,
altrimenti restano a disposizione. Poi il turno passa al compagno. Vince lo
studente che ha occupato più caselle al completamento dello schema o allo
STOP dell'insegnante.

> ✎ Esempio
>
> A3 (sole splendente) +
> C1 (persona con la febbre)
>
> ▶ Ieri c'era un **sole splendente**
>   ma io **sono rimasto a casa**
>   per curare una **persona con
>   la febbre.**

	1	2	3	4	5
A	macchina	cellulare	sole splendente	uomo anziano ✓	gatto ✓
B	pollo	gelato ✓	computer	fiori	pioggia
C	persona con la febbre	donna triste	soldi	panino	✓ sveglia ✓
D	✓ cane	bambino straniero	bicicletta	amici simpatici ✓	radio
E	signore spaventato	scarpe ✓	ragazzo in ritardo ✓	casa	divano

6 Scrivere | L'infanzia

Racconta un episodio della tua infanzia.

7 Parlare | La telefonata

Insieme a un compagno immagina la telefonata tra Giacomo e Antonio.

---

unità 5 | io mi ricordo...

Segna con una ☒ i tempi verbali che hai studiato in questa unità.
Poi confronta con l'indice a pag. 44.

grammatica

☐ Il futuro semplice
☐ L'imperativo
☒ L'imperfetto
☐ Il condizionale presente
☒ Il passato prossimo

1861

Dopo più di 1000 anni di divisioni e invasioni straniere, l'Italia diventa una nazione unita. L'eroe dell'unificazione è il generale Giuseppe Garibaldi.

Il primo Re d'Italia è il piemontese Vittorio Emanuele II, la prima capitale è Torino.

Nel 1865, dopo quattro anni, la capitale passa a Firenze.

Il 20 settembre 1870 l'esercito italiano entra a Roma, che era sotto il controllo del Papa. Roma è la nuova capitale d'Italia.

Nel 1925 inizia la dittatura fascista di Benito Mussolini. Il fascismo dura quasi vent'anni (1925-1943) e porta l'Italia ad allearsi con Hitler e ad entrare nella Seconda Guerra Mondiale.

Nel 1943 inizia la Resistenza. È la guerra civile: partigiani contro fascisti ed esercito tedesco. Il 25 aprile 1945 gli americani entrano in Italia: è la fine della guerra. Il 28 aprile i partigiani catturano e uccidono Mussolini.

Il 2 giugno 1946 gli italiani, con un referendum, scelgono tra monarchia e repubblica. Vince la repubblica.

Gli ANNI CINQUANTA e SESSANTA portano grandi trasformazioni nello stile di vita: tv, macchina, benessere per tutti. Sono gli anni del cosiddetto boom economico.

Gli ANNI SETTANTA sono caratterizzati dal terrorismo politico. Il fatto più grave accade nel 1978, quando le Brigate Rosse rapiscono e uccidono Aldo Moro, il più importante uomo politico italiano.

Dopo la fine del terrorismo, con gli ANNI OTTANTA sembra arrivare un nuovo boom economico.

Ma negli ANNI NOVANTA esplode lo scandalo della corruzione nel mondo politico (Tangentopoli). Un altro grande problema è la Mafia, che compie molti gravi attentati.

Nel 1994 vince le elezioni Silvio Berlusconi, ricchissimo uomo d'affari, che governa, con alcune pause e molte polemiche, per quasi vent'anni.

1 I dittonghi *ai, ia, ei, ie, eu, uo*

1a *Ascolta e segna quale suono senti per ogni parola,* DVD fonetica 5 *come nell'esempio.*

	ai	ia	ei	ie	eu	uo			ai	ia	ei	ie	eu	uo
1.	☐	☐	☐	☒	☐	☐		6.	☐	☐	☐	☐	☐	☐
2.	☐	☐	☐	☐	☐	☐		7.	☐	☐	☐	☐	☐	☐
3.	☐	☐	☐	☐	☐	☐		8.	☐	☐	☐	☐	☐	☐
4.	☐	☐	☐	☐	☐	☐		9.	☐	☐	☐	☐	☐	☐
5.	☐	☐	☐	☐	☐	☐		10.	☐	☐	☐	☐	☐	☐

1b *Ascolta e completa le frasi.* DVD fonetica 6

1. Da ragazzo non volevo m____ stud____re.
2. ____ri ho visto P____ro.
3. È nato prima l'____vo o la gallina?
4. M____ s____cera fa la n____rologa.
5. Abito vicino S____na in un piccolo paese di s____mila abitanti.
6. Lavoro in v____le L____gi.

1c *Ascolta e completa il cruciverba.* DVD fonetica 7

2 La *i* muta e la *i* parlante

2a *Leggi e segna con una* ☒ *quando la* **i** *evidenziata si pronuncia, come negli esempi.*

	si pronuncia	non si pronuncia
ciao	☐	☒
lancia *(spear)*	☒	☐
camicia *(shirt)*	☒	☐
farmacia	☒	☐
bacio *(crew)*	☐	☒
ciurma *(crew)*	☒	☐
giallo	☒	☐
regia *direction TV. cine*	☒	☐
magia	☒	☐
giocare	☐	☒
stagioni	☒	☐
giusto	☒	☐

2b *Ascolta e verifica.* DVD fonetica 8

2c *Scegli l'opzione giusta e completa la regola.*

> Nelle parole che contengono *cia, cio, ciu, gia, gio, giu* la **i** si pronuncia solo quando ☒ ha / ☐ non ha l'accento.

modulo tre | arti

unità 6   buongiorno, desidera?

unità 7   fare la spesa

unità 8   made in Italy

comunicazione

Ordinare in un negozio di alimentari
▸ *Mi dia delle olive verdi*

Dare istruzioni per fare la spesa
▸ *La carne comprala dal signor Mario*

Chiedere e dire la quantità ▸ *Quanto ne faccio?*
▸ *Un etto e mezzo, grazie*

Chiedere se qualcosa c'è ▸ *Le uova ce le ha?*

Chiedere e dire quanto costa qualcosa ▸ *Quant'è?*

Chiedere un prestito ▸ *Puoi prestarmi 30 euro?*

Chiedere e dire la taglia e il numero ▸ *Che taglia porta?*

Parlare di materia, forma e dimensione di un capo di abbigliamento ▸ *Vestito di cotone a righe bianche e blu*

Scegliere un capo di abbigliamento ▸ *È meglio questo*

Discutere il prezzo ▸ *Cosa? 1257 euro?*

grammatica

L'espressione *ce l'ho*

Le misure: *chilometri, chili, litri*, ecc.

I pronomi con l'imperativo informale

L'articolo partitivo *del*

La particella pronominale *ne*

La dislocazione pronominale

La preposizione *di* (alcuni usi)

Poco, molto, troppo

La costruzione *stare per*

I numerali collettivi

I pronomi combinati

La costruzione *avere bisogno di*

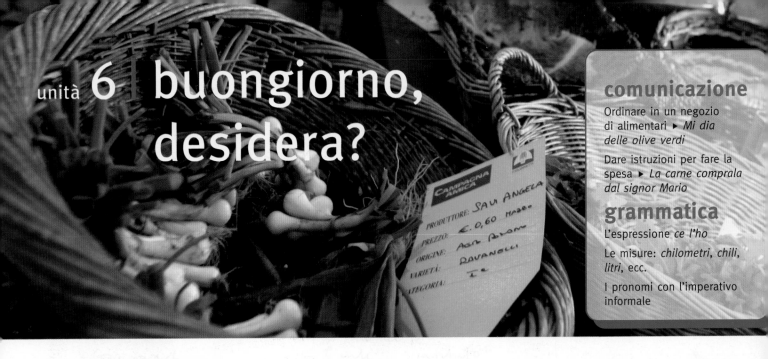

unità **6** | buongiorno, desidera?

comunicazione

Ordinare in un negozio di alimentari ▶ *Mi dia delle olive verdi*

Dare istruzioni per fare la spesa ▶ *La carne comprala dal signor Mario*

grammatica

L'espressione *ce l'ho*

Le misure: *chilometri, chili, litri,* ecc.

I pronomi con l'imperativo informale

1 Introduzione

1a *Ascolta e indica, secondo te, da cosa è estratto questo audio.* 14

   ☑ Dalla pubblicità del prosciutto cotto "Parmacotto".

   ☐ Dal film comico "Parmacotto".

1b *Indica i prodotti che chiede la signora. Se necessario riascolta.* 14

☐ parmigiano reggiano

☐ olive verdi

☐ prosciutto di Parma

☐ formaggio

☐ olive nere

☐ prosciutto cotto "Parmacotto"

1c *Per ordinare un prodotto la signora usa una formula. Quale?*

   (mi dia)

1d *Ti piace questa pubblicità? Perché? Parlane con un compagno e ricordate altre pubblicità divertenti del vostro Paese.*

Ce l'ho

Per dire che abbiamo (o non abbiamo) qualcosa si usa la forma ce l'ho (o non ce l'ho).

Osserva:

▶ *Ce l'abbiamo il "Parmacotto"?*

▶ *Il "Parmacotto" non ce l'ho.*

La forma ce l'ho si usa al posto della forma *l'ho*, quindi ogni volta che si deve usare un pronome diretto (*lo, la, li, le*) prima del verbo avere.

2 Leggere | La spesa

à message

2a *Leggi il biglietto di Annalisa e <u>sottolinea</u>, nella lista degli ingredienti per i tortellini in brodo, i prodotti che deve comprare Vincenzo. Poi confrontati con un compagno.*

can uovo le uova

Ciao amore, ♥♥
domani faccio i tortellini in brodo!
Fatti in casa! Contento?
Per favore vai al Centro commerciale e prendimi alcuni ingredienti che mi mancano. La carne comprala dal signor Mario, quello che ha la macelleria a Km zero (vicino al giornalaio). Lí trovi anche le uova biologiche e forse il prosciutto. Se non c'è prendilo al supermercato insieme ai chiodi di garofano. —cloves
Per il resto mancano solo le carote, ma non le prendere al supermercato per favore.
Comprale in frutteria qui sotto.
Io sono in palestra. Torno alle otto.
Bacio. Annalisa

PS: prendi un litro di latte per domani mattina!

x Vincenzo :)

LA CUCINA ITALIANA
Settembre 2010

TORTELLINI IN BRODO
Ingredienti:
- 150 grammi di prosciutto
- 100 grammi di parmigiano
- noce moscata
- 400 grammi di farina
- 4 uova
- mezzo chilo di carne di manzo con l'osso
- mezza gallina
- odori (sedano, *celery* carote, cipolle)
- 2 chiodi di garofano

2b *Vincenzo deve comprare una cosa che non serve per fare i tortellini. Cosa?*

2c *Aiutati con il testo e indica cosa si può comprare nei negozi.*

always in — Posso comprare carne in macelleria ? magazine

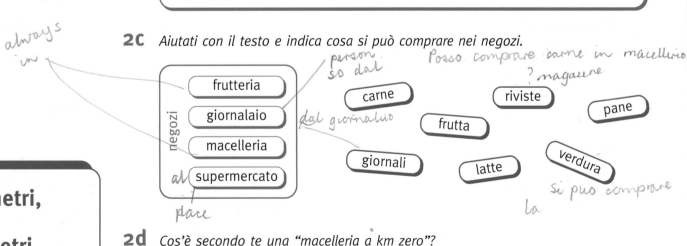

negozi
- frutteria
- giornalaio — *dal giornalaio*
- macelleria
- supermercato — *al place*

person so dal

carne | riviste | pane
frutta
giornali | latte | verdura
si può comprare la

2d *Cos'è secondo te una "macelleria a km zero"?*

- [ ] Una macelleria molto piccola e con pochi tipi di carne.
- [✓] Una macelleria con carne venduta direttamente dal produttore.
- [ ] Una macelleria con carne molto buona, di primissima qualità.
- [ ] Una macelleria con carne considerata di qualità inferiore.

Chilometri, metri, centimetri...

1 chilometro (km) = 1000 metri (m)

1 metro (m) = 100 centimetri (cm)

1 centimetro (cm) = 10 millimetri (mm)

3 Analisi grammaticale | I pronomi con l'imperativo informale

3a *Guarda nel testo del punto **2a** la posizione dei pronomi con i verbi all'imperativo e completa la regola con le parole della lista. Scrivi anche un esempio del testo per le regole 1 e 2a.*

(unito)   (davanti)   (imperativo)   (infinito)

Rercad rules

La posizione del pronome con l'imperativo informale:

Imperativo affermativo

1. il pronome è _____unito_____ all' _____imperatuvo_____ .
Esempio _Prendi mi, comprada prendendo_

Imperativo negativo

2a. il pronome è _____davanti_____ all' _____infnito_____ .
Esempio _non le prendere_

2b. il pronome è unito all'infinito.
Esempio _non prenderle_

mi raccomando non perdila for goodness sake.

3b *Scrivi l'esempio per la regola 2b trasformando l'esempio della regola 2a.*

4 Gioco | Ce l'hai?

La classe si divide in due squadre. Ogni studente mette un oggetto personale (per esempio le chiavi, il quaderno, la penna, ecc.) in un sacchetto, da consegnare all'altra squadra. Ricevuto il sacchetto, ogni studente estrae un oggetto senza farlo vedere agli avversari. A turno uno studente chiede ad un membro dell'altra squadra se ha il suo oggetto e l'altro deve rispondere, come nell'esempio. Se chi fa la domanda indovina, riprende l'oggetto e guadagna un punto.
Attenzione: se la risposta non è grammaticalmente corretta, lo studente perde l'oggetto e la sua squadra non può fare la domanda per un turno. Vince la squadra che per prima riprende tutti i suoi oggetti.

Imperative will

🖉 Esempio
- Ce le hai le chiavi? *Do you have the keys*
▸ No, non ce le ho. / Sì, ce le ho.
  Prendile! Mi raccomando: *Take them* non perderle. *for goodness sake don't lose*

5 Analisi lessicale | Grammi, etti, chili

5a *Quale delle due liste è equivalente a quella del punto 2a?*

1 TORTELLINI IN BRODO

Ingredienti:
- centocinquanta grammi di prosciutto ✓
- un chilo di parmigiano
- noce moscata
- quattri chili di farina
- 4 uova
- cinque etti di carne di manzo con l'osso
- mezza gallina
- odori (sedano, carote, cipolle)
- 2 chiodi di garofano

2 TORTELLINI IN BRODO

Ingredienti:
- un etto e mezzo di prosciutto
- un etto di parmigiano ✓
- noce moscata ✓
- quattro etti di farina ✓
- 4 uova ✓
- cinquecento grammi di carne di manzo con l'osso
- mezza gallina
- odori (sedano, carote, cipolle)
- 2 chiodi di garofano

5b *Completa.*

100 grammi = 1 _etto_
500 grammi = 5 _etti_ = ¹⁄₂ _mezzo chilo_
1000 grammi = 1 _chilo_

5c *Trova nel testo del punto 2a l'unità di misura utilizzata per i liquidi.*

1 _litro_ = 10 decilitri = 100 centilitri

✱6 Scrivere | | 4 cibi

6a *Lavora con un compagno. Scrivi qui sotto 4 nomi di cibi. Poi prendi il libro del compagno e dagli il tuo. Scrivi sul suo libro, intorno ai suoi 4 cibi, tutte le parole che ti vengono in mente (nomi, aggettivi, verbi anche <u>non</u> collegati alla cucina). Allo STOP dell'insegnante restituisci il libro al compagno.*

_____ _____ _____ _____

6b *Prendi un foglio e scrivi un testo (un racconto, una descrizione, un articolo, ecc.) usando il maggior numero possibile di parole tra quelle scritte dal tuo compagno riferite ai 4 cibi.*

7 Leggere | km zero

Inserisci al posto giusto le parti mancanti.

- a. Cosa puoi fare su questo portale? *(handwritten: ? / It costo less)*
- b. Costa meno.
- c. I prodotti sono più freschi. *(handwritten: fresher)*
- d. È sostenibile. *(handwritten: sustainable)*
- e. Se ti stai chiedendo perché dovresti preferire il km zero... ti diamo qualche risposta! *(handwritten: are wondering ... should prefer ... we give you some answers)*
- f. Si ritrovano i profumi e i sapori delle diverse stagioni. *(handwritten: scents)*
- g. Chilometro zero: il portale dedicato alla vendita diretta dei prodotti agricoli. *(handwritten: selling)*
- h. Puoi visitare l'azienda produttrice e avere più controllo sul prodotto.

 KM

a. Cosa puoi fare su questo portale? Puoi cercare i prodotti a km zero che ti interessano, scoprire le aziende con vendita diretta più vicine a te e i prodotti/servizi che possono offrirti.
Nella sezione ricerca avanzata puoi anche cercare i mercati a km zero o i servizi specifici, come ristoranti e fattorie didattiche, dove passare del tempo all'aria aperta e far scoprire ai più piccoli il mondo della fattoria!

e. Se ti stai chiedendo perché dovresti preferire il km zero... ti diamo qualche risposta!

1. **b. Costa meno.** Nessuno deve trasportare la merce per farla arrivare al consumatore, nessuno deve mettere i prodotti sullo scaffale di un supermercato. Tutti questi passaggi fanno aumentare il prezzo dei prodotti. *(handwritten: goods / steps)*

2. **d. È sostenibile.** Con i prodotti a km zero aiuti l'ambiente. *(handwritten: environment)*

3. **c. I prodotti sono più freschi.** In cascina trovi solo i prodotti di stagione che non hanno bisogno di conservanti! *(handwritten: fresher / preservatives)*

4. **h. Puoi visitare l'azienda produttrice.** Puoi trascorrere dei bei momenti in fattoria con amici e familiari vedendo da vicino i prodotti che acquisti e la loro produzione. Raramente un acquisto può essere tanto trasparente! *(handwritten: good times)*

5. **f. Si ritrovano.** Ogni stagione è diversa per il palato, la vista e l'olfatto: riscopri i sapori tipici dei prodotti che nascono e crescono secondo natura! *(handwritten: flavour taste / sight / smell scents)*

Se acquisti prodotti a km zero hai un ottimo rapporto qualità/prezzo e dai un contributo per sostenere i produttori locali!

Comprare prodotti alimentari

Per acquistare prodotti alimentari si può andare in un alimentari, un piccolo o medio negozio.
Se il negozio è specializzato può avere altri nomi come panetteria o forno (per il pane), salumeria (per salami, prosciutto, ecc.), drogheria (un nome un po' vecchio per prodotti come spezie e aromi). *(handwritten: village)*

Ogni quartiere e ogni paese ha inoltre il suo mercato, con prodotti freschi. C'è poi il supermercato, il discount (con prezzi più bassi) e l'ipermercato (dove si trova un po' di tutto, non solo cose da mangiare).

(handwritten notes in margin: panetteria o forno – bakery; salumeria – salame, prosciutto er...; drogheria – un po' vecchio; spice – spezie; aromi – herbs)

(handwritten top: Inoltre – besides)

---

unità 6 | buongiorno, desidera?

Collega 3 esempi a destra con i contenuti di grammatica a sinistra.

grammatica

L'espressione *ce l'ho* ▶

Le misure: *chilometri, chili, litri*, ecc. ▶

I pronomi con l'imperativo informale ▶

- Mezzo chilo di carne.
- Per favore vai al centro commerciale.
- Ce l'abbiamo il Parmacotto?
- Prendimi alcuni ingredienti.

comunicazione

Dire cosa si vuole in un negozio ▸ *Vorrei mezzo chilo di manzo*

Chiedere e dire la quantità ▸ *Quanto ne faccio?* ▸ *Un etto e mezzo, grazie*

Chiedere se qualcosa c'è ▸ *Le uova ce le ha?*

Chiedere e dire quanto costa qualcosa ▸ *Quant'è?* ▸ *In tutto fanno 23 euro e 80*

Chiedere un prestito ▸ *Puoi prestarmi 30 euro?*

grammatica

L'articolo partitivo *del*

La particella pronominale *ne*

La dislocazione pronominale

La preposizione *di* (alcuni usi)

Poco, *molto*, *troppo*

1. Ascoltare | 34

1a *Ascolta il dialogo e cerca di capire chi sono le persone che parlano e dove sono.*

1b *Riascolta il dialogo e scegli l'opzione giusta per ogni persona.*

Vincenzo

ha il numero (33 / 34)

vuole del manzo (con / senza) l'osso

compra carne di (pollo / gallina)

compra (150 / 160) grammi di prosciutto (crudo / cotto)

compra (4 / 5 / 6) uova

vuole pagare (con la carta / in contanti)

chiede alla sua amica di prestargli (23.80 euro / 30 euro)

---

il macellaio

(toglie / non toglie) l'osso

(ha / non ha) le uova

(ha / non ha) la carta

---

la signora

è andata (dal giornalaio / al bancomat)

fa i tortellini con la carne di (pollo / gallina)

Vorrei del prosciutto

La preposizione di + articolo si usa per indicare una quantità generica, non precisa.

▸ *Vorrei del prosciutto.*

▸ *Avete delle uova?*

▸ *Oggi ho mangiato degli spaghetti molto buoni.*

2 Analisi grammaticale | Il pronome *ne*

2a *Osserva la particella* <u>ne</u> *evidenziata nel dialogo. Secondo te, cosa sostituisce?*

macellaio	Ok, prosciutto crudo. Quanto <u>ne</u> faccio?
Vincenzo	Un etto e mezzo, grazie.
macellaio	Ecco qua, 160 grammi. È troppo?
Vincenzo	No, va bene così. Senta, le uova ce le ha?
macellaio	Certo. Quante <u>ne</u> vuole?
Vincenzo	Quattro.
macellaio	Abbiamo solo confezioni da 6, <u>ne</u> tolgo due?
Vincenzo	No, no, le prendo tutte, non c'è problema.

> ### La cucina italiana
>
> In Italia non c'è un'unica cucina nazionale ma sono presenti tante cucine delle regioni e delle città, con piatti tipici molto famosi.
>
> Alcuni piatti popolari:
> le trofie al pesto a Genova, il risotto a Milano, i tortellini a Bologna, la ribollita a Firenze, gli spaghetti alla carbonara a Roma, le orecchiette in Puglia, la pasta alla Norma in Sicilia, il maialino in Sardegna.

2b *Completa la regola con le espressioni corrette.*

(tutta la quantità)

(una parte di una quantità)

Per indicare _una parte di una quantità_ si usa la particella pronominale ne.
Per indicare _tutta la quantità_ si usano i pronomi diretti lo, la, li, le.

3 Esercizio | Quanto ne faccio?

* Studente A (Le istruzioni per lo Studente B sono a pag. 141)
Lavora in coppia con un compagno. A turno, uno di voi due è il cliente
e l'altro è il negoziante. Seguite l'esempio.

	cliente	negoziante
1	delle olive (2 etti) salsicce (3) (5)	
2		+ 50 grammi confezioni da 3
3	della mortadella (2 etti e mezzo) scatolette di tonno (5) (6)	
4		+ 25 grammi confezioni da 6
5	del prosciutto cotto (1 etto) panini all'olio (5) (5)	
6		+ 100 grammi confezioni da 3
7	della pancetta (2 etti e mezzo) pomodori in barattolo (1) (1)	
8		+ 20 grammi confezioni da 2

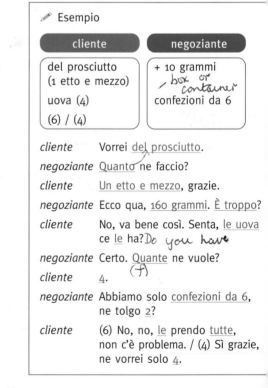

✏ Esempio

cliente	negoziante
del prosciutto (1 etto e mezzo) uova (4) (6) / (4)	+ 10 grammi , box or container confezioni da 6

cliente	Vorrei <u>del prosciutto</u>.
negoziante	Quanto ne faccio?
cliente	<u>Un etto e mezzo</u>, grazie.
negoziante	Ecco qua, <u>160 grammi</u>. È troppo?
cliente	No, va bene così. Senta, <u>le uova</u> ce <u>le</u> ha? Do you have
negoziante	Certo. Quante ne vuole? (f)
cliente	<u>4</u>.
negoziante	Abbiamo solo <u>confezioni da 6</u>, ne tolgo <u>2</u>?
cliente	(6) No, no, <u>le</u> prendo <u>tutte</u>, non c'è problema. / (4) Sì grazie, ne vorrei solo <u>4</u>.

La preposizione *di*

La preposizione *di* può avere molti usi. Inseriscila al posto giusto in questi esempi.

▸ *Vorrei mezzo chilo manzo con l'osso.*

▸ *La nostra carne è tutta buonissima, prima qualità.*

▸ *Sono venuta a prendere un po' carne.*

▸ *Vado nel negozio fronte a comprarmi un vestito.*

[annotazioni a mano: di, di, di, di, neanche, 16. 32.50]

4 Analisi lessicale | Fare domande

Ricomponi le domande e trova le risposte, come negli esempi.

[nota a mano: solo contanti - only cash]

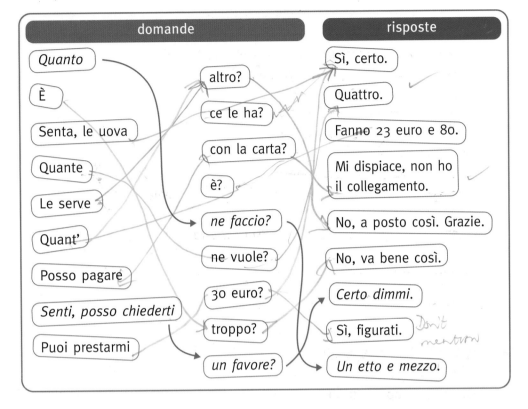

domande		risposte
Quanto	altro?	Sì, certo.
È	ce le ha?	Quattro.
Senta, le uova	con la carta?	Fanno 23 euro e 80.
Quante	è?	Mi dispiace, non ho il collegamento.
Le serve	ne faccio?	No, a posto così. Grazie.
Quant'	ne vuole?	No, va bene così.
Posso pagare	30 euro?	Certo dimmi.
Senti, posso chiederti	troppo?	Sì, figurati. *[Don't mention]*
Puoi prestarmi	un favore?	Un etto e mezzo.

5 Parlare | Una festa

[nota a mano: uovo (1) uova pl]

5a *Completa lo schema delle cose utili per organizzare una festa. Scrivi al massimo 5 alimenti per ogni categoria, come nell'esempio. Non scrivere il prezzo.*

categoria	prodotti				
5 bottiglie	prosecco ___ €	vino rosso di cattiva qualità ___ €	vino bianco ___ €	acqua frizzante ___ €	acqua naturale ___ €
mezzo chilo	le fragole ___ €	i lamponi ___ €	le pesche ___ €	olive ___ €	ciliegie ___ €
10 lattine	birra ___ €	succo d'arancia ___ €	Coca Cola ___ €	___ €	___ €
due pacchi	parmigiano ___ €	mozzarella ___ €	panini all'olio ___ €	___ €	___ €
tre confezioni	patatine ___ €	biscotti ___ €	caramelle ___ €	pop corn ___ €	cioccolatini ___ €
un chilo	prosciutto cotto ___ €	prosciutto crudo ___ €	olive ___ €	gelato ___ €	noci miste arachidi ___ €

if rts available

5b La classe si divide in due gruppi: i negozianti e i clienti.

Leave till nxt week

Negozianti
Sei un negoziante. Nel tuo negozio disponi solo dei prodotti che hai scritto
nella pagina precedente. Segna qual è il prezzo di ciascun prodotto.
Quando un cliente ti ordina un prodotto, se è disponibile lo puoi
vendere altrimenti no. Puoi vendere un prodotto solo una volta.
Puoi fare degli sconti. Vince il negoziante che riesce a incassare di più.

cashes in

Clienti
Organizzi una festa. Prova a immaginare quanto possono costare
i prodotti che hai scritto. Poi cerca, nei vari negozi, tre prodotti
per ognuna delle categorie. Puoi comprare solo i prodotti della lista.
Vince il cliente che riesce a spendere meno soldi.

6 Analisi grammaticale | Pronomi

 16

6a Nella trascrizione qui sotto ci sono due differenze rispetto all'originale.
Ascolta il dialogo e correggi il testo.

macellaio	Mezzo chilo… Tolgo l'osso? *L'osso, lo tolgo* *repetition*
Vincenzo	No, no, mia moglie ha detto che le serve…
	deve fare i tortellini in brodo.
macellaio	Ok, d'accordo, ecco qua. Che le faccio ancora?
Vincenzo	Mezza gallina… sempre per il brodo.
signora	Scusi se mi permetto… io faccio i tortellini con il pollo… *i tortellini li faccio con il*

noun then pronoun always

6b Che differenze noti? Parlane con un compagno e poi scegli la regola più adatta
per questi due casi.

☐ articolo *lo*

L'articolo determinativo *lo* si usa davanti
a nomi maschili che iniziano con *z*, *gn*,
ps, *pn*, *x*, *y*, *s* + consonante.

🖊 Esempio
▸ *Dove hai messo lo zucchero?*

☐ dislocazione pronominale

Di solito il pronome sostituisce un nome.
Ma nella lingua parlata è molto frequente *very common*
usare il pronome insieme al nome. *to me*
La ripetizione serve a evidenziare la cosa *we want to underline*
che ci interessa sottolineare in quel momento.

🖊 Esempio
▸ *Gli spaghetti li mangio spesso.*

Mangio io gli spaghetti

☐ pronomi diretti e passato prossimo

Con i verbi al passato prossimo formati da *avere* + participio passato,
i pronomi diretti concordano con il participio passato.

🖊 Esempio
▸ *Perché non vuoi i ravioli?*
▪ *Perché li ho mangiati ieri.*

7 Leggere | La dieta mediterranea

7a *Completa il testo con le parole della lista. Attenzione: ogni parola va inserita 2 volte.*

(Europa) (europei) (Italia) (italiani)

'ALMA.tv ▶

Vai su *www.alma.tv*, cerca il video
"Al servizio del cliente" nella rubrica
L'italiano con il cinema e guarda
il divertente cortometraggio.

| Al servizio del cliente | **CERCA** |

Dieta mediterranea patrimonio Unesco

Come Venezia, i trulli di Alberobello, il Machu Picchu, Notre Dame
o la Statua della Libertà di New York, anche la dieta mediterranea
è entrata nella lista del patrimonio dell'umanità all'UNESCO.
La notizia ha un valore straordinario per l' Italia ,
Paese simbolo di questo stile di cucina e di vita.
La dieta mediterranea è infatti basata sul consumo di alimenti tipicamente
made in Italy come la pasta, il pane, l'olio d'oliva, il pesce, la frutta, la verdura
e il vino, ed è universalmente riconosciuta come dieta sana e nutriente, utile
per combattere l'invecchiamento cellulare e le malattie cardiovascolari.
Pane, pasta, frutta, verdura, olio extravergine d'oliva e il tradizionale bicchiere di vino
consumati a tavola in pasti regolari hanno consentito agli Italiani
di conquistare il record di lunga vita, con una media di 77,2 anni per gli uomini
e di 82,8 anni per le donne, nettamente superiore alla media europea. Ma non solo.
In un' Europa dove l'obesità rischia di diventare una malattia sociale,
gli italiani si aggiudicano il primato dei meno grassi, con la migliore forma fisica
tra tutti i cittadini europei grazie proprio a una alimentazione fondata
sulla dieta mediterranea, che garantisce il miglior rapporto tra peso e altezza.
Gli Italiani con 1,681 metri hanno un'altezza media di circa
due centimetri inferiore alla media degli europei (1,699), ma hanno
un peso di 68,7 chili, nettamente inferiore alla media comunitaria (72,2 chili).
Questi numeri danno all' Italia il primato nell'indice di massa corporea
(peso/altezza): 0,408 rispetto a 0,425 del resto d' Europa .
La dieta mediterranea è la prima pratica alimentare tradizionale al mondo ad essere
iscritta nella lista dell'UNESCO, che comprende 166 elementi
di 132 Paesi diversi, tra cui – tanto per fare
alcuni esempi – il Kutiyattam (teatro
sanscrito) indiano, i Canti hudhud
degli Ifugao nelle Filippine,
il tango argentino, il capodanno
islamico e la calligrafia cinese.

7b *Disegna uno o più grafici per rappresentare i dati illustrati nell'articolo.
Puoi lavorare con un compagno, se preferisci.*

8 Analisi lessicale | Espressioni

Collega le colonne e ricostruisci le espressioni, come negli esempi.
Attenzione: non sempre tutte le colonne devono essere collegate.

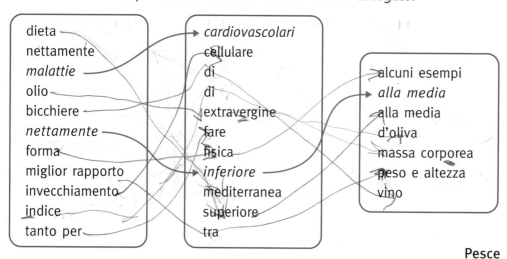

dieta	*cardiovascolari*	alcuni esempi
nettamente	cellulare	*alla media*
malattie	di	alla media
olio	di	d'oliva
bicchiere	extravergine	massa corporea
nettamente	fare	peso e altezza
forma	fisica	vino
miglior rapporto	*inferiore*	
invecchiamento	mediterranea	
indice	superiore	
tanto per	tra	

contorni
sei frequenta un restorant
visitare un monumento

9 Parlare | Mangiare

Guarda il grafico e discuti con un compagno sulle vostre abitudini alimentari.
Aiutatevi con le domande.

con prosciutto
verdura vegetable

Cosa mangi di più?

Quante volte mangi al giorno?

Fai colazione?

Mangi molta frutta?

Cosa ti piace della cucina italiana?

Fai la spesa?

Cosa pensi dei vegetariani?

Preferisci mangiare fuori o a casa?

Sai cucinare?

Pesce
Pranzo 2,0
Cena 1,9

Riso
Pranzo 2,0
Cena 1,6

Frutta
Pranzo 5,4
Cena 5,1

Dolci
Pranzo 2,1
Cena 1,9

Gli alimenti in tavola
Quante volte gli italiani consumano i prodotti indicati su sette giorni della settimana

Pane
Pranzo 5,3
Cena 5,0

Carne
Pranzo 3,1
Cena 2,8

Pasta
Pranzo 4,6
Cena 2,5

Verdura
Pranzo 5,1
Cena 5,1

unità **7** | fare la spesa

Collega le due risposte sulla destra con le domande giuste sulla sinistra.
Poi confronta con l'indice a pag. 59.

comunicazione

Chiedere e dire la quantità ▸ *Quanto ne faccio?*

Chiedere se qualcosa c'è ▸ *Le uova ce le ha?*

Chiedere e dire quanto costa qualcosa ▸ *Quant'è?*

Chiedere un prestito ▸ *Puoi prestarmi 30 euro?*

▸ *In tutto fanno 23 euro e 80.*

▸ *Un etto e mezzo, grazie.*

comunicazione

Chiedere e dire la taglia
▸ *Che taglia porta?* ▸ *La 44*

Chiedere e dire il numero di scarpe ▸ *Che numero ha?*
▸ *Il 37*

Parlare di materia, forma e dimensione di un capo di abbigliamento ▸ *Vestito di cotone a righe bianche e blu*

Scegliere un capo di abbigliamento ▸ *È meglio questo*

Discutere il prezzo ▸ *Cosa? 1257 euro?*

grammatica

La costruzione *stare per*

I numerali collettivi

I pronomi combinati

La costruzione *avere bisogno di*

1 Ascoltare | Il periodo di saldi

 17

1a *Ascolta il dialogo e rispondi alla domanda.*

▸ Secondo te, che problema c'è tra la negoziante e Carolina?

1b *Ascolta di nuovo il dialogo, osserva il disegno e segna con due simboli diversi cosa sceglie Carolina prima del conto (X) e cosa prende dopo il conto (O).*

La commessa

bill

Just about to

Stare per

Osserva la frase e scegli la parola giusta per completare la regola.

▸ *Veramente stiamo per chiudere. Cosa voleva?*

Per indicare un'azione molto vicina nel ☐ passato / ☐ futuro si usa la costruzione *stare per* + infinito.

io	sto per	chiudere
tu	stai per	chiudere
lui / lei	sta per	chiudere
noi	stiamo per	chiudere
voi	state per	chiudere
loro	stanno per	chiudere

1C *Leggi il testo sulla moda italiana. Quali marche ha scelto Carolina? Se necessario riascolta.*

la moda italiana

rappresenta uno dei simboli più importanti del made in Italy. Moltissimi sono gli stilisti e i marchi italiani conosciuti in tutto il mondo. Ecco i più significativi.

Valentino

È il simbolo di un'eleganza classica e senza tempo.

Il rosso è il suo colore preferito.

Armani

È forse lo stilista italiano più imitato e conosciuto nel mondo. Ha uno stile essenziale, minimalista, di ispirazione orientale. Il simbolo della sua produzione è la giacca, che Armani interpreta in modo originale. È famoso anche per l'uso del colore blu, che prende il suo nome (blu Armani).

Versace

È famoso per il suo stile aggressivo e "urlato". Usa in modo originale materiali non naturali e tecnologici. Muore tragicamente nel 1997, ucciso da un maniaco.

Dolce & Gabbana

I due stilisti propongono un look trasgressivo e appariscente, che riprende in chiave moderna la tradizione "mediterranea".

Prada

Ferragamo

Gucci

Gucci, Prada e Ferragamo sono le marche più conosciute per la produzione di accessori (scarpe, borse, cinture, ecc.).

Un paio di

Il plurale di paio è paia.

Osserva:
► Un paio di scarpe.
► Due paia di scarpe.

material di
design a

2 Analisi lessicale | Un vestito di seta

2a *Collega le parole e forma le espressioni corrispondenti ai disegni, come nell'esempio. Poi confrontati con un compagno.*

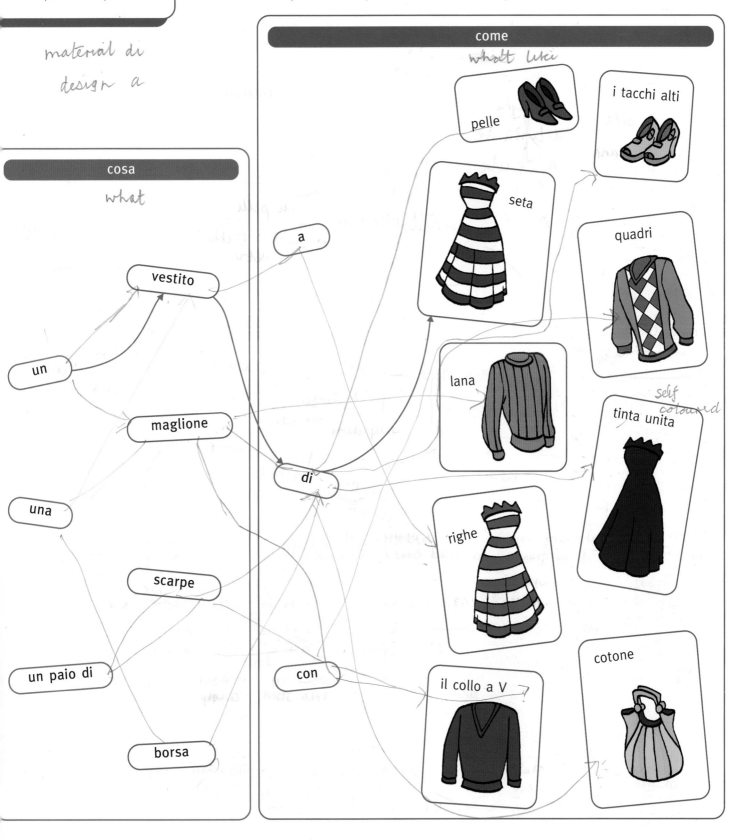

2b *Ora completa lo schema inserendo le espressioni che hai ricostruito al punto* **2a** *nel riquadro rosso* (come). *Segui l'esempio.*

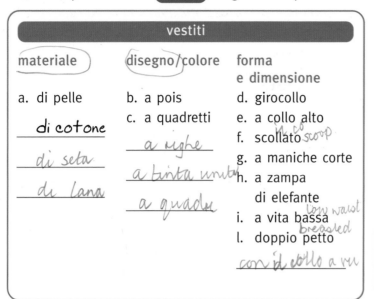

vestiti		
(materiale)	(disegno/colore)	forma e dimensione
a. di pelle	b. a pois	d. girocollo
di cotone	c. a quadretti	e. a collo alto
di seta	*a righe*	f. scollato *scoop*
di lana	*a tinta unita*	g. a maniche corte
	a quadri	h. a zampa di elefante
		i. a vita bassa *low waist*
		l. doppio petto *breasted*
		con il collo a vu

scarpe
tipo, materiale, forma
slip on
m. mocassini *trainers*
n. da ginnastica
o. sandali
p. stivali
q. con i tacchi bassi
di pelle
? con i tacchi alti

sforzo

Modi di dire con i numeri

In italiano ci sono molte espressioni con i numeri.

- Hai fatto 30 e ora fai anche 31
  (Quando siamo arrivati fino a un punto, possiamo fare ancora un piccolo (sforzo) e arrivare un po' più in là)

- Non c'è 2 senza 3
  (Se una cosa è successa due volte, succederà anche una terza volta)

- Chi fa da sé fa per 3
  (Chi fa qualcosa da solo, può fare meglio di 3 persone insieme)

- In 4 e quattr'8 – *double time*
  (Subito, immediatamente, in un istante)

2c *I disegni illustrano le parole della tabella del punto* **b***, ma due lettere sono scambiate. Quali?*

muddled

una cammicat a pois

con il girocollo

un piccolo sforzo. a bit of effort

un più in là

a

a vita bassa

una zampa di elefanti

mocassini

collo alto

con il

camicia a manche corte

3 Parlare | Stilista per un giorno

3a *Oggi anche tu puoi diventare un famoso stilista. Disegna la tua collezione (autunno/inverno o primavera/estate). Scegli se disegnare vestiti, pantaloni, giacche, maglioni, scarpe, ecc.*

La mia collezione

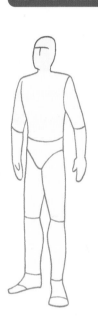  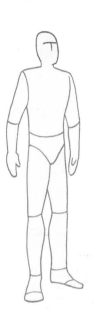 

3b *Lavora in coppia con un compagno, senza mostrare i disegni che hai fatto. A turno, uno dei due descrive la propria collezione, usando le espressioni del punto **2**. L'altro deve disegnarla. Alla fine confrontate i vostri disegni. Che differenze ci sono?*

La collezione del mio compagno

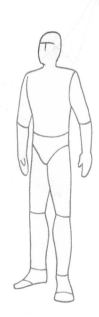  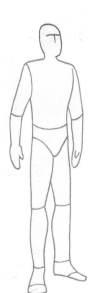 

Le taglie nel mondo

Abbigliamento donna

taglia	IT	UK	US	FR
XS	38	6	2	34
S	40	8	4	36
M	42	10	6	38
L	44	12	8	40
XL	46	14	10	42

Abbigliamento uomo

taglia	IT	UK-US	FR
XS	44	34	40
S	46	36	42
M	48	38	44
L	50	40	46
XL	52	42	48

Scarpe

IT	UK	US uomo	US donna
37	4	5	6
38	5	6	7
39	6	7	8
40	6 1/2	7 1/2	8 1/2
41	7 1/2	8 1/2	9 1/2
42	8	9	10

4 Analisi grammaticale | I pronomi combinati

4a *Osserva il pronome* <u>glielo</u> *evidenziato nel dialogo. È formato da due pronomi, uno indiretto* (gli) *e uno diretto* (lo). *A chi e a cosa si riferisce? Collegalo a due elementi della lista.*

negoziante	Guardi... della stessa taglia abbiamo un modello simile, sempre a righe, ma di seta, non di cotone. È di Armani. Molto elegante.
Carolina	Ah, Armani...
negoziante	Lo vuole provare?
Carolina	Sì, va bene.
negoziante	<u>Glielo</u> prendo subito.

Carolina

Avere bisogno di...

La costruzione *avere bisogno di* si usa per esprimere una necessità.

▸ *Ma io veramente non ho bisogno di una borsetta.*

4b *Ora completa queste due parti del dialogo con i pronomi combinati. Aiutati con la tabella in basso. Poi ascolta il dialogo e verifica.* 🎵 18

Carolina	Una borsetta? Ma io veramente non ho bisogno di una borsetta.
negoziante	Signora, io prima ___gliela___ mostro, poi mi dice cosa ne pensa. Ecco qui, non è carina? È l'ultimo modello di Prada. ___Gliela___ hanno portata proprio oggi...

negoziante	Che taglia porta suo marito?
Carolina	Media... Però dipende dal modello.
negoziante	Media... D'accordo. ___Ve la___ prendo subito... Eccolo...
Carolina	Senta, ma se poi non gli sta bene ___ve___ cambia?
negoziante	Ma certo. Basta venire con lo scontrino.

	diretti			
	lo	la	li	le
mi	me lo	me la	me li	me le
ti	te lo	te la	te li	te le
gli le	glielo	gliela	glieli	gliele
ci	ce lo	ce la	ce li	ce le
vi	ve lo	ve la	ve li	ve le
gli	glielo	gliela	glieli	gliele

(colonna a sinistra: **indiretti**)

5 Gioco | Prima gliela mostro...

Gioca con un compagno. Scegli un elemento da ogni lista e recita la prima battuta del dialogo sostituendo le parole <u>evidenziate</u> e modificando la frase di conseguenza, come nell'esempio. Se il tuo avversario risponde in modo corretto prende un punto. Poi invertite i ruoli. Gli elementi della lista non possono essere scelti più di una volta. Vince chi, dopo 7 dialoghi, ottiene più punti.

🖉 Esempio

▶ <u>Una borsetta</u>? Ma <u>io</u> veramente non ho bisogno di una borsetta.
● Prima gliela mostro, poi mi dice cosa ne pensa... Ecco qui, non è carina? Me l'hanno portata proprio oggi...

1. due maglioni
2. noi

▶ <u>Due maglioni</u>? Ma <u>noi</u> veramente non abbiamo bisogno di due maglioni.
● Prima ve li mostro, poi mi dite cosa ne pensate... Ecco qui, non sono carini? Me li hanno portati proprio oggi...

sostituisce <u>una borsetta</u>		sostituisce <u>io</u>
✗ due maglioni	1.	io
2. una camicia	✗	noi
3. un vestito di cotone	✗	io
✗ due paia di scarpe	4.	noi
✗ un cappotto	5.	io
6. una giacca di pelle	6.	noi
7. due camicie a righe	7.	io
8. due giubbotti di pelle	8.	noi

unità 8 | made in Italy

Completa gli spazi con le parole della lista a destra. Poi confronta con l'indice a pag. 65.

comunicazione

Chiedere e dire _____
▶ *Che taglia porta?* ▶ *La 44*

Chiedere e dire _____
▶ *Che numero ha?* ▶ *Il 37*

Parlare di materia, forma e dimensione di un capo di abbigliamento
▶ *Vestito di cotone a righe bianche e blu*

Scegliere _____
▶ *È meglio questo*

Discutere _____
▶ *Cosa? 1257 euro?*

un capo di abbigliamento

il prezzo

la taglia

il numero di scarpe

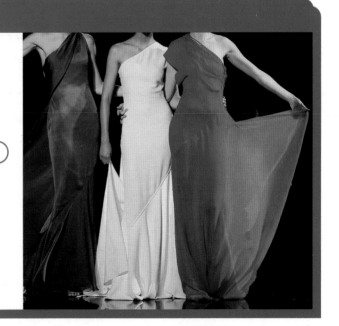

POI È ARRIVATO IL 1968.
IL MONDO STAVA CAMBIANDO.
E NOI ERAVAMO NEL MEZZO.
LA MATTINA STUDIAVAMO
E IL POMERIGGIO FACEVAMO POLITICA.

SÌ, IL MONDO LO DOBBIAMO CAMBIARE, MA SENZA VIOLENZA...

LA SERA ANDAVAMO AI CONCERTI O ALLE FESTE! E ANTONIO ERA SEMPRE CON NOI.

MA CHE CARINO, È PICCOLISSIMO!

EH GIÀ...

E COME SI CHIAMA?

ANTONIO.

QUELL'ANNO ABBIAMO VISTO I PINK FLOYD E JIMI HENDRIX. INDIMENTICABILE!

TUTTO CAMBIAVA. E ANCHE NOI CAMBIAVAMO.

RESTA A CASA OGGI ADA, VADO IO ALLA MANIFESTAZIONE.

VA BENE, RESTO CON ANTONIO.

MAURO! CIAO! È UN SACCO DI TEMPO CHE NON CI VEDIAMO!

CHICCO!

...E ADA COME STA?

BENE, STIAMO PER AVERE IL NOSTRO SECONDO BAMBINO. LO CHIAMIAMO ENRICO.

CONTINUA...

1 L'imperativo informale con i pronomi

1a *Ascolta le frasi e indica quale forma senti, come nell'esempio.* 📀 fonetica 9

1. (Dammi / ~~Dami~~) il tuo numero di telefono!
2. L'abbonamento dell'autobus? (Fallo / Falo) subito, è meglio!
3. (Guardammi / Guardami) negli occhi!
4. A Roma (stacci / staci) almeno una settimana!
5. Questo disco (ascoltallo / ascoltalo) in cuffia!
6. Se vai a casa (prendimmi / prendimi) la borsa per favore!
7. (Dimmi / Dimi) che film hai visto ieri!
8. E la torta? (Valla / Vala) a prendere subito!

1b *Con alcuni verbi del punto* **a**, *il pronome attaccato all'imperativo raddoppia la consonante*. Quali?*

Verbo	Imperativo con pronome
dare	dammi!

* Attenzione: con il pronome *gli* non c'è mai raddoppiamento della consonante.

✎ Esempio: ▸ *Se vedi Antonio,* **dagli** *questo libro per favore!*

2 Raddoppiamento sintattico

2a *A volte, il suono di due parole è uguale a quello di una parola che ha un significato* 📀 fonetica 10
differente. Ascolta e completa le frasi scrivendo le parole corrette, come nell'esempio.

	a		b

1. Quel mobile è un _____affare_____.   Vado _____a fare_____ una passeggiata.
2. Mi _____ a cominciare.   Ciao, _____.
3. Ieri Luca _____ una passeggiata.   Non sono _____ stanco.
4. Queste storie sono _____ nel mistero.   _____ sono molto stanco.
5. Vieni qui che ti _____!   Ho fatto un discorso _____.

2b *A volte, quando una parola finisce per vocale e un'altra inizia per consonante, il suono della consonante raddoppia. Ascolta le frasi e indica sulla trascrizione quali sono le coppie di parole che hanno questo raddoppiamento, come nell'esempio.* 📀 fonetica 11

- Faccio prima il signore <u>e poi</u> servo lei, <u>va bene</u>?
- Cotto o crudo?
- Centosessanta grammi, è troppo?
- E poi vado nel negozio di fronte a comprarmi un vestito.

- Allora, cosa le do? Gallina o pollo?
- Un etto e mezzo, grazie.
- Sono venuta a prendere un po' di carne.
- Poi vado al bancomat e te li restituisco, eh!

modulo quattro | **società**

nità 9   **cerco casa**

nità 10   **come ti senti?**

comunicazione

Descrivere la casa ► *È al piano terra*

Leggere e scrivere annunci immobiliari
► *Affittasi monolocale...*

Parlare dell'arredamento
► *Il lampadario no! È orribile!*

Esprimere un desiderio, un dubbio, una possibilità
► *Io vorrei vederlo lo stesso*

Esprimere opinioni su una casa
da comprare o affittare ► *È troppo caro*

Chiedere e dire come ci si sente
► *Come va?* ► *Non mi sento molto bene*

Parlare della propria salute
► *Ho tosse, mal di gola...*

Chiedere e dare informazioni sui farmaci
► *Cos'è? Un antibiotico?* ► *No, è un antinfluenzale*

Esprimere sensazioni fisiche e stati d'animo
► *Sento un gran freddo*

Chiedere e dare consigli ► *Scusi, e per la gola?*
► *Può fare degli sciacqui*

grammatica

Il condizionale presente

I nomi irregolari

Il *si* impersonale

L'imperativo formale
affermativo e negativo

L'imperativo formale
con i pronomi

I connettivi *allora,
insomma,* ecc.

comunicazione

Descrivere la casa
► *È al piano terra*

Leggere e scrivere annunci immobiliari ► *Affittasi monolocale...*

Parlare dell'arredamento
► *Il lampadario no!*
È orribile!

Esprimere un desiderio, un dubbio, una possibilità
► *Io vorrei vederlo lo stesso*

Esprimere opinioni su una casa da comprare o affittare
► *È troppo caro*

grammatica

Il condizionale presente

1 Introduzione

1a *Rilassati e ascolta le istruzioni dell'audio.*

🎧 19

La casa per gli italiani

• Oltre il 70% degli italiani ha una casa di proprietà. È la percentuale più alta in Europa.

• Il 48% degli italiani tra i 18 e i 39 anni vive a casa con i genitori.

• Il 24% degli italiani riceve ospiti a casa almeno una volta a settimana.

1b *Confronta con un compagno le parole e le frasi che hai scritto.*

2 **Leggere** | Affittasi

Scrivi a quale annuncio si riferiscono le foto. Attenzione: due foto si riferiscono allo stesso annuncio.

1

Affitto splendido attico al sesto piano, composto da ingresso, soggiorno, cucina abitabile, camera da letto, cameretta, due bagni, ripostiglio, terrazza e box auto. Nel prezzo di affitto sono incluse anche le spese di condominio e di riscaldamento. 1200 euro al mese.

2

Posizione panoramica nelle colline di San Ruffillo. Villetta completamente ristrutturata: ingresso, soggiorno con angolo cottura, camera matrimoniale, cameretta, bagno e cantina. Arredata. In affitto a 1300 euro al mese + riscaldamento e condominio a parte.

3

Diamo in affitto ampio trilocale con soggiorno, zona cucina, due stanze, bagno, balcone e cantina. L'appartamento è in ottimo stato e completamente arredato. Ultimo piano con ascensore. 900 euro al mese.

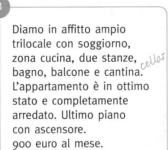

4

Affittasi monolocale al piano terra completamente ristrutturato ed arredato. Composto da: ampio locale con angolo cottura e bagno. Termoautonomo. Libero subito. 600 euro al mese.

3   Analisi lessicale | Le stanze

3a   *Scrivi a quali annunci del punto* **2** *si riferiscono le case qui sotto.*

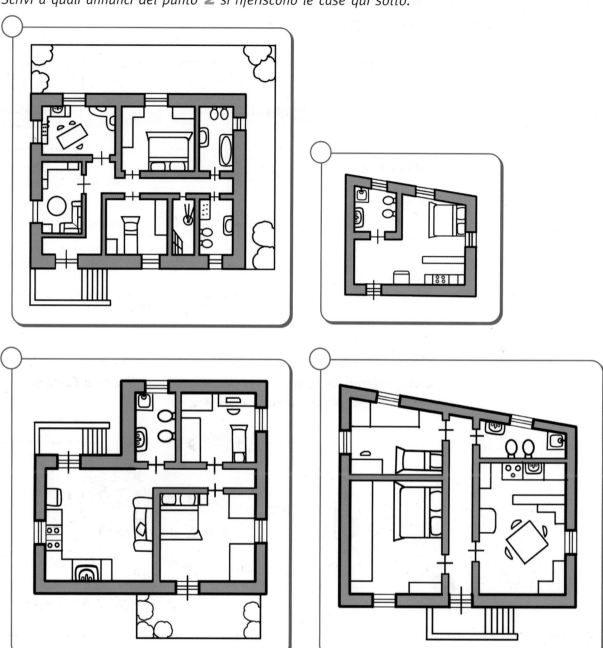

3b   *Completa le piantine con i nomi delle stanze al posto giusto.*

4   Parlare | Questa è la mia casa

*Lavora in gruppo con due compagni. A turno, ognuno immagina di trovarsi
davanti alla porta d'ingresso della propria casa (vera o di fantasia),
i compagni sono gli ospiti. Il proprietario apre la porta, entra e mostra
la casa ai suoi ospiti.*

5   Ascoltare | Scegliere una casa 20

5a *Carolina va a vedere due case. Quali sono, tra quelle degli annunci del punto 2?*
Ascolta e rispondi.

5b *Cosa dicono dei 4 annunci Alberto e Carolina? Riascolta e completa la tabella,*
come nell'esempio.

	Alberto		Carolina	
	+	−	+	−
Annuncio 1				
Annuncio 2				
Annuncio 3				
Annuncio 4	è tutta ristrutturata			

6   Analisi lessicale | L'arredamento della casa 21

Osserva i disegni. Di quali oggetti/mobili parlano Alberto e Carolina?
Segnali con una ✕, poi ascolta e verifica.

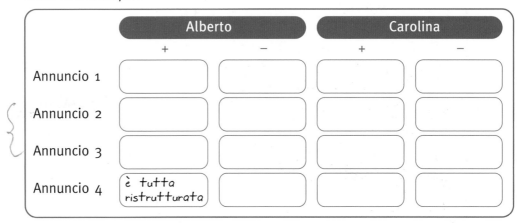

camera da letto
☐ cassettiera
☐ lampada
☑ armadio
☐ letto matrimoniale
☑ comodino

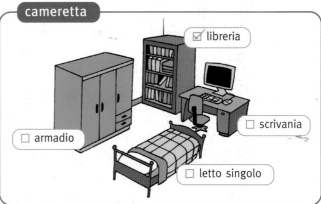

cameretta
☑ libreria
☐ armadio
☐ scrivania
☐ letto singolo

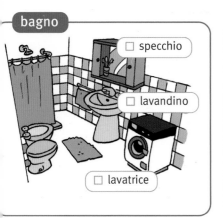

bagno
☐ specchio
☐ lavandino
☐ lavatrice

soggiorno
☑ lampadario
☑ divano
☐ tavolo
☐ sedia
☐ poltrona

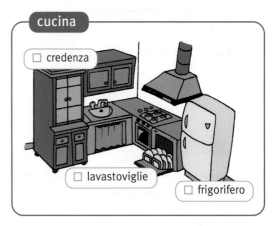

cucina
☐ credenza
☐ lavastoviglie
☐ frigorifero

7 Gioco | In casa

Gioca con un compagno. A turno, ognuno sceglie una casella e forma una frase con gli elementi della casella e uno dei mobili/oggetti della lista, come nell'esempio. Se la frase è logica e corretta, lo studente occupa la casella. Vince chi per primo riesce a occupare 4 caselle in fila (in orizzontale, verticale o diagonale) o chi alla fine del gioco ha occupato più caselle. Attenzione: ogni mobile/oggetto può essere usato solo una volta.

> ✏ **Esempio**
>
> aprire / vestiti + armadio
>
> ▸ *Apro l'armadio per prendere i vestiti.*

chiudere freddo	sedersi tv	pulire piatti	lavarsi denti
chiacchierare amica	aprire vestiti	guardare camicia	guardarsi capelli
controllare spesa	andare sonno	lavare pantaloni	cercare fame
ordinare libri	accendere giornale	preparare pranzo	mettere maglione

mobili / oggetti

armadio — lavandino — specchio
cassettiera — poltrona — tavolo
credenza — lavatrice — porta
divano — letto — finestra
frigorifero — libreria
lampada — lavastoviglie

8 Analisi grammaticale | Il condizionale

8a *Leggi questa parte del dialogo, <u>sottolinea</u> tutti i verbi e mettili al posto giusto nella tabella, come negli esempi. Attenzione: c'è anche un nuovo modo verbale, il condizionale.*

Carolina   Io <u>**vorrei**</u> <u>**vederlo**</u> lo stesso.
Alberto   <u>**Va**</u> bene, <u>**facciamo**</u> come vuoi tu...
Carolina   Altrimenti ci sarebbe sempre l'altra agenzia. Quella che <u>hai</u> contattato tu la settimana scorsa. Potremmo <u>**fargli**</u> una telefonata anche subito.
Alberto   Senti Carolina, io adesso non mi <u>sento</u> per niente bene. Possiamo <u>**riparlarne**</u> domani? *Parliamone domani*
Carolina   Va bene, <u>**dai**</u>. Ora riposati un po'.
Alberto   Ecco.

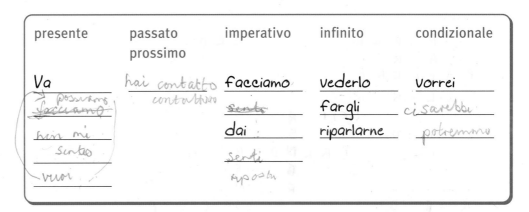

presente	passato prossimo	imperativo	infinito	condizionale
Va	hai contatto	facciamo	vederlo	vorrei
Possiamo ~~facciamo~~	contattare	~~Senti~~	fargli	ci sarebbe
non mi sento		dai	riparlarne	~~potremmo~~
vuoi		Senti		
		riposati		

8b *Ora scrivi gli infiniti dei 3 verbi al condizionale.*

(volere)   (esserci)   (potere)

8c *Riguarda i 3 verbi al condizionale nel dialogo e indica, secondo te, cosa esprime il condizionale. Puoi indicare più di una parola.*

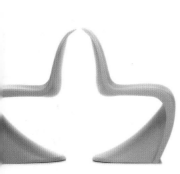

wish
desiderio   ordine / comando *order*

recent past
passato vicino   (condizionale)

doubt unc
dubbio / incertezza

passato lontano   ci sarebbe potremmo

possibilità

8d *Completa il condizionale dei 3 verbi* essere, volere *e* potere.

condizionale presente

	essere	volere	potere
io	sarei	vorrei	potrei
tu	saresti	vorresti	potresti
lui/lei	sarebbe	vorrebbe	potrebbe
noi	saremmo	vorremmo	potremmo
voi	sareste	vorreste	potreste
loro	sarebbero	vorrebbero	potrebbero

8e *Completa la coniugazione regolare del condizionale presente.*
Verifica scrivendo i verbi nel cruciverba, come nell'esempio.

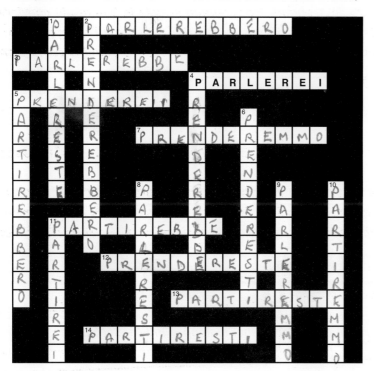

	parlare	prendere	partire
io	4→ parlerei ✓	5→ prenderei ✓	11↓ partirei ✓
tu	8↓ parlaresti ✓	6↓ prenderesti ✓	14→ partiresti ✓
lui/lei	3→ parlerebbe ✓	4↓ prenderebbe ✓	11→ partirebbe ✓
noi	9↓ parleremmo ✓	7→ prenderemmo	10↓ partiremmo ✓
voi	1↓ parlereste ✓	12→ prendereste ✓	13→ partireste ✓
loro	2→ parlerebbero ✓	2↓ prenderebbero ✓	5↓ partirebbero

I mercatini in Italia

In Italia esistono circa 2000 mercatini dell'usato, dove è possibile trovare anche mobili e oggetti per la casa.

Solo a Roma sono oltre 330 (il più famoso è sicuramente quello della domenica mattina a Porta Portese, con i suoi 1000 espositori).

Negli ultimi anni sono diventati molto popolari i "mercatini di Natale", dove trovare cose particolari per fare dei regali ad amici e parenti. Il più famoso è certamente quello di Bolzano.

parente not parents. but relations, relatives

9 Esercizio | Il mobile umano

9a *Alberto e Carolina devono finire di arredare la nuova casa ma sono rimasti con pochi soldi. Scegli un mobile / oggetto molto importante per te. Immagina di essere quel mobile / oggetto, scrivi una lettera a Alberto e Carolina e spiega perché sei importante. Usa almeno 5 verbi al condizionale, come nell'esempio.*

> Cari Alberto e Carolina,
> sono il/la *lo specchio* . Sono un oggetto molto importante.
> Io potrei *Carolina, aiutarti a diventare come Sophia Loren e per te Alberto, come Robert Redford quando erano più giovani. Io vi farei sentire come un milione di dollari (subito!)*
> Vi prego, compratemi!

9b *La classe si divide in 3 gruppi. Ogni gruppo sceglie la lettera più convincente. Alla fine ogni gruppo legge la propria lettera alla classe e i gruppi votano il mobile / oggetto più importante, quello che Alberto e Carolina compreranno.*

10 Scrivere e parlare | Un nuovo coinquilino

10a *L'insegnante numera gli studenti e li divide in due gruppi, i pari e i dispari.*

10b *Ogni studente scrive su un foglio un annuncio per selezionare, attraverso un colloquio, un nuovo coinquilino. Descrive la sua casa (vera o di fantasia) e indica le caratteristiche che questa persona deve avere. Ha 10 minuti di tempo.*

through
house or characteristics
interview *a new flatmate*

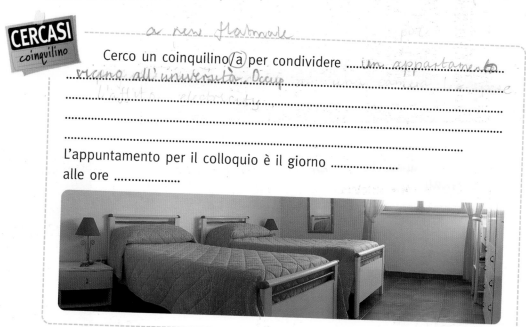

> **CERCASI** coinquilino
> Cerco un coinquilino/a per condividere *un appartamento vicino all'università. Occup...*
> ....
> ....
>
> L'appuntamento per il colloquio è il giorno ....
> alle ore ....

10c *Gli studenti consegnano il foglio all'insegnante in due modi diversi:
i pari mettono il foglio nel mucchio dei numeri pari, i dispari nel mucchio
dei numeri dispari. Poi ognuno prende a caso un foglio dall'altro mucchio.
Quindi legge l'annuncio e si prepara a sostenere il colloquio.*

10d *Ogni studente pari cerca lo studente dispari che ha scritto il suo annuncio
e va a fare il colloquio. Lo studente dispari intervista il compagno e decide
se il compagno è adatto ad abitare con lui.*

10e *Le parti si invertono: ogni studente dispari cerca lo studente pari che ha
scritto il suo annuncio e va a fare il colloquio. Lo studente pari intervista
il compagno e decide se il compagno è adatto ad abitare con lui.*

'ALMA.tv

CHE CASINO!

Trovare il coinquilino giusto
non è facile. E con un coinquilino
sbagliato forse vi capiterà di usare
delle espressioni poco eleganti...
Vai su *www.alma.tv*, cerca
"Che casino!" nella rubrica
Vai a quel paese e guarda
la divertente spiegazione
di Federico Idiomatico.

Che casino! **CERCA**

Collega gli esempi a destra con i contenuti di comunicazione a sinistra,
come nell'esempio. Poi confronta con l'indice a pag. 76.

comunicazione

Descrivere la casa ▶

Leggere e scrivere
annunci immobiliari ▶

Parlare dell'arredamento ▶

Esprimere un desiderio,
un dubbio, una possibilità ▶

Esprimere opinioni su una casa
da comprare o affittare ▶

È troppo caro

È al piano terra

Affittasi monolocale...

Il lampadario no! È orribile!

Io vorrei vederlo lo stesso

comunicazione

Chiedere e dire come ci si sente ▶ *Come va?* ▶ *Non mi sento molto bene*

Parlare della propria salute ▶ *Ho tosse, mal di gola...*

Chiedere e dare informazioni sui farmaci ▶ *Cos'è? Un antibiotico?* ▶ *No, è un antinfluenzale*

Esprimere sensazioni fisiche e stati d'animo ▶ *Sento un gran freddo*

Chiedere e dare consigli ▶ *Scusi, e per la gola?* ▶ *Può fare degli sciacqui*

grammatica

I nomi irregolari

Il *si* impersonale

L'imperativo formale affermativo e negativo

L'imperativo formale con i pronomi

I connettivi *allora, insomma*, ecc.

unità 10 come ti senti?

1 Introduzione

Che problemi hanno queste persone? Collega i disegni ai disturbi, come nell'esempio.

imperfetto formale
imperativo not often used almost identical to subjunctive

tra[...] stretti
through
clenched teeth
ha un raffreddore

- 1. mal di schiena
- 2. mal di gola
- 3. raffreddore
- 4. influenza
- 5. mal di stomaco
- 6. mal di testa
- 7. mal di orecchie
- 8. mal di denti

5 — *mal di stomaco*

4 — *ha un raffredore*

7 — *ha mal di orecchie*

2 — *ha mal di gola*

1 — *ha mal di schiena*

8 — *ha mal di denti*

6 — *ha mal di testa*

3 — *ha influenza*

2 Leggere | Influenza, raffreddore, mal di denti

Leggi l'articolo e completa le due schede, come nell'esempio.

gods

Influenza, raffreddore, mal di denti... di cosa soffrono gli italiani

Gli italiani soffrono più delle altre popolazioni europee i mali di stagione.
In una ricerca del gruppo Nielsen, infatti, gli italiani sono al primo posto tra gli europei che soffrono di più di mal di gola (32%), seguiti da UK (30%) e da Irlanda e Polonia (28%).
L'Italia rimane ai primi posti anche per il raffreddore: 39% insieme alla Russia.
Nel caso dell'influenza (24%), si ammalano più di noi solo i finlandesi (27%).
Per quanto riguarda invece le altre patologie, il 44% soffre di mal di testa, il 24% di mal di stomaco, il 20% di mal di denti. Molto diffusi sono anche mal di schiena e mal di orecchie (soprattutto nei bambini).

la maggioranze

diffuso widespread

Ma cosa si fa in Italia in caso di malattia?
Si preferisce andare dal medico o si va direttamente in farmacia senza consultarlo?
Leggendo il resto della ricerca, si scopre che solo il 27% è andato a farsi controllare dal proprio medico e poi è andato in farmacia con la ricetta.
La maggioranza (29%) ha dichiarato di aver utilizzato medicine che aveva in casa.
Un altro 23% è andato in farmacia senza ricetta medica, il 13% non ha usato farmaci, e l'8% ha usato un rimedio "fatto in casa".

Di cosa soffrono gli italiani
1. ___mal di testa___ (**44**%)
2. ___mal di gola___ (__32__%)
3. ___il raffreddore___ (__29__%)
4. ___il influenza___ (__24__%)
   ___mal di stomaco___
5. ___mal di denti___ (__24__%)
6. ___mal di schiena___ (non specificato)
   ___mal di orecchie___

In caso di malattia *disease*

• Va in farmacia:
con ricetta (__27__%)
senza ricetta (__23__%)

la ricetta - prescription

• Non va in farmacia perché:
usa medicine che ha in casa (__29__%)
non usa medicine (__13__%)
usa medicine "fatte in casa" (__8__%)

3 Analisi lessicale | Il corpo umano

Completa il corpo umano con le parole del testo (singolare o plurale).

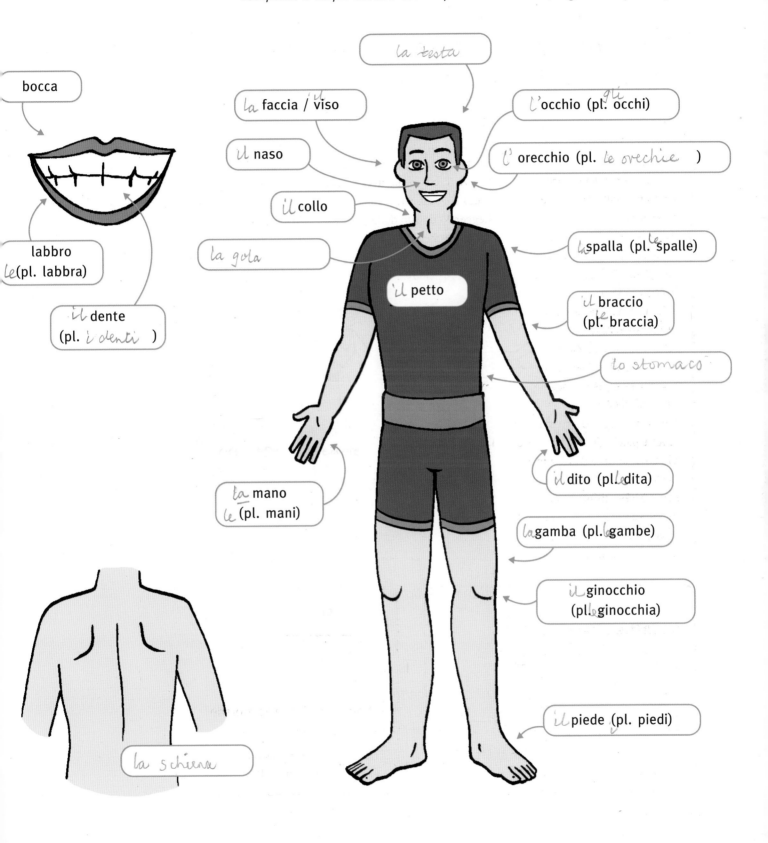

la testa

bocca

la faccia / il viso

L'occhio (pl. gli occhi)

il naso

l' orecchio (pl. le orechie)

il collo

labbro
le (pl. labbra)

la gola

la spalla (pl. le spalle)

il petto

il dente
(pl. i denti)

il braccio
(pl. le braccia)

lo stomaco

la mano
le (pl. mani)

il dito (pl. le dita)

la gamba (pl. le gambe)

il ginocchio
(pl. le ginocchia)

il piede (pl. piedi)

la schiena

4 Gioco | La *chain* catena umana

4a *L'insegnate fotocopia pag. 142, ritaglia i bigliettini e prepara un mazzo con i nomi delle parti del corpo (singolari e plurali), per esempio: braccio destro, braccio sinistro, testa, gamba destra, ecc.*

4b *La classe si divide in gruppi di 4-5 studenti.*
In ogni gruppo uno studente-istruttore pesca 5-10 carte dal mazzo e dà istruzioni ai compagni come nell'esempio, leggendo due carte alla volta. I compagni devono mettersi di volta in volta nella posizione indicata dall'istruttore, senza lasciare la vecchia posizione. Vince il gruppo che riesce a "rappresentare" più carte senza lasciare le posizioni.

> ### La forma impersonale
>
> Osserva:
> - *Ma cosa si fa in Italia in caso di malattia?*
> - *Si preferisce andare dal medico o si va direttamente in farmacia senza consultarlo?*
>
> Quando voglio indicare un soggetto generico (la gente, le persone), uso la forma impersonale *si* + verbo alla terza persona singolare.

🖉 **Esempio**

CARTA 1
mano destra

CARTA 2
testa

CARTA 3
gomito sinistro

CARTA 4
gamba destra

LA MANO DESTRA DI VICTORIA DEVE TOCCARE LA TESTA DI KARL.

IL GOMITO SINISTRO DI KARL DEVE TOCCARE LA GAMBA DESTRA DI PAUL...

5 Parlare | Di cosa soffri?

E tu di cosa soffri? Come ti comporti con i medicinali? Parlane con un compagno.

6 Ascoltare | In farmacia

 22

what symptoms does Alberto have

6a *Ascolta il dialogo e indica che disturbi ha Alberto e che medicine deve usare.*

la medicina medicine

disturbi		medicine	
☑ mal di testa	☐ mal di stomaco	☑ colluttorio *mouthwash*	
☑ influenza	☐ mal di denti	☑ compresse *tablets*	
☐ polmonite	☑ tosse	☑ gocce *drops*	
☑ raffreddore	☐ mal di gola	☐ iniezioni *injections*	
☐ mal di schiena		☑ sciroppo *syrup*	

6b *Ascolta di nuovo e completa la tabella.*

disturbo	nome del farmaco	tipo di farmaco		come si prende
influenza	*ante virale Tammi flu antinfluenzare 3 times a day*	☐ colluttorio ☐ gocce ☐ sciroppo	☑ compresse ☐ iniezioni	*1 ogni 12 ore per boca (8 ore in caso di febbre alta) for 5 days prima mangi qualcosa con un po' d'acqua*
mal di gola	/	☑ colluttorio ☑ gocce ☐ sciroppo	☑ compresse ☐ iniezioni	*fare delle chigni 25 4X a day*
tosse	/	☐ colluttorio ☑ gocce ☐ sciroppo	☐ compresse ☐ iniezioni	
influenza	*Vitamix*	☐ colluttorio ☐ gocce ☑ sciroppo	☐ compresse ☐ iniezioni	*Base de miele Ne prende un cucchion la mattina et*

Il sistema sanitario

Tutti i cittadini in Italia hanno diritto alle cure mediche gratuite. Tutti hanno un medico di base di riferimento, per visite generiche e ricette mediche. Tutti hanno anche diritto alle visite al pronto soccorso e al ricovero in ospedale per qualsiasi problema. Gratis è anche l'ambulanza, se richiesta per motivi urgenti (ad esempio un incidente).

Solo nelle cliniche private si paga, anche se molte cliniche sono "convenzionate", cioè hanno molti servizi pagati dal Sistema Sanitario Nazionale.

7 **Analisi grammaticale | L'imperativo formale** 🔊 23

7a *Sei delle sette espressioni evidenziate sono state scambiate a coppie. Rimettile nella giusta posizione, come nell'esempio. Poi confrontati con un compagno. Alla fine ascolta e verifica.*

farmacista	*Vada subito a casa*, mi raccomando.
Alberto	No, no, non la sottovaluti. Mi ricordo tutto… più o meno.
farmacista	Per finire le do anche un po' di vitamine. Ecco, può prendere questo: Vitamix. È uno sciroppo a base di miele. Ne prenda un cucchiaio la mattina e uno la sera, un giorno sì e un giorno no. È facile.
Alberto	Ma… scusi, tutte queste cose per una banale influenza?
farmacista	Certo. L'influenza sembra una cosa da niente ma può essere pericolosa se non adeguatamente curata. Si può trasformare in polmonite o in qualcosa di peggio, non si preoccupi.
Alberto	Accidenti. Ma… ma… sta pure piovendo…
farmacista	Senta, adesso comunque *non si dimentichi* e stia tranquilla! Mi raccomando.
Alberto	Sì, sì, grazie, vado subito, si copra bene.

7b *Completa la coniugazione dell'imperativo formale con i verbi del punto* **a**.

> **imperativo formale affermativo e negativo**
>
> • verbi regolari
>
> | sottovalut**are** | prend**ere** | cop**rire** |
> |---|---|---|
> | Lei (non) _sottovaluti_ | (non) _prenda_ | (non) _copra_ |
>
> • verbi irregolari
>
> | and**are** | st**are** |
> |---|---|
> | Lei (non) _vada_ | (non) _stia_ |

7c *Riguarda il testo del punto* **a** *e completa la regola sulla posizione del pronome.*

> Nell'imperativo formale il pronome sta sempre ☑ prima del / ☐ dopo il verbo.

(handwritten notes:) Lei   (e.g. mi dica) mi scusa   Scusami dimmi - informal after

'ALMA.tv ▶

il Lingua*quiz*

Mettiti alla prova. Vai su *www.alma.tv* nella rubrica **Linguaquiz** e fai il videoquiz "Imperativo con tu e Lei".

| Imperativo con tu e Lei | **CERCA** |

8 Gioco | Ho mal di testa

Gioca con un compagno. A turno, uno di voi sceglie un disturbo e un rimedio e chiede un consiglio al medico (l'altro compagno). Se il rimedio è corretto, il medico risponde sì, altrimenti risponde no. Seguite l'esempio.
Ogni rimedio corretto: 1 punto. Ogni risposta grammaticalmente corretta: 2 punti.
Attenzione: un rimedio già scelto non si può più usare.

> ✏ **Esempio**
>
> **4** + bere una tisana rilassante
>
> paziente *Dottore, ho* mal di testa, *posso* bere una tisana rilassante?
> medico   *Sì, la beva! / No, non la beva, non va bene!*

disturbi

rimedi

comprare una medicina antinfluenzale
provare uno sciroppo digestivo
mettere le gocce
bere una tisana rilassante
prendere delle compresse antidolorifiche
fare gli sciacqui con il colluttorio
seguire un corso di yoga
usare uno spray per liberare il naso

anzi, on the contrary [handwritten annotation]

9 Analisi della conversazione | I connettivi

conjunction [handwritten annotation above "connettivi"]

9a *Inserisci nella trascrizione del dialogo i connettivi della lista qui sotto, come nell'esempio. Poi ascolta e verifica.* 24

(allora) (immagino) (in realtà) (insomma) (perché) (senta)

in short [handwritten above "insomma"]

farmacista	Buongiorno, mi dica.
Alberto	Buongiorno. ___senta___ 1, vorrei qualcosa per... scusi... EETTCIÚ!
farmacista	Salute!
Alberto	Grazie. ~~Allora~~ 2 dicevo...
farmacista	...qualcosa per il raffreddore, *immagino* 3.
Alberto	Eh, sì. Ma... però non solo. *In realtà* 4 non mi sento molto bene, ho tosse, mal di gola, mal di testa, *insomma* 5 credo di avere l'influenza.
farmacista	Ha febbre?
Alberto	Non lo so, probabilmente sì, *perché* 6 sento un gran freddo.

funzione dei connettivi [left sidebar]

- Introduce un discorso n° 1 [handwritten: *a dialogue*]
- Introduce una conclusione n° 5 [handwritten: *summing up story*]
- Introduce una precisazione n° 4 [handwritten: *in realtà*]
- Introduce una spiegazione n° 6 [handwritten: *rounding explanation perché*]
- Riprende un discorso precedente n° 2 [handwritten: *taking during scream allora*]
- Segnala un'ipotesi n° 3 [handwritten: *immagino*]

9b *Gioca in squadra con tre compagni. Trovate, per ogni connettivo inserito nella trascrizione del dialogo, la giusta funzione nel riquadro a sinistra, scrivendo il numero corrispondente. Quando pensate di avere la soluzione chiamate l'insegnante. Se è tutto giusto avete vinto, altrimenti il gioco continua.*

10 Parlare | Dal medico

Lavora con due compagni e dividetevi i ruoli.

ormai. by now / by this time now [handwritten annotation]

paziente
Non stai bene. Sei andato da molti medici ma nessuno è riuscito a risolvere il tuo problema. Hai provato tutto, senza successo. Ormai non hai più fiducia nella medicina. Un tuo amico ti ha parlato di un medico molto bravo. Con lui, vai dal nuovo medico, ma non credi molto a questa soluzione.

amico
Un tuo amico non sta bene. È andato da molti medici ma nessuno è riuscito a risolvere il suo problema. Tu conosci un medico molto bravo. Accompagni il tuo amico all'appuntamento. Lui ha poca fiducia nella medicina ma tu cerchi di convincerlo a seguire i consigli del tuo medico.

medico
Un tuo paziente ti presenta un suo amico che non sta bene. Nessun medico è riuscito a risolvere il suo problema. Ma tu non sei un medico come gli altri, hai molte soluzioni: medicina tradizionale e medicina alternativa. Ricevi il nuovo paziente, cerchi di capire cos'ha e gli consigli cosa fare.

unità 10 | come ti senti?

Collega gli esempi a destra con i contenuti di grammatica a sinistra.

grammatica

- I nomi irregolari ▶
- Il *si* impersonale ▶
- L'imperativo formale affermativo e negativo ▶
- L'imperativo formale con i pronomi ▶
- I connettivi *allora*, *insomma*, ecc. ▶

(Allora, dicevo...)   (dito / dita)

(Non la sottovaluti!)

(Ma cosa si fa in Italia in caso di malattia?)

(Vada subito a casa!)

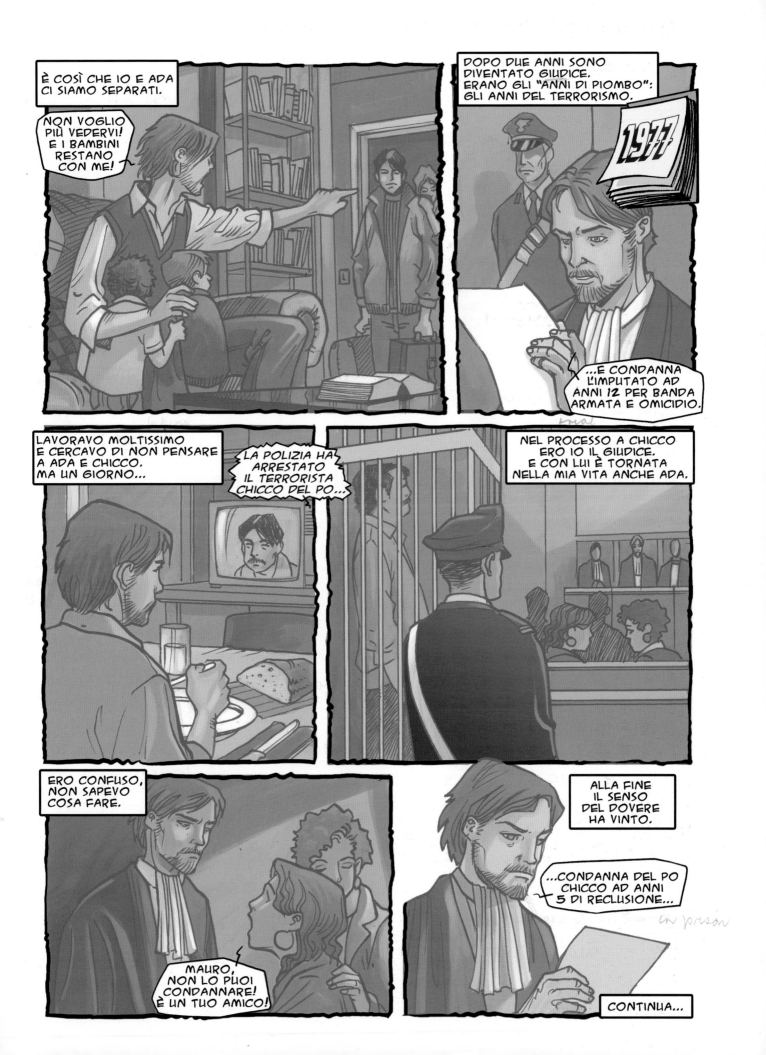

1 L'intonazione interrogativa

1a *Ascolta e metti il segno giusto.* 📀 fonetica 12

(.) quando la frase è un'affermazione (?) quando la frase è una domanda

1. Paolo è già arrivato (.)
   Paolo è già arrivato (?)

2. Non lo sai cosa ha detto Rita (?)
   Non lo sai cosa ha detto Rita (.)

3. Perché non c'è ancora nessuno (.)
   Perché non c'è ancora nessuno (?)

4. Viene anche Luigi (.)
   Viene anche Luigi (?)

5. Quel libro lo conosci (?)
   Quel libro lo conosci (.)

6. Ma lei non parla italiano (?)
   Ma lei non parla italiano (.)

1b *Leggi e pronuncia le frasi. Poi ascolta e verifica.* 📀 fonetica 13

1. L'hai preso tu.
   L'hai preso tu?

2. È la stessa persona che parlava prima.
   È la stessa persona che parlava prima?

3. Chi vuole andare?
   Chi vuole andare.

4. Hai avuto qualche problema.
   Hai avuto qualche problema?

5. Il ristorante è chiuso?
   Il ristorante è chiuso.

6. Quando arrivi a Roma mi chiami?
   Quando arrivi a Roma mi chiami.

2 L'intonazione conclusiva, continuativa e esclamativa

Ascolta e metti il segno giusto. 📀 fonetica 14

(.) quando la frase è conclusiva (chi parla ha finito di parlare)

(...) quando la frase è continuativa (chi parla non ha finito di parlare)

(!) quando la frase è esclamativa (chi parla vuole dare enfasi alla frase)

1. Al primo piano c'è la camera da letto (...)
2. Alle 2 prende l'antibiotico (...)
3. Hai una casa bellissima (!)
4. Non conosco per niente Bologna (.)
5. Ho abitato a Roma (...)
6. Qualche volta lavoro anche il sabato (.)
7. Che dolore (!)

3 Quale intonazione

Ascolta e metti il segno giusto. 📀 fonetica 15

(.) conclusiva   (?) interrogativa   (!) esclamativa   (...) continuativa

1. Non mi ha telefonato nessuno (.)
2. Stia tranquilla (!)
3. Vorrei un antibiotico (.)
4. Ha la febbre (.)
5. Ieri ho visto Paola (?)
6. È un antibiotico (?)
7. Vai dal medico (?)
8. La farmacia il sabato è chiusa (.)
9. Sono già arrivati (!)
10. Sono incluse le spese di riscaldamento (...)
11. Il garage non c'è (.)
12. Copriti bene (!)

modulo cinque | geografia

nità 11   che tempo fa?

nità 12   dove vai in vacanza?

nità 13   un viaggio

comunicazione

Parlare del tempo meteorologico ▸ *Fa caldo*

Parlare di azioni future ▸ *I mari saranno calmi*

Descrivere una località turistica
▸ *Situato a due passi dal mare...*

Fare la valigia ▸ *Ce l'hai messo il dentifricio?*

Fare ipotesi e previsioni ▸ *Ce l'avranno in albergo*

Raccontare una vacanza
▸ *Ho passato due giorni da sogno*

Indicare azioni abituali nel passato ▸ *D'estate
andava sempre in vacanza con la barca*

Indicare azioni successive nel passato
▸ *Pablo si è alzato, ha chiamato il cameriere...*

Indicare eventi in combinazione con
situazioni nel passato ▸ *Mentre eravamo
in mare si è alzato un forte vento*

grammatica

I verbi impersonali (*piovere*, *nevicare*)

Il futuro semplice

Le espressioni con preposizione *nel cuore di*, *in cima a*, ecc.

Il futuro semplice per fare ipotesi nel presente

Le esclamazioni

I verbi *sapere* e *conoscere*

L'avverbio *addirittura*

Il passato prossimo con i verbi modali

Gli avverbi in *-mente*

I diversi usi di passato prossimo e imperfetto

I connettivi *però*, *appena*, *perché*, ecc.

comunicazione

Parlare del tempo
meteorologico ▶ *Fa caldo*

Parlare di azioni future
e possibili ▶ *I mari saranno
calmi*

Fare previsioni ▶ *Come sarà
il mondo tra vent'anni*

grammatica

I verbi impersonali
(*piovere, nevicare*)

Il futuro semplice

1 Introduzione

 25

1a *Chiudi gli occhi e ascolta i suoni di 4 differenti situazioni. Immagina di essere lì.*

1b *Metti in ordine le immagini e disegna la situazione mancante. Se necessario
riascolta.*

nº __ fa caldo

nº __ nevica e fa freddo

nº __ c'è vento

nº __ piove

2 Ascoltare | Le previsioni del tempo

 26

2a *Ascolta. Poi rispondi alle domande.*

1. Che giorno della settimana è?

2. Cosa c'è di strano nelle previsioni del tempo?

2b *Riascolta e scegli le 3 immagini che meglio rappresentano le previsioni del tempo per venerdì, sabato e domenica.*

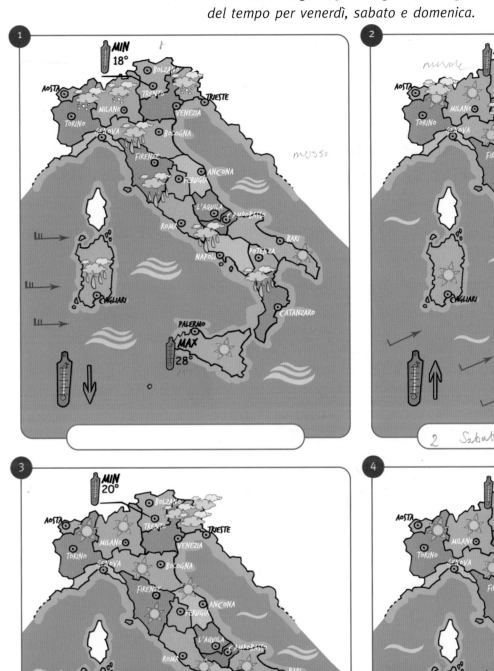

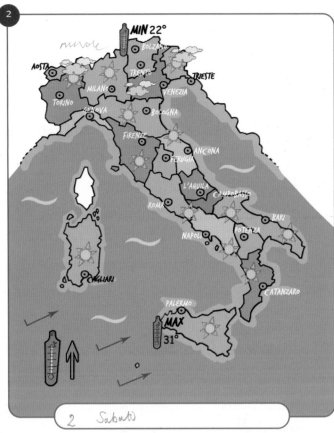

2 Sabato

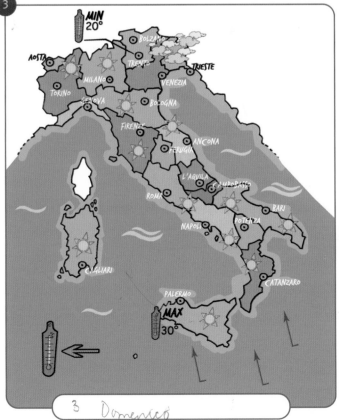

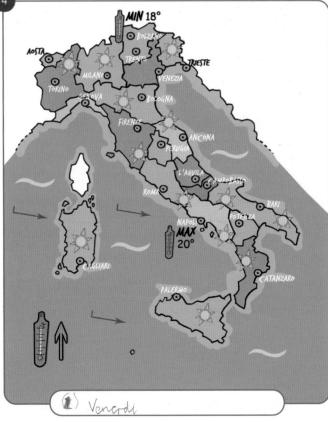

3 Domenica

1 Venerdì

3 Analisi lessicale | Previsioni del tempo

3a *Completa il testo delle previsioni del tempo usando le parole* 27
evidenziate, come nell'esempio. Aiutati con i disegni.
Poi riascolta e verifica.

"Dopo le piogge e il freddo di questi
giorni quindi, finalmente oggi ___sole___
e bel tempo su tutta la penisola con ~~gelo~~ *cielo*
increasing sereno e temperature in aumento dal Nord al Sud.
Il bel tempo continuerà nel fine settimana.
Domani infatti avremo una
bella giornata, solo poche ___nuvole___ sparse al nord
e cielo sereno e caldo intenso al centro e al sud.
Palermo avrà la temperatura più alta, con 31 ___gradi___ ,
Bolzano la più bassa, con 22 gradi .
I mari saranno calmi . ___i venti___
deboli da sud sud ovest. Il sole
splenderà anche domenica, farà quindi ancora ___caldo___
high a slight def. Tyran con lievi differenze tra il versante tirrenico e quello adriatico,
ma senza grandi variazioni rispetto a sabato.
Nuvole in arrivo sulle Alpi orientali.
Le temperature resteranno stabili.
La città più calda sarà ancora Palermo
con 30 gradi, Trento la più fredda con 20 ___gradi___ .
Mari ___calmi___ o poco mossi, con
venti di scirocco provenienti dalla Libia
che porteranno nei prossimi giorni un clima africano
caratterizzato da sole e caldo torrido."
scorching hot

weather forecast

3b *Collega ogni espressione di* sinistra *a due di* destra, *come nell'esempio.*

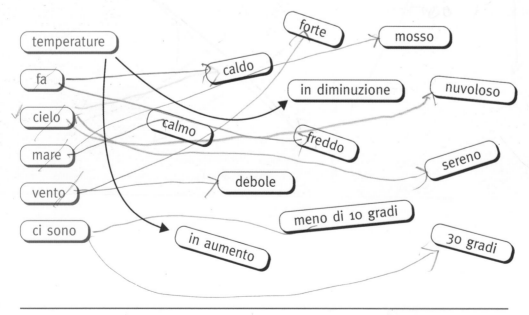

4 **Esercizio** | Che tempo fa?

4a *L'insegnante numera gli studenti e li divide in due gruppi, i pari e i dispari.*

4b *Ogni studente completa la cartina di sinistra con i simboli meteo (vedi punto **2b**), immaginando che tempo fa. Ha 5 minuti di tempo.*

4c *Ogni studente pari gioca con uno studente dispari. I due studenti si siedono di spalle: lo studente pari è in Italia, lo studente dispari nel suo Paese. Lo studente dispari "telefona" al compagno e gli chiede che tempo fa in Italia in quel momento. Lo studente pari descrive il tempo indicato nella sua cartina. Lo studente dispari completa la cartina di destra seguendo le indicazioni del compagno. Alla fine confronta la cartina con quella del compagno.*

4d *Si cambiano le coppie, sempre con uno studente pari e uno dispari. Si procede come prima a parti invertite: lo studente dispari è in Italia, lo studente pari nel suo Paese.*

Snano1

5 **Analisi grammaticale** | Il futuro semplice

5a *Osserva questa frase. A quale parte della linea del tempo si riferisce il verbo "continuerà"?*

Il bel tempo **continuerà** nel fine settimana.

ieri	oggi	domani

5b *Quali di questi verbi compaiono al futuro nel testo delle previsioni del tempo del punto* **3a**? *Segnali con una* ☒ *(sono in ordine) e scrivi sotto ogni verbo la forma che compare nel testo, come nell'esempio.*

to dis

- ☒ continuare — continuerà
- ☐ avere — *avreinano*
- ☐ sparire — *sparirò*
- ☐ avere — *avrà*

- ☐ sapere — *Sappranò*
- ☐ essere — *Saranno*
- ☐ splendere — *splenderà*
- ☐ fare — *farà*

- ☐ restare — *restaranno*
- ☐ sapere — *Saprò*
- ☐ essere — *Sarà*
- ☐ potere — *potremo*
- ☐ portare — *porteranno*

revision source
il ripasso revisione   *MUT*
une revisione
mandatoria
grave

5c *Dividetevi in squadre e completate le coniugazioni dei verbi al futuro. I verbi nelle linee* evidenziate *sono nel crucipuzzle (→ e ↓), come nell'esempio. Quando la vostra squadra ha finito, chiamate l'insegnante. Se la tabella delle coniugazioni è corretta, avete vinto, altrimenti il gioco continua.*

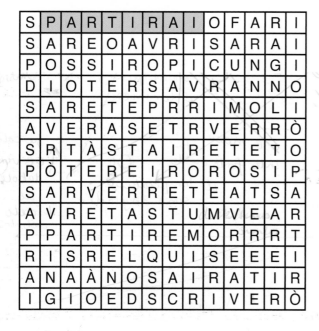

S	P	A	R	T	I	R	A	I	O	F	A	R	I
S	A	R	E	O	A	V	R	I	S	A	R	A	I
P	O	S	S	I	R	O	P	I	C	U	N	G	I
D	I	O	T	E	R	S	A	V	R	A	N	N	O
S	A	R	E	T	E	P	R	R	I	M	O	L	I
A	V	E	R	A	S	E	T	R	V	E	R	R	Ò
S	R	T	À	S	T	A	I	R	E	T	E	T	O
P	Ò	T	E	R	E	I	R	O	R	O	S	I	P
S	A	R	V	E	R	R	E	T	E	A	T	S	A
A	V	R	E	T	A	S	T	U	M	V	E	A	R
P	P	A	R	T	I	R	E	M	O	R	R	R	T
R	I	S	R	E	L	Q	U	I	S	E	E	E	I
A	N	A	À	N	O	S	A	I	R	A	T	I	R
I	G	I	O	E	D	S	C	R	I	V	E	R	Ò

	restare	scrivere	partire
io	*restarà*	*scrivero*	*partirò*
tu		*scriverai*	partirai
lui / lei			*irà*
noi	*resteremo*		*vremmo*
voi	*resterette*		*partirete*
loro	resteranno	*scriveranno*	*partiranno*

	essere	avere	venire
io	*sarò*	*avrò*	*verrò*
tu	*sarai*		*ui*
lui / lei	sarà	avrà	*ià*
noi	*saremo*	avremo	*vrà*
voi	*sarete*		
loro	saranno	*avra*	*verranno*

Modi di dire con il tempo

In italiano ci sono molti modi di dire con il tempo atmosferico.

- Fare il bello e il cattivo tempo
  (Avere il potere di fare tutto quello che si vuole)

- Avere la testa fra le nuvole
  (Essere poco attenti, fantasticare)

- Piove sul bagnato
  (Dopo un evento negativo succede sempre un altro evento negativo)

- Piove, governo ladro!
  (Il governo è responsabile di tutti gli eventi negativi, anche della pioggia)

cento

6 Parlare | Come sarà il mondo tra vent'anni?

6a *La classe si divide in tre gruppi: gruppo Giornalisti, gruppo Scrittori,
gruppo Scienziati. Ogni gruppo legge le istruzioni che riguardano il suo
personaggio e si prepara per l'intervista.*

Giornalista

Sei un giornalista televisivo.
Questa sera al tuo talk show
hai invitato uno scrittore e uno
scienziato. Il tema è: "Come
sarà il mondo tra vent'anni?"
I due invitati hanno
opinioni diverse: lo scrittore
è pessimista mentre
lo scienziato è ottimista.

Scrittore

Sei uno scrittore. Nei tuoi
libri hai immaginato un futuro
molto difficile per il pianeta.
Questa sera sei invitato a
partecipare ad un dibattito
televisivo sul tema: "Come
sarà il mondo tra vent'anni?".
Preparati a rispondere
all'intervista.

Scienziato

Sei uno scienziato. Nei tuoi libri hai dichiarato più volte che prevedi
un futuro sereno per l'umanità. Hai una visione ottimistica della
scienza. Questa sera sei invitato a partecipare ad un dibattito
televisivo sul tema: "Come sarà il mondo tra vent'anni?". Preparati
a rispondere all'intervista.

'ALMA.tv

**Domani vado
al mare.**

Si può usare il presente al posto
del futuro? Vai su *www.alma.tv*,
cerca il video "Non c'è più futuro"
nella rubrica Grammatica caffè
e guarda la risposta di Roberto
Tartaglione.

| Non c'è più futuro | **CERCA** |

6b *Si formano nuovi gruppi di tre studenti, ognuno corrispondente
a un personaggio. All'interno di ogni gruppo, si svolge l'intervista.*

unità 11 | che tempo fa?

Cosa hai studiato di grammatica in questa unità? Completa i due spazi
con due contenuti della lista. Poi confronta con l'indice a pag. 96.

| Gli avverbi in -*mente* | Il futuro semplice | I verbi impersonali (*piovere*, *nevicare*) | I verbi *sapere* e *conoscere* |

grammatica

_____

_____

unità **12** | dove vai in vacanza?

comunicazione

Descrivere una località turistica ▸ *Situato a due passi dal mare...*

Fare la valigia ▸ *Ce l'hai messo il dentifricio?*

Fare ipotesi e previsioni ▸ *Ce l'avranno in albergo*

grammatica

Le espressioni con preposizione *nel cuore di, a due passi da, in cima a,* ecc.

Il futuro semplice per fare ipotesi nel presente

Le esclamazioni

1 Leggere | Offerte last minute

1a *Le espressioni* evidenziate *nelle* offerte *last minute sono state scambiate a coppie. Rimettile al posto giusto, come nell'esempio, poi confrontati con un compagno.*

OFFERTE PER IL FINE SETTIMANA DAL 3 AL 5 GIUGNO

1 Argentario prezzo: 25 euro a notte a persona

Approfitta del primo fine settimana di mare dei rifugi al Grand Hotel La Caletta, nel cuore dell'arcipelago toscano. Situato a due passi dal mare con vista sull'Isola del Giglio, questo albergo a 4 stelle, ricavato da *una piccola scogliera* del '600, offre un ambiente molto suggestivo. Wi-fi e costume da bagno in tutte le stanze.

2 Conegliano veneto – Valli del Prosecco prezzo: 70 euro a persona

Tre giorni in agriturismo alla scoperta delle colline del Prosecco. Visiteremo la stagione che si apre tra Conegliano Veneto e Valdobbiadene alla ricerca dei meravigliosi vigneti della zona. La sera gusteremo gli impianti da sci della Marca Trevigiana nel ristorante dell'agriturismo, uno dei più rinomati della zona.

3 Ischia prezzo: 65 euro a persona per 2 notti e 3 giorni

Casa Ischia è uno splendido Bed & Breakfast a conduzione familiare, situato in cima ad *un antico monastero* con vista sul famoso Golfo di Napoli. Offre ai suoi ospiti la possibilità di rilassarsi sulla sua meravigliosa spiaggia con stabilimento privato anche in questa stagione, quando il mare comincia ad essere tiepido ed il sole è già abbastanza caldo per abbronzarsi in TV satellitare .

4 Cervinia prezzo: 99 euro a persona

Fine settimana di neve e sole nell'esclusiva località della Valle d'Aosta. Nel primo fine settimana di giugno riparte la valle naturale dello sci estivo e riaprono i sapori anche grazie alle ottime condizioni della neve sul ghiacciaio. Per chi cerca il riposo totale, sdraio e lettini nelle meravigliose terrazze panoramiche della stagione.

1b *Dove non va in vacanza Carla? Escludi due località. Se necessario riascolta il dialogo dell'unità **11** punto **2**.*

> Carla non va a _____ e a _____ .

In spiaggia

In Italia, su 4.000 km di spiaggia, 1.200 sono *premises* occupati da stabilimenti, dove è possibile prendere in affitto per una giornata un ombrellone e un lettino. Il numero degli stabilimenti è in crescita ed è quindi sempre più difficile trovare una spiaggia libera. Negli stabilimenti c'è sempre un bagnino, che controlla la spiaggia. Spesso è possibile affittare un pedalò (vedi immagine) per un'ora o più. A volte negli stabilimenti sono presenti alcuni animatori. *entertainers*

2 Analisi lessicale | Espressioni preposizionali

*Cerca nelle offerte del punto **1** le espressioni corrispondenti a quelle della seconda colonna, trasformando la preposizione articolata finale in preposizione semplice, come nell'esempio.*

testo	espressione equivalente	espressione del testo
1	proprio al centro di	nel cuore di
1	molto vicino a	a due passi da
1	da dove è possibile vedere	con vista su
2	per trovare / esplorare	alla scoperta di
3	sopra	in cima a
3	da dove è possibile vedere	con vista su

3 Scrivere | Una località turistica

Scegli una località del tuo Paese e scrivi una breve presentazione per invogliare un italiano ad andarci.

to tempt

5 words a day.
carry over
cover word.

4 Analisi lessicale | In valigia

Scrivi i nomi degli oggetti della lista sotto il disegno giusto.

accappatoio — *dressing go.*

apribottiglie — *bottle open*

beauty case

cappello — *hat*

costume da bagno — *swimsuit*

crema solare

dentifricio

doposci

vestito da sera

occhiali da sole

ombrellone

scarpe da trekking

spazzolino — *toothbrush*

telo da mare — *beach towel*

bermuda — *bermuda shorts*

vestito da sera

costume da bagno

telo da mare

bermuda

ombrellone

cappello

dentifricio

spazzolino

beauty case
vanity case

crema solare.

apribottiglie

scarpe da trekking

doposci

occhiali da sole

accappatoio

5 Ascoltare | Sarà nell'armadio

It'll probably be

5a *Ascolta il dialogo e indica, tra le offerte del punto **1**, dove andrà in vacanza Carla.* 🎧 28

> Carla va a _____ .

5b *Ascolta ancora il dialogo e colora i pallini degli oggetti che porterà alla fine Carla, come nell'esempio.*

Those who otherwise a question

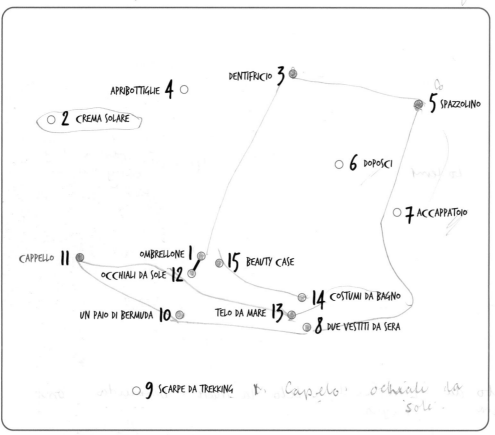

*APRIBOTTIGLIE **4*** ○

○ **2** CREMA SOLARE

DENTIFRICIO **3** ◉

5 SPAZZOLINO

○ **6** DOPOSCI

○ **7** ACCAPPATOIO

CAPPELLO **11** ◉

OMBRELLONE **1** ◉

OCCHIALI DA SOLE **12**

15 BEAUTY CASE

○ **14** COSTUMI DA BAGNO

UN PAIO DI BERMUDA **10** ○

TELO DA MARE **13** ◉

8 DUE VESTITI DA SERA

○ **9** SCARPE DA TREKKING

Capelo occhiali da sole.

Figurati don't mention quasi, almo mancano le ultime cose

5c *Carla vuole mettere un altro oggetto in valigia. Unisci tra di loro solo i punti colorati (al punto **b**), seguendo i numeri in ordine crescente. Comparirà l'oggetto "misterioso".*

5d *Hai capito qual è l'oggetto?*

☐ **a.** un telefono cellulare ☑ **b.** una sedia pieghevole ☐ **c.** un aquilone

don't use se   trotte^(trout) guirizalio . lead
with conditional

6   Gioco | Fai la valigia

Giocate in coppia. Scegliete un luogo senza dirlo al compagno e scrivete cinque oggetti da portare per una vacanza di un fine settimana. Poi a turno fate delle ipotesi sugli oggetti che l'altro ha inserito nella valigia, come negli esempi. L'altro risponde solo se la grammatica della domanda è corretta. Quando uno studente ha trovato tutti gli oggetti del compagno, può provare a indovinare il luogo. Vince chi indovina per primo il luogo di vacanza del compagno.

✎ Esempi   *Have you put boothpaste in ques*
● Ce l'hai messo il dentifricio?
■ Sì / No
● Ce le hai messe le scarpe?
■ Sì / No

Lago di Garda
Veneto

COSTA SMERALDA

Sardegna

Dolomiti > Trentino Alto Adige

Umbria
Perugia

Siracusa
Sicilia

scarpe da trekking   il cappello   occhiali
scarpa   la crema solare   da sole

7 Analisi grammaticale | Alcune funzioni del futuro

7a *Rimetti nel giusto ordine le battute della conversazione, come nell'esempio. Poi ascolta e verifica.*

 29

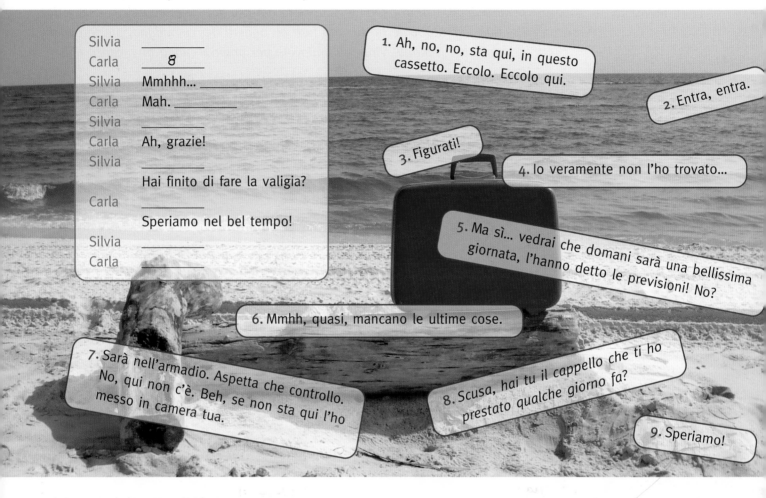

Silvia	_____
Carla	*8*
Silvia	Mmhhh... _____
Carla	Mah. _____
Silvia	_____
Carla	Ah, grazie!
Silvia	_____
	Hai finito di fare la valigia?
Carla	_____
	Speriamo nel bel tempo!
Silvia	_____
Carla	_____

1. Ah, no, no, sta qui, in questo cassetto. Eccolo. Eccolo qui.

2. Entra, entra.

3. Figurati!

4. Io veramente non l'ho trovato...

5. Ma sì... vedrai che domani sarà una bellissima giornata, l'hanno detto le previsioni! No?

6. Mmhh, quasi, mancano le ultime cose.

7. Sarà nell'armadio. Aspetta che controllo. No, qui non c'è. Beh, se non sta qui l'ho messo in camera tua.

8. Scusa, hai tu il cappello che ti ho prestato qualche giorno fa?

9. Speriamo!

7b *Evidenzia nel dialogo del punto **a** tutti i verbi al futuro semplice, poi rispondi alle domande.*

1. Uno dei verbi coniugati al futuro, in realtà parla di un'azione nel presente. Quale?

   _____

2. Cosa esprime questo verbo secondo te?

   ☐ un'ipotesi, una supposizione nel presente
   ☐ una sicurezza assoluta nel presente

'ALMA.tv ▶

Il Prof. Tartaglione torna a parlare del futuro. Vai su *www.alma.tv*, cerca il video "Tra grammatica e smiles" nella rubrica Grammatica caffè e guarda la spiegazione.

| Tra grammatica e smiles | **CERCA** |

Supposition in future tense.

8 Gioco | Saranno le tre

Gioca con un compagno. Il primo studente fa la domanda 1. Il secondo studente tira un dado e risponde coniugando il verbo a seconda del numero che è uscito. Se la risposta è corretta prende un punto. Poi scambiatevi i ruoli e passate alla domanda 2. Dopo la frase 9 si ricomincia con la 1 fino allo STOP dell'insegnante. Vince chi ha più punti.

la frase
- sentence

1 Conosci la Puglia?

There
Ci (*andare*) andò. Ce sono andat
Perfett present Ci vado

- il prossimo anno. Ci ando
- l'anno scorso. sono andat
- quest'anno. ci vado

2 Quando arriva Marta?

- Non lo so, fortune
- Di solito
- Oggi non lo so, ieri è venuto.

(*venire*) _____ alle tre.

3 Domani partiamo, abbiamo il dentifricio?

Lo (*io – comprare*) _____

- ieri.
- subito.
- lì.

4 Dov'è Carla?

- In questo momento
- Ieri è stata a cas
- Non lo so, sta a casa sua

(*stare*) stara _____ a casa sua.

5 Quando parte Ugo per le vacanze?

è partito
(*Partire*) partira la p _____
Parte oggi

- la settimana scorsa.
- la prossima settimana.
- oggi.

6 Suona il telefono. Aspetti qualche chiamata?

- Sì, -
- No,

(*essere*) sì, è mia madre. mia madre. sì sarà probabilty

7 Sai che ore sono?

- No, mi dispiace ma
- Sì,

(*essere*) ma saranno _____ le undici. sono le undici

8 Quanti anni ha Carla?

Ne (*fare*) sara trent4 _____ 31

- il prossimo mese.
- oggi.
- ieri.

9 Che tempo fa in Italia?

Non lo so perché ora sto in Svizzera.

- Ieri
- Oggi
- In questo periodo

(*esserci*) c'era _____ il sole.
oggi ci sara il sole
in questo periodo c'è il sole

9 Analisi della conversazione | Esclamazioni

9a *Completa ognuna delle tre parti di dialogo con le parole delle liste corrispondenti, come nell'esempio. Attenzione, in ogni lista c'è una esclamazione in più. Poi ascolta e verifica.*

 30

1
Silvia — Eccolo. Eccolo qui. *Here it is*
Carla — (*Per fortuna*) __Ah__ , grazie! *Luckily* *You're welcome*
Silvia — (*Prego*)_____! Hai finito di fare la valigia?
Carla — (*Più o meno*) __Mmhh__ *almost*, quasi, mancano le ultime cose. Speriamo nel bel tempo!

accidenti — *damn*
figurati — *imagine*
~~ah~~
mmhh

2
Silvia — Ma quanto ci mettete ad arrivare in Toscana?
Carla — Ci vorranno un paio d'ore in treno.
Silvia — (*Veramente?*)_____, non è tanto!
Carla — (*Non proprio*)_____, no. Prendiamo il treno alle 8, così per le 11 siamo lì. Senti, mi aiuti a finire la valigia?
Silvia — (*Sì*)_____. (*Wow*)_____! Ma per due giorni ti porti tutta questa roba? *this stuff*

ah *of course*
certo
caspita *wow*
mah *oh well*
mamma mia

3
Silvia — L'accappatoio? (*È assurdo*)_____! Ce l'avranno in albergo, no? *hotel*
Carla — Ah, questo non lo so...
Silvia — (*Sicuramente*)_____! È un albergo a quattro stelle! *definitely*
Carla — Forse hai ragione. (*Ok*)_____... Via l'accappatoio.
Silvia — Piuttosto, portati gli occhiali da sole! *Rather*
Carla — (*Sono preoccupata*) __Oddio__ ! Dove saranno? *worried* Ah, eccoli qua! *here they are!*
Silvia — Ah, sei sempre la solita! *you are always the same*

lucky you *of course* *really* *OK*

beato te
ma certo
ma dai
oddio *oh God*
va be' *vabbé*

9b *Scrivi qui sotto le tre esclamazioni che non sono presenti nel dialogo e abbinale al giusto significato.* *match right meaning*

1. _____beato te_____
2. _____caspita_____
3. _____?

sei molto fortunato!
wow!
che sfortuna! — *what bad luck*

Altre esclamazioni

Ecco le esclamazioni di sorpresa più usate dagli italiani:

- con enfasi sulla sorpresa si possono usare: Mamma mia!, Cavolo!, Caspita!, Cazzo! (molto volgare)
- con enfasi sulla preoccupazione si possono usare: Madonna mia!, Accidenti!, Santo cielo!, Oddio!, Per la miseria!.

'ALMA.tv

MAMMA MIA!

Conosci l'origine dell'esclamazione più usata dagli italiani? Vai su *www.alma.tv*, cerca "Mamma mia!" nella rubrica **Vai a quel paese** e guarda la divertente spiegazione di Federico Idiomatico.

| Mamma mia! | **CERCA** |

Collega gli esempi a destra con i contenuti di comunicazione a sinistra. Poi confronta con l'indice a pag. 102.

comunicazione

Descrivere una località turistica ▶

Fare la valigia ▶

Fare ipotesi e previsioni ▶

Ce l'avranno in albergo
Ce l'hai messo il dentifricio?
Situato a due passi dal mare...

comunicazione

Raccontare una vacanza
▸ *Ho passato due giorni da sogno*

Indicare azioni abituali nel passato ▸ *D'estate andava sempre in vacanza con la barca*

Indicare azioni successive nel passato ▸ *Pablo si è alzato, ha chiamato il cameriere...*

Indicare eventi in combinazione con situazioni nel passato ▸ *Mentre eravamo in mare si è alzato un forte vento*

grammatica

I verbi *sapere* e *conoscere*

L'avverbio *addirittura*

Il passato prossimo con i verbi modali

Gli avverbi in *-mente*

I diversi usi di passato prossimo e imperfetto

I connettivi *però*, *appena*, *perché*, ecc.

1 Introduzione

1a *Sai cosa significano questi gesti? Collega il disegno al significato.*

È buonissimo!

Non c'è più niente.

È caro!

Non mi interessa!

Sei matto?

Ma che stai dicendo?

Ti picchio!

Vai via!

1b *Conoscevi già questi gesti italiani? Ne conosci altri? Parlane con i compagni.*

2   Leggere | Due giorni da sogno

2a   *Nella mail è stato inserito un NON in più. Trovalo ed eliminalo.*

Addirittura

Osserva:
▸ *Ha fatto anche delle gare (e qualcuna l'ha addirittura vinta).*

Addirittura significa *anche*, ma è più enfatico.

To: silvia@yahoo.it

Silvia ha scritto:
|| Ciao Carla, come è andato il tuo fine settimana con Pablo? Tutto bene?
|| Hai visto, alla fine il tempo è stato bello! baci, Silvia

Cara Silvietta,

ho passato due giorni da sogno. Il posto era veramente stupendo, perfetto per una vacanza romantica e anche per rilassarsi.

Pablo ha organizzato tutto magnificamente: il viaggio, l'albergo, il soggiorno. È stato bravissimo e io non ho dovuto pensare a niente.

Sabato siamo arrivati presto, ci siamo messi il costume e siamo andati subito in spiaggia (l'albergo era praticamente sul mare!).

C'era un'acqua favolosa, così abbiamo fatto il bagno, anche se io non so nuotare. Per fortuna il mare era calmissimo, e poi c'era Pablo, non potevo tirarmi indietro.

Nel pomeriggio Pablo ha voluto affittare una barca per fare un giro della costa. Lui ha una vera passione per il mare, è un esperto velista e quando era in Argentina d'estate andava sempre in vacanza con la barca. Ha fatto anche delle gare (e qualcuna l'ha addirittura vinta).

Insomma, abbiamo preso questa barca, ma mentre eravamo in mare si è alzato un forte vento e perciò siamo dovuti tornare indietro. Che avventura! Fortunatamente non eravamo lontani dalla riva e dunque non è stato difficile. E comunque Pablo è stato davvero bravo.

Lo so, forse esagero un po' quando parlo di Pablo, ma in questi giorni l'ho conosciuto meglio e ho capito che sto bene con lui: non mi piace il suo carattere, la sua allegria, il suo accento spagnolo quando parla italiano, il suo modo di pensare... anche se è molto diverso da me o forse proprio per questo.

Insomma, che dici: mi sto innamorando?

In realtà non è stato proprio tutto perfetto. Ora ti racconto quello che ci è successo domenica. La mattina, dopo la colazione, abbiamo visitato un'antica villa romana del ı secolo a.C. che è proprio vicino all'albergo. Da lì siamo arrivati in una caletta, con una piccola spiaggia immersa nel verde. Un posto incredibile. Abbiamo fatto il bagno e verso l'ora di pranzo ci è venuta fame. Nella caletta c'era un piccolo bar che cucinava piatti caldi. Questo bar offriva un servizio speciale, con un cameriere che ti portava da mangiare in spiaggia, sotto l'ombrellone. Insomma, si poteva mangiare in riva al mare. Una cosa molto particolare. Così Pablo è andato a ordinare due pizze. Dopo un quarto d'ora, visto che le pizze non arrivavano, ...

2b   *Come continua secondo te la mail? Lavora con un compagno e immaginate una storia. Utilizzate i disegni nell'ordine che preferite e aggiungete alla storia uno dei disegni del punto* **1**.

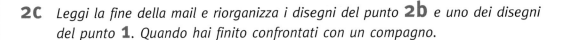

Sapere e conoscere

Osserva:
▸ *Io non so nuotare.*

Il verbo **sapere**, seguito da un verbo all'infinito, indica la capacità di fare qualcosa: *so andare in bicicletta, non so suonare la chitarra.*

Quando voglio dire che conosco una persona o una cosa uso il verbo **conoscere**: *tu conosci Marco?, non conosco tuo fratello.*

2c *Leggi la fine della mail e riorganizza i disegni del punto* **2b** *e uno dei disegni del punto* **1***. Quando hai finito confrontati con un compagno.*

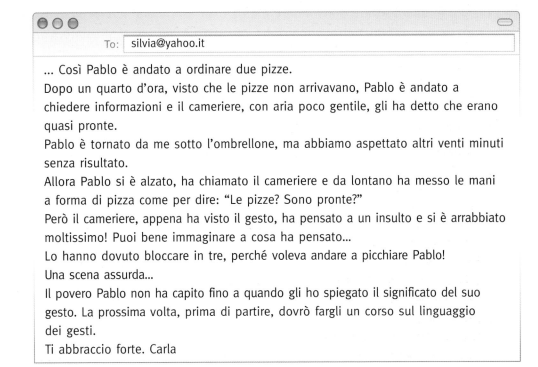

To: silvia@yahoo.it

... Così Pablo è andato a ordinare due pizze.

Dopo un quarto d'ora, visto che le pizze non arrivavano, Pablo è andato a chiedere informazioni e il cameriere, con aria poco gentile, gli ha detto che erano quasi pronte.

Pablo è tornato da me sotto l'ombrellone, ma abbiamo aspettato altri venti minuti senza risultato.

Allora Pablo si è alzato, ha chiamato il cameriere e da lontano ha messo le mani a forma di pizza come per dire: "Le pizze? Sono pronte?"

Però il cameriere, appena ha visto il gesto, ha pensato a un insulto e si è arrabbiato moltissimo! Puoi bene immaginare a cosa ha pensato...

Lo hanno dovuto bloccare in tre, perché voleva andare a picchiare Pablo!

Una scena assurda...

Il povero Pablo non ha capito fino a quando gli ho spiegato il significato del suo gesto. La prossima volta, prima di partire, dovrò fargli un corso sul linguaggio dei gesti.

Ti abbraccio forte. Carla

3   Gioco | Caccia al tesoro

Lavora con un compagno e cercate le soluzioni nel testo del punto **2a***. Quando avete finito chiamate l'insegnante. Se è tutto corretto riceverete l'ultimo enigma da risolvere.* * *Altrimenti andate avanti. Vince la coppia che risolve per prima l'enigma finale.*

> *Trova tre verbi modali (dovere, potere, volere) al passato prossimo.*
> _____ • _____ • _____

> *Trova i quattro avverbi di modo sinonimi delle seguenti espressioni, come nell'esempio.*
>
> davvero _____   molto bene _____
> quasi   *praticamente*   per fortuna _____

> *Trova almeno tre sinonimi (parole o gruppi di parole) di bellissimo/a.*
> _____ • _____ • _____

Le parole dell'amore

In italiano l'espressione Ti amo si usa quasi esclusivamente all'interno di una coppia, tra fidanzati o sposati. Tra amici o parenti si preferisce usare Ti voglio bene.

Quando si comincia una storia d'amore si usa: colpo di fulmine quando la storia d'amore è iniziata in modo improvviso e intenso; prendere una cotta o sbandata nel periodo iniziale di passione; innamorarsi se la storia d'amore è solida e ha un futuro.

* per l'insegnante: l'enigma è a pag. 141.

4 Analisi grammaticale | Passato prossimo e imperfetto

Leggi le frasi estratte dalla mail e indica cosa esprimono i verbi al passato prossimo e all'imperfetto evidenziati*, poi scrivi quali tempi si usano, come nell'esempio.*

2 Il posto **era** veramente stupendo.	
Pablo **ha organizzato** tutto magnificamente.	
Sabato **siamo arrivati** presto, **ci siamo messi** il costume e **siamo andati** subito in spiaggia.	
C'era un'acqua favolosa.	
D'estate **andava** sempre in vacanza con la barca.	
Ha fatto anche delle gare.	
Insomma, **abbiamo preso** questa barca.	
Ma mentre **eravamo** in mare **si è alzato** un forte vento.	
Allora Pablo **si è alzato**, **ha chiamato** il cameriere e da lontano **ha messo** le mani a forma di pizza.	

Tempi verbali

1 un'azione finita ├──▶ _____

2 una situazione o un'abitudine del passato ···· ─── ···· *imperfetto*

3 due o più azioni passate che accadono una dopo l'altra ├─▶ ├─▶ _____ + _____

4 una situazione già iniziata interrotta da un'azione che accade dentro la situazione ···· ╱ ──── ···· _____ + _____

5 Parlare | I gesti italiani

Lavorate in gruppi di 4. Scegliete una situazione dalla lista e immaginate un dialogo tra due persone. Cercate di utilizzare il maggior numero possibile di gesti. Poi provate il dialogo: due di voi sono gli attori e gli altri due sono i doppiatori. Gli attori sono al centro della scena e recitano con i gesti (ma senza parlare), i doppiatori dicono le battute al posto dei compagni. Alla fine recitate il dialogo davanti alla classe.

al bar · in macchina · sull'autobus · a casa · in albergo · in un negozio · in strada · al ristorante

Il passato prossimo con i verbi modali

Osserva e completa la regola:

▶ *Non ho dovuto pensare a niente.*

▶ *Siamo dovuti tornare indietro.*

L'ausiliare dei verbi modali
☐ è l'ausiliare del verbo all'infinito.
☐ dipende dal soggetto.
☐ è sempre *essere*.
☐ è sempre *avere*.

6 Esercizio | Connettivi

Rimetti in ordine il testo, come nell'esempio.

Dopo un quarto d'ora,	
visto che ☐	
ma ☐	
Allora ☐	
Però 4	
appena ☐	
perché ☐	
fino a quando ☐	
La prossima volta, ☐	

1 abbiamo aspettato altri venti minuti senza risultato.

2 gli ho spiegato il significato del suo gesto.

3 ha visto il gesto, ha pensato a un insulto e si è arrabbiato moltissimo! Puoi bene immaginare a cosa ha pensato... Lo hanno dovuto bloccare in tre,

4 *il cameriere,*

5 le pizze non arrivavano, Pablo è andato a chiedere informazioni e il cameriere, con aria poco gentile, gli ha detto che erano quasi pronte. Pablo è tornato da me sotto l'ombrellone,

6 Pablo si è alzato, ha chiamato il cameriere e da lontano ha messo le mani a forma di pizza come per dire: "Le pizze? Sono pronte?"

7 prima di partire, dovrò fargli un corso sul linguaggio dei gesti.

8 voleva andare a picchiare Pablo! Una scena assurda... Il povero Pablo non ha capito

7 Parlare | Un episodio

Lavora con un compagno, scegliete una delle tre situazioni descritte nella mail e preparate una scenetta immaginando il dialogo tra i due personaggi.

1 Sabato siamo arrivati presto, ci siamo messi il costume e siamo andati subito in spiaggia (l'albergo era praticamente sul mare!). C'era un'acqua favolosa, così abbiamo fatto il bagno, anche se io non so nuotare. Per fortuna il mare era calmissimo, e poi c'era Pablo, non potevo tirarmi indietro.

2 Insomma, abbiamo preso questa barca, ma mentre eravamo in mare si è alzato un forte vento e perciò siamo dovuti tornare indietro. Che avventura! Fortunatamente non eravamo lontani dalla riva e dunque non è stato difficile. E comunque Pablo è stato davvero bravo.

3 Dopo un quarto d'ora, visto che le pizze non arrivavano, Pablo è andato a chiedere informazioni e il cameriere, con aria poco gentile, gli ha detto che erano quasi pronte. Pablo è tornato da me sotto l'ombrellone, ma abbiamo aspettato altri venti minuti senza risultato. Allora Pablo si è alzato, ha chiamato il cameriere e da lontano ha messo le mani a forma di pizza come per dire: "Le pizze? Sono pronte?" Però il cameriere, appena ha visto il gesto, ha pensato a un insulto e si è arrabbiato moltissimo!

Vai su *www.alma.tv*, cerca il video "L'imperfetto rovina-famiglie" nella rubrica Grammatica caffè e guarda la spiegazione di Roberto Tartaglione.

8 Scrivere | Una vacanza

Scrivi una mail a un amico e raccontagli una tua vacanza. Inserisci due, tre bugie piuttosto evidenti. Poi lavora con un compagno: a turno leggete la vostra mail, l'altro deve individuare le bugie.

unità 13 | un viaggio

Nell'indice qui sotto due parole sono state scambiate. Trova quali sono. Poi confronta con l'indice a pag. 109.

grammatica

- I verbi *sapere* e *addirittura*
- Il passato prossimo con i verbi modali
- I diversi usi di passato prossimo e imperfetto
- L'avverbio *conoscere*
- Gli avverbi in *-mente*
- I connettivi *però, appena, perché*, ecc.

1 Le esclamazioni

1a *Ascolta le frasi e inserisci le esclamazioni della lista* 📀 fonetica 16
nella giusta categoria, come negli esempi.

1. Accidenti!   2. Affari tuoi!   3. Forza!
4. Ma per favore!   5. *Occhio!*   6. *Però!*

Allarme	Aiuto! Attento! _Occhio!_
Sorpresa positiva	Caspita! _Però!_
Negazione	E no! Ma dai! Per carità! _____
Egoismo	Chi se ne frega! _____
Sorpresa negativa	Peccato! Porca miseria! _____
Esortazione	Dai! _____

1b *L'audio del dialogo è senza le esclamazioni evidenziate nella trascrizione.* 📀 fonetica 17
Ascolta e prova a dire le esclamazioni.

Silvia   L'accappatoio? Ma dai! Ce l'avranno in albergo, no?
Carla   Ah, questo non lo so...
Silvia   Ma certo! È un albergo a quattro stelle!
Carla   Forse hai ragione. Va be'... Via l'accappatoio.
Silvia   Piuttosto, portati gli occhiali da sole!
Carla   Oddio! Dove saranno? Ah, eccoli qua!
Silvia   Sei sempre la solita!
Carla   Senti, ma, che dici, l'ombrellone lo porto?
Silvia   L'ombrellone? Ma dai! Al limite vai in uno stabilimento!
Carla   No, guarda, io odio gli stabilimenti, con quei lettini tutti ammassati. Preferisco mettermi su uno scoglio. Piuttosto, devo trovare spazio per mettere questa, guarda!
Silvia   Cosa? Ma dove pensi di metterla?

1c *Ascolta l'audio completo e verifica.* 📀 fonetica 18

2 La negazione

Ascolta i dialoghi e indica cosa esprimono le negazioni evidenziate, 📀 fonetica 19
come nell'esempio. Infine confrontati con un compagno.

1. No, qui non c'è.
2. Ah, no, no, sta qui, in questo cassetto
3. Mah, no... Prendiamo il treno alle otto
4. No, guarda, io odio gli stabilimenti
5. Ma no... ma... almeno togli uno dei vestiti!
6. Tanto non starai mica per una settimana, no?

negazione che conferma

vera negazione

modulo sei | **arti**

nità 14   andiamo al cinema

nità 15   racconti d'autore

nità 16   a tempo di musica

comunicazione

Scegliere un film ▶ *In sala 1 ci sarebbe…*

Fare ipotesi ▶ *Se il film è già iniziato…*

Esprimere preferenze ▶ *Preferisco non entrare*

Esprimere e contrastare opinioni ▶ *Quest'ultimo libro era veramente illeggibile* ▶ *Io invece l'ho trovato bellissimo*

Cercare un compromesso ▶ *Comunque, visto che non ti va bene niente, allora proponi tu*

Convincere ▶ *Entriamo lo stesso, dai…*

Raccontare la trama di un romanzo e leggere un testo letterario

Indicare cosa è o non è possibile ▶ *Il loro sogno di stare insieme sembra realizzabile*

Interpretare e riscrivere il testo di una canzone

Parlare del proprio rapporto con la musica

Indicare una persona / una cosa indefinita ▶ *È arrivato qualcuno*

grammatica

La congiunzione *se*

L'avverbio *mica*

La forma tonica dei pronomi

La subordinazione

Gli aggettivi in *-bile*

Il prefisso di negazione *in-*

Le espressioni verbali *farsi avanti*, *portarsi dietro*, ecc.

I verbi con preposizione *cominciare*, *finire*, *continuare*, ecc.

Gli indefiniti *qualche*, *qualcuno*, *qualcosa*, *nessuno*

Il pronome relativo *cui*

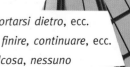

unità 14 | andiamo al cinema

comunicazione

Scegliere un film ▶ *In sala 1 ci sarebbe...*

Fare ipotesi ▶ *Se il film è già iniziato...*

Esprimere preferenze ▶ *Preferisco non entrare*

Esprimere e contrastare opinioni ▶ *Quest'ultimo libro era veramente illeggibile* ▶ *Io invece l'ho trovato bellissimo*

Cercare un compromesso ▶ *Comunque, visto che non ti va bene niente, allora proponi tu*

Convincere ▶ *Entriamo lo stesso, dai...*

grammatica

La congiunzione *se*

L'avverbio *mica*

? La forma tonica dei pronomi

1 Introduzione

ritenere - consider

1a Scrivi 4 film che ritieni molto importanti per te. Poi scrivi un numero da 6 a 10, *depending on how much you liked them* a seconda di quanto ti sono piaciuti.

1. Out of Africa (10)   2. West Side Story (7)
3. Pride & Prejudice (9)   4. Pretty Woman (8)

1b Parla dei film con un compagno.

> Quando hai visto questo film?

> Dove lo hai visto?

words to give your opinion

> Con chi?

> Ti è piaciuto?

> Perché?

West Side Story
Out of Africa ①
Paint Your Wagon
Pride & Prejudice
Sense & Sensibility
An Officer & a Gentleman
Pretty Woman
E7

2 Ascoltare | Andiamo al cinema

2a Ascolta il dialogo e indica quale film vanno a vedere i due amici. 31

   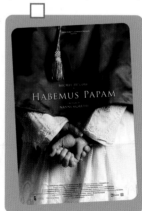 

Il cinema in Italia

I cinema in Italia sono oltre 2000 e 350 di questi sono multisala.

Le sale più moderne hanno solo la platea (posti in basso) mentre molti cinema più vecchi hanno anche la galleria (posti in alto).

Durante la settimana i biglietti costano meno, mentre sono più cari il sabato, la domenica e i giorni festivi.

La maggior parte dei film stranieri sono doppiati in italiano. Solo in alcune sale è possibile vedere la versione originale con i sottotitoli.

2b *Riascolta il dialogo e abbina i film alle sale.* 31

SALA 1 ---------------------

SALA 2 ---------------------

SALA 3 ---------------------

SALA 4 ---------------------

SALA 5 ---------------------

2c *E tu? Quale dei cinque film vedresti più volentieri? E perché? Parlane con un compagno.*

3 Analisi grammaticale | La congiunzione *se*

Ricostruisci le frasi estratte dal dialogo collegando la parte nella prima colonna con quella nella seconda colonna e aggiungendo la congiunzione se quando è necessario, come nell'esempio. Attenzione: in due casi non devi aggiungere la congiunzione se.

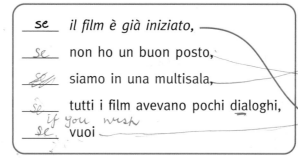

se	il film è già iniziato,	è proprio il suo stile.
se	non ho un buon posto,	qualcosa troveremo.
se	siamo in una multisala,	preferisco non entrare.
se	tutti i film avevano pochi dialoghi,	ti presto anche il libro.
se	vuoi	tu non entri.

4 Gioco | La catena del *se*

La classe si divide in due squadre. La prima squadra dice una frase ipotetica. L'altra squadra tira due dadi. Quindi deve fare una catena di frasi ipotetiche, pari al numero uscito dai dadi, come nell'esempio. Le frasi devono essere grammaticalmente corrette e devono avere un senso logico, altrimenti l'altra squadra può contestare. Se la squadra riesce a finire la catena prende un punto. Ogni volta che una squadra comincia una nuova catena si riprende dall'ultimo studente del turno precedente.

Esempio

SE HO FAME, MANGIO UN PIATTO DI PASTA

SE MANGIO UN PIATTO DI PASTA, SONO FELICE

SE SONO FELICE, LAVORO MEGLIO...

SE LAVORO MEGLIO, GUADAGNO PIÙ SOLDI.

5 **Analisi grammaticale** | Esprimere opinioni

5a *Ascolta e completa il testo in tutti gli spazi.* 32

lei   Lì c'è scritto che ci sono ancora sette posti...

lui   Sì, ma in prima fila, mi sono già informato. (Per me) la prima
      fila è troppo vicino.

lei   Ma che importa? Entriamo lo stesso, (dai)...

lui   Nooo... No! No! (Io) non entro. Devo stare al centro, né troppo
      lontano e né troppo vicino... Quindi se non ho un buon posto,
      preferisco non entrare.

lei   Mmhhh... come sei difficile!

lui   Eh, lo so, ma (te lo dico) quando vado al cinema voglio stare comodo,
      poi andare al cinema non è mica come guardare la televisione, scusa.
      (Io) per esempio devo entrare quando le luci sono ancora
      accese, devo avere il tempo di distaccarmi da tutto, di concentrarmi...

lei   Quindi se il film è già iniziato (tu) non entri.

lui   No, no, non entro. Comunque, (ti dirò)... (A me) Ammaniti
      come scrittore non è mai piaciuto, quest'ultimo libro poi era veramente
      illeggibile...

lei   E perché illeggibile? (Io) invece l'ho trovato
      bellissimo... Comunque dai, scegliamo un altro film...

lui   Non c'è molto, mi sembra.

lei   Ma che dici? Siamo in una multisala, qualcosa troveremo. Allora,
      in sala u... guarda, in sala 1 ci sarebbe questo con De Niro e la Bellucci.
      Dicono che è divertente.

lui   De Niro e la Bellucci? Ma sei impazzita? Ma neanche morto!

lei   (Secondo me) i primi due della serie erano molto divertenti!

lui   Beh... Senti, (evidentemente) abbiamo un'idea molto diversa di cinema.
      (Per me) un film non deve solo divertire, scusa...

lei   Mmhh... che noia che sei, andare al cinema (con te) è veramente
      impossibile! Va be', comunque, visto che non ti va bene niente, allora
      proponi (tu).

5b *Scegli a quali descrizioni si riferiscono il carattere di lui e quello di lei.*

☐ Lui   ☐ Lei   cerca un compromesso e invita l'altra persona a cambiare
                idea o a decidere qualcosa.

☐ Lui   ☐ Lei   è una persona rigida e sottolinea continuamente la propria
                inflessibilità.

L'avverbio *mica*

Osserva:

▶ *Andare al cinema <u>non</u> è mica come guardare la televisione.*

L'avverbio mica è molto usato nella lingua parlata per sottolineare una negazione.

Di solito la costruzione è: <u>non</u> + *verbo* + mica.

Forma tonica dei pronomi

Osserva:
▶ *Andare al cinema con te è veramente impossibile.*

Quando seguono una preposizione, i pronomi si chiamano tonici (forma tonica), e sono:

pronome soggetto	forma tonica
io	me
tu	te

Per tutte le altre persone la forma tonica è uguale al pronome soggetto (lui / lei, noi, voi, loro).

5c *Lei e lui usano delle espressioni che aiutano a mettere in evidenza il loro carattere. Indica, in ogni lista, le tre espressioni che hanno questa funzione. Se necessario riguarda le espressioni che hai scritto negli spazi _____ nel testo del punto* **a**.

Lei cerca un compromesso e invita l'altra persona a cambiare idea o a decidere qualcosa. Per questo usa...

☑ dai   ☑ invece   ☐ comunque dai   ☐ va be', comunque

Lui è una persona rigida e sottolinea continuamente la propria inflessibilità. Per questo usa...

☐ quindi   ☐ te lo dico subito   ☐ ti dirò   ☐ evidentemente

5d *Guarda i pronomi e le espressioni con pronome che hai scritto al punto* **a** *negli spazi ( ) e rispondi alla domanda.*

Perché in questo testo ci sono tanti pronomi soggetto ed espressioni con pronome?
☐ a. Si deve sempre mettere il soggetto prima del verbo.
☐ b. Dire il soggetto aiuta a rendere più amichevole la conversazione.
☐ c. Quando c'è un contrasto e si sottolinea la propria opinione è normale mettere enfasi sui soggetti.

6 Gioco | Evidentemente...

6a *Gli studenti "dettano" all'insegnante una serie di situazioni in cui due persone possono essere in disaccordo. L'insegnante scrive le situazioni alla lavagna.*

6b *Gli studenti si dividono in gruppi di quattro. In ogni gruppo ci sono due coppie. A turno, ogni coppia deve improvvisare un dialogo (durata: 1 minuto e mezzo) tra due persone su una situazione scelta dall'altra coppia, usando il maggior numero possibile di espressioni della lista. La coppia avversaria deve controllare se le espressioni sono usate in modo adeguato. Vince la coppia che alla fine del gioco avrà usato più espressioni nel modo corretto.*

espressioni		
☐ comunque dai	☐ dai	☐ invece
☐ va be', comunque	☐ evidentemente	☐ quindi
☐ te lo dico subito	☐ ti dirò	☐ per me
☐ secondo me	☐ con te	☐ tu

7 **Scrivere** | Stasera...

*Ricordi il dialogo del punto **2**? Immagina di essere uno dei due personaggi.*
Hai visto il film "La solitudine dei numeri primi" e poi... immagina cosa
è successo e scrivi il tuo diario raccontando la serata appena trascorsa.

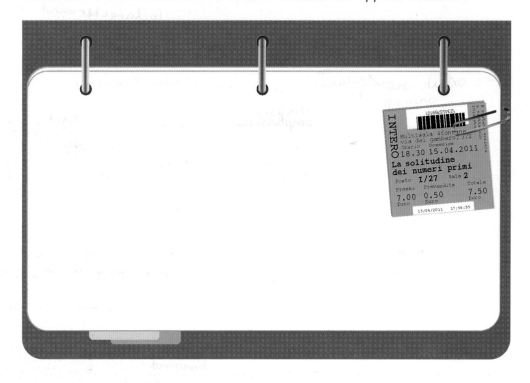

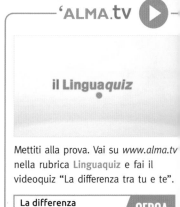

'ALMA.tv

il Lingua*quiz*

Mettiti alla prova. Vai su *www.alma.tv*
nella rubrica **Linguaquiz** e fai il
videoquiz "La differenza tra tu e te".

| La differenza tra tu e te | **CERCA** |

---

unità **14** | andiamo al cinema

Segna con una ☒ le cose che hai studiato. Poi confronta con l'indice a
pag. 118. Attenzione: c'è un contenuto in più. Il contenuto "intruso" della
lista sarà presentato nell'unità 15.

comunicazione

☐ Scegliere un film ▸ *In sala 1 ci sarebbe...*

☐ Fare ipotesi ▸ *Se il film è già iniziato...*

☐ Esprimere preferenze ▸ *Preferisco non entrare*

☐ Esprimere e contrastare opinioni ▸ *Quest'ultimo libro era veramente*
illeggibile ▸ *Io invece l'ho trovato bellissimo*

☐ Cercare un compromesso ▸ *Comunque, visto che non ti va bene niente,*
allora proponi tu

☐ Convincere ▸ *Entriamo lo stesso, dai...*

grammatica

☐ La congiunzione *se*

☐ Gli aggettivi in *-bile*

☐ L'avverbio *mica*

☐ La forma tonica dei pronomi

comunicazione

Leggere e raccontare la trama di un romanzo

Leggere un testo letterario

Indicare cosa è o non è possibile ▶ *Il loro sogno di stare insieme sembra realizzabile*

grammatica

La subordinazione

Le espressioni verbali *farsi avanti*, *portarsi dietro*, ecc.

Gli aggettivi in *-bile*

Il prefisso di negazione *in-*

unità 15 | racconti d'autore

1   Leggere | La solitudine dei numeri primi

1a   *Leggi la trama del romanzo "La solitudine dei numeri primi". Attenzione, manca il nome di uno dei due personaggi: secondo te è maschile o femminile?*

In matematica si chiamano numeri primi i numeri indivisibili, cioè i numeri che non si possono dividere in modo esatto. Sono numeri solitari e incomprensibili agli altri.

_____ e Mattia sono tutti e due "primi". Tutti e due da bambini hanno vissuto una tragedia che li ha segnati per sempre: un incidente sugli sci per _____, che le ha causato un grave problema a una gamba, la morte della sorella gemella per Mattia.

Quando, da adolescenti, s'incontrano nei corridoi della scuola, ognuno riconosce il proprio dolore nell'altro.

Negli anni successivi, i due costruiscono un'amicizia speciale, fino a quando Mattia decide di accettare un posto di lavoro fuori dall'Italia.

I due si separano per molto tempo ma dopo alcuni anni si ritroveranno.

Per un momento il loro sogno di stare insieme sembra realizzabile, ma alla fine ognuno tornerà nella propria solitudine.

paolo giordano
la solitudine dei numeri primi
romanzo

MONDADORI

1b *Leggi l'inizio di 3 famosi romanzi italiani da cui è stato tratto un film. Quale dei 3 corrisponde a "La solitudine dei numeri primi"?*

1

Stavo per superare Salvatore quando ho sentito mia sorella che urlava.
Mi sono girato e l'ho vista sparire inghiottita dal grano che copriva la collina. Non dovevo portarmela dietro, mamma me l'avrebbe fatta pagare cara. Mi sono fermato. Ero sudato.
Ho preso fiato e l'ho chiamata.
– Maria? Maria?
Mi ha risposto una vocina sofferente.
– Michele!
– Ti sei fatta male?
– Sì, vieni.
– Dove ti sei fatta male?
– Alla gamba.
Faceva finta, era stanca. Vado avanti, mi sono detto.

2

– Là! – dico. Abbiamo appena fatto surf, io e Carlo.
Surf: come vent'anni fa.
Ci siamo fatti prestare le tavole da due pischelli e ci siamo buttati tra le onde alte, lunghe, così insolite nel Tirreno che ha bagnato tutta la nostra vita.
Carlo più aggressivo e spericolato, ululante, tatuato, obsoleto, col capello lungo al vento e l'orecchino che sbriluccicava al sole; io più prudente e stilista, più diligente e controllato, più mimetizzato, come sempre...

3

Alice Della Rocca odiava la scuola di sci. Odiava la sveglia alle sette e mezzo del mattino anche nelle vacanze di Natale e suo padre che a colazione la fissava e sotto il tavolo faceva ballare la gamba nervosamente, come a dire su, sbrigati. Odiava la calzamaglia di lana che la pungeva sulle cosce, le moffole che non le lasciavano muovere le dita, il casco che le schiacciava le guance e puntava con il ferro sulla mandibola e poi quegli scarponi, sempre troppo stretti, che la facevano camminare come un gorilla.
"Allora, lo bevi o no questo latte?" – la incalzò di nuovo suo padre.

1c *Ora completa il testo del punto **a** con il nome del personaggio mancante.*

2 Parlare | Un libro interessante

Lavora in un gruppo di 3-4 studenti. Ogni studente sceglie, senza dirlo agli altri, un romanzo famoso. A turno ognuno descrive la trama, immaginando di essere il protagonista e parlando in prima persona, come nell'esempio. Gli altri devono indovinare il titolo del libro.

3 Esercizio | Ricostruzione del testo

3a *Leggi il testo qui sotto.*

> suo padre a colazione la fissava come a dire su, sbrigati.

3b *Ora riscrivi il testo del punto* **a** *inserendo anche il testo* evidenziato *. Fai attenzione alla punteggiatura.*

e sotto il tavolo faceva ballare la gamba nervosamente,

3c *Riscrivi tutto il testo inserendo anche le due espressioni* evidenziate *.*

odiava   che

3d *Riscrivi tutto il testo inserendo anche questa parte.*

la sveglia alle sette e mezzo del mattino anche nelle vacanze di Natale e

3e *Osserva il testo ricomposto.*

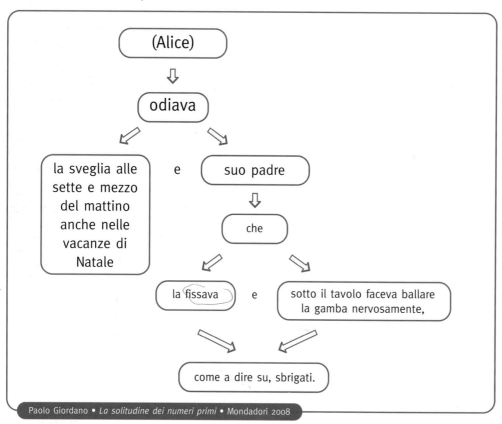

Paolo Giordano • *La solitudine dei numeri primi* • Mondadori 2008

4 Gioco | Lo schema

Si formano delle squadre. L'insegnante copia alla lavagna il primo schema.
A turno, uno studente per squadra va alla lavagna e cerca di inserire al posto
giusto un elemento della lista. Se è giusto la sua squadra prende un punto.
Si continua fino a completare tutti gli schemi. Vince la squadra che ottiene
più punti.

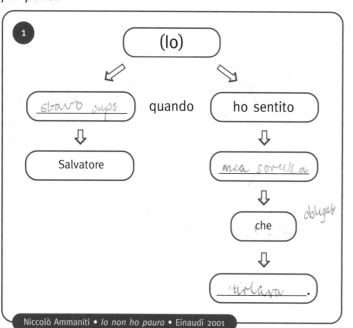

Niccolò Ammaniti • *Io non ho paura* • Einaudi 2001

così (handwritten top) *tavolo tavola* (handwritten top)

2

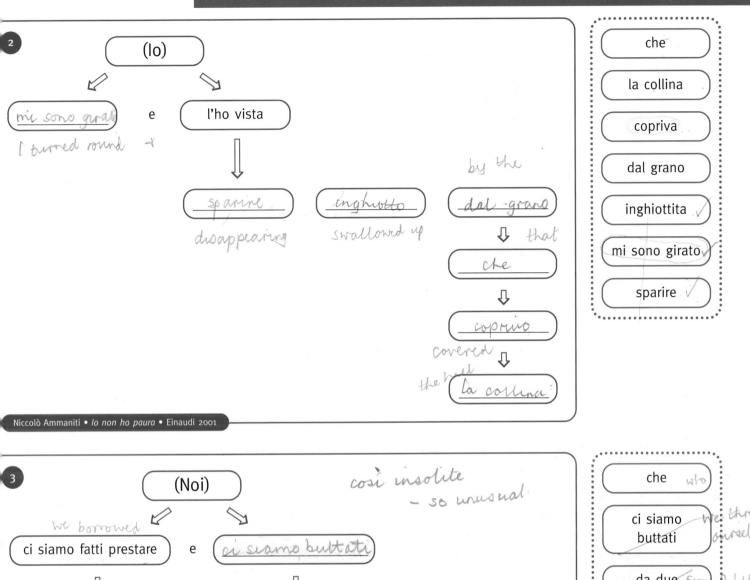

(Io)

mi sono girata   e   l'ho vista

I turned round & (handwritten)

sparire   inghiotto   dal grano

disappearing (handwritten)   *swallowed up* (handwritten)   *by the* (handwritten)

che   *that* (handwritten)

copriva   *covered the hill* (handwritten)

la collina

Word bank:
- che
- la collina
- copriva
- dal grano
- inghiottita ✓
- mi sono girato ✓
- sparire ✓

Niccolò Ammaniti • *Io non ho paura* • Einaudi 2001

3

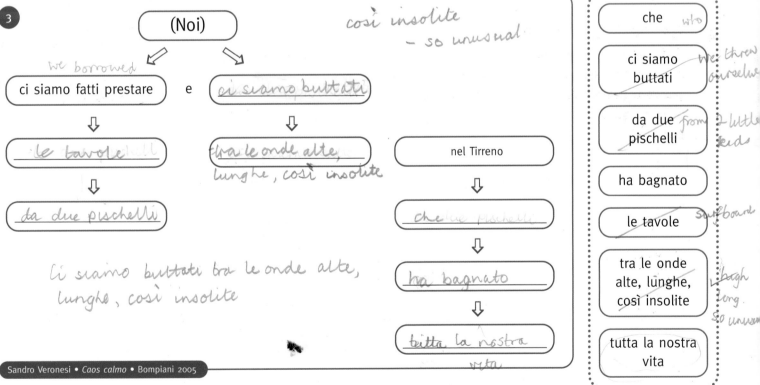

(Noi)

we borrowed (handwritten)

ci siamo fatti prestare   e   ci siamo buttati

così insolite – so unusual (handwritten)

le tavole   tra le onde alte, lunghe, così insolite   nel Tirreno

da due pischelli   che (che le pischelli)

ha bagnato

tutta la nostra vita

Ci siamo buttati tra le onde alte, lunghe, così insolite (handwritten)

Word bank:
- che *who* (handwritten)
- ci siamo buttati *we threw ourselves* (handwritten)
- da due pischelli *from 2 little kids* (handwritten)
- ha bagnato
- le tavole *surfboard* (handwritten)
- tra le onde alte, lunghe, così insolite *high long so unusual* (handwritten)
- tutta la nostra vita

between the waves, (handwritten)

Sandro Veronesi • *Caos calmo* • Bompiani 2005

5 Analisi lessicale | Espressioni verbali

Ricostruisci le espressioni e collegale al significato corretto, come nell'esempio.

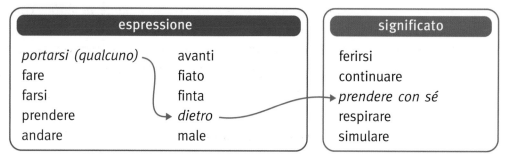

espressione		significato
portarsi (qualcuno)	avanti	ferirsi
fare	fiato	continuare
farsi	finta	*prendere con sé*
prendere	*dietro*	respirare
andare	male	simulare

6 Gioco | Che significa?

6a *Si formano 3 squadre. L'insegnante assegna a ogni squadra uno dei 3 testi del punto* **1b**. *All'interno di ogni squadra gli studenti si confrontano sul significato delle parole del testo e cercano di individuare dei sinonimi.*

6b *Gli studenti possono usare il dizionario per cercare il significato delle parole che non sono riusciti a spiegare. Hanno 5 minuti di tempo.*

6c *Ogni squadra prepara delle domande sul significato delle parole del suo testo. Per esempio: Nel testo* **1** *c'è una parola che significa "gridare". Qual è?*

6d *Inizia la gara. A turno, ogni squadra fa una domanda alle altre due squadre sul significato di una parola del suo testo. La squadra che risponde per prima guadagna un punto. Se la risposta è sbagliata, può rispondere l'altra squadra. Vince la squadra che alla fine del gioco ha dato più risposte corrette.*

7 Analisi grammaticale | Gli aggettivi in -*bile*

Guarda le tre parole evidenziate nel testo. Secondo te cosa significano?

In matematica si chiamano numeri primi i numeri **indivisibili**, cioè i numeri che non si possono dividere in modo esatto. Sono numeri solitari e **incomprensibili** agli altri. Alice e Mattia sono tutti e due "primi". [...]
Per un momento il loro sogno di stare insieme sembra **realizzabile**,
ma alla fine ognuno tornerà nella propria solitudine.

indivisibili	☐ che si possono dividere	☑ che non si possono dividere
incomprensibili	☐ che si possono comprendere	☑ che non si possono comprendere
realizzabile	☑ che si può realizzare	☐ che non si può realizzare

Gli aggettivi in *-bile*

Osserva:

affid**are** → affid**abile**
inaffid**abile**

cred**ere** → cred**ibile**
incred**ibile**

guar**ire** → guar**ibile**
inguar**ibile**
incurable

ffidare.

'ALMA.tv

Niccolò Ammaniti
Io non ho paura

"Io non ho paura" di Niccolò Ammaniti è una storia raccontata da un bambino, ma non è una favola. Vai su *www.alma.tv*, cerca il video "Io non ho paura" nella rubrica **L'osteria del libro italiano** e guarda la spiegazione del romanzo di Noemi Cuffia.

Io non ho paura | **CERCA**

---

8 Gioco | Inaffidabile

Gioca con un compagno. A turno, ognuno sceglie una casella e forma una frase con il nome e l'aggettivo in -bile corrispondente al verbo, come nell'esempio. Se la frase è logica e corretta, lo studente occupa la casella. Vince chi per primo riesce a occupare 4 caselle in fila (in orizzontale, verticale o diagonale) o chi alla fine del gioco ha occupato più caselle.

> ✏ **Esempio**   *to trust*   *trustwor*
>
> persona / affidare / sì   Per il posto di segretaria cerchiamo una persona molto affidabile.
> esperienza / credere / no   Attraversare il deserto del Sahara è un'esperienza incredibile.

conseguenze immaginare ✓ no *abile*	✓ libro trovare *trova* no	divano lavare *lavabu* sì	film guardare ✓ *gua* no
caldo sopportare *abile* no	prodotto vendere sì	comportamento giustificare no	biglietto utilizzare ✓ sì *utilizzabile*
tempo variare *variable* sì	prezzo accettare *accettab* sì	canzone ascoltare no	studente giudicare *giudicab* no
città vivere *vivibile* sì	persona sostituire *ibile* s no *replaccable*	fenomeno spiegare *spiegsib* sì	squadra vincere *vincibile* ? no

9 Scrivere | In poche parole

*Rileggi al punto **7** la trama del romanzo "La solitudine dei numeri primi" e riscrivila usando da un minimo di 20 a un massimo di 30 parole.*

---

unità **15** | racconti d'autore

Cosa hai studiato di grammatica in questa unità? Completa i contenuti di grammatica con le parole di destra. Poi confronta con l'indice a pag. 123.

grammatica

La subordinazione

Le espressioni verbali, _____, *portarsi dietro*, ecc.

Gli aggettivi in _____

Il prefisso di negazione _____

(*-bile*)

(*farsi avanti*)

(*in-*)

unità **16** | a tempo di musica

comunicazione

Interpretare il testo di una canzone

Parlare del proprio rapporto con la musica

Riscrivere il testo di una canzone

Indicare una quantità / una persona / una cosa indefinita
▶ *È arrivato qualcuno*

Indicare un'assenza / una mancanza indefinita
▶ *All'appuntamento non arriva nessuno*

grammatica

I verbi con preposizione *cominciare, finire, continuare*, ecc.

Gli indefiniti *qualche, qualcuno, qualcosa, nessuno*

Il pronome relativo *cui*

1   Introduzione

Racconta un sogno a un compagno.

2   Ascoltare | Un quadro in musica

 33

La canzone che stai per ascoltare è stata ispirata da una coppia di quadri. Ascoltala e indica, secondo te, quali sono.

☐ Henry Matisse

☐ Giorgio de Chirico

☐ Marc Chagall

☐ Vincent van Gogh

Cominciare a...
Finire di...

Osserva:
▶ *E incominciavo a volare nel cielo infinito...*

Alcuni verbi si usano generalmente insieme ad una preposizione.

Cominciare a...
Incominciare a...
Iniziare a...
Continuare a...
Finire di...

3 Leggere | Volare

Leggi il testo della canzone e sottolinea le frasi che hanno il significato più simile ai quadri. Poi confrontati con un compagno.

NEL BLU DIPINTO DI BLU (VOLARE)

1 Penso che un sogno così non ritorni mai più
mi dipingevo le mani e la faccia di blu
poi d'improvviso venivo dal vento rapito
e incominciavo a volare nel cielo infinito

5 Volare oh, oh, cantare oh, oh
nel blu dipinto di blu felice di stare lassù
e volavo, volavo felice più in alto del sole
ed ancora più su
10 mentre il mondo pian piano spariva lontano laggiù
una musica dolce suonava soltanto per me

Volare oh, oh, cantare oh, oh
nel blu dipinto di blu felice di stare lassù
15 ma tutti i sogni nell'alba svaniscon perché
quando tramonta la luna li porta con sé
ma io continuo a sognare negli occhi tuoi belli
che sono blu come un cielo trapunto di stelle

20 Volare oh, oh, cantare oh, oh
nel blu degli occhi tuoi blu felice di stare quaggiù
e continuo a volare felice più in alto del sole
ed ancora più su
mentre il mondo pian piano scompare negli occhi tuoi blu
25 la tua voce è una musica dolce che suona per me

Volare oh, oh, cantare oh, oh
nel blu degli occhi tuoi blu felice di stare quaggiù
nel blu degli occhi tuoi blu felice di stare quaggiù
30 con te

1958 Domenico Modugno • Franco Migliacci

4 Gioco | I contrari

La classe si divide in due squadre. Ogni squadra cerca nel testo della canzone il maggior numero possibile di parole che hanno un contrario (ad esempio sogno / realtà; mai / sempre). Poi a turno, uno studente di una squadra chiede un contrario ad uno studente dell'altra squadra. Ogni volta che uno studente non indovina o sbaglia un contrario, la squadra che ha fatto la domanda prende un punto. Vince la squadra che, alla fine delle domande, ha più punti.

✎ Esempio
■ Qual è il contrario di "sogno" alla riga 1?   ● Realtà.

5 Cantare | Volare

🔴 33

La classe si divide in due o più squadre.
A turno, ogni squadra canta la canzone Volare
mentre ascolta la traccia. A un certo punto l'insegnante
abbassa il volume per poi rialzarlo qualche battuta dopo.
Gli studenti devono continuare a cantare.
Vince la squadra che riesce a tenere meglio il tempo.

6 Parlare | Io e la musica

6a *Questa è una linea del tempo. Il punto d'inizio indica quando sei nato.*
Scrivi sulla linea alcuni eventi significativi sul tema "io e la musica":
canzoni e cantanti per te importanti, concerti, strumenti che hai suonato, ecc.

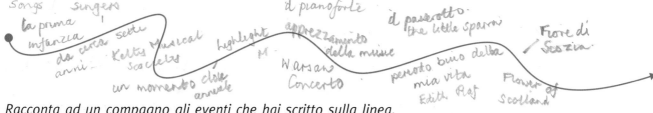

6b *Racconta ad un compagno gli eventi che hai scritto sulla linea.*

7 Leggere | Domenico Modugno

Leggi il testo a sinistra e inserisci negli spazi le cinque citazioni di destra.

Domenico Modugno (1928-1994) oggi è considerato uno dei padri della canzone italiana moderna.

Raggiunge il successo nel 1958, quando vince il Festival di Sanremo con il brano *Nel blu dipinto di blu*, meglio conosciuto come *Volare*.

La canzone nasce sei mesi prima su musica di Modugno e parole di Franco Migliacci, un ragazzo che disegna storie per bambini, spesso ispirate a canzoni famose. Un giorno Modugno gli chiede: "_____".

È questa la scintilla da cui nasce la canzone più conosciuta della musica italiana. Lo stesso Migliacci racconta così l'idea del testo: "_____".

La notte stessa Franco e Domenico si incontrano a Piazza del Popolo. "_____" – premette Franco – ma Modugno, impaziente, gli strappa dalle mani quel pezzo di carta, lo legge e subito commenta: "_____".

La canzone diventa in breve tempo un successo internazionale. Il cantante stesso ricorda il momento in cui è nato lo straordinario successo negli Stati Uniti: "_____".

1 In una stazione radio del Michigan o dell'Indiana è arrivato qualcuno con il mio disco e lo ha mandato in onda: il giorno dopo ci sono state duemila telefonate di gente che voleva risentirlo. Lo hanno rimandato in onda il giorno dopo altre duemila telefonate. L'exploit di *Volare* è nato così.

2 Mi è venuta un'idea per una canzone... ma guarda che non è un'idea normale... per una canzone normale.

3 Mi piace come disegni le mie canzoni. Perché in cambio non mi dai qualche idea per una canzone nuova?

4 Sarà un successo pazzesco! Dai, mettiamoci subito a lavorare!

5 Un giorno volevamo andare al mare insieme con la sua macchina. Io arrivo puntuale, aspetto diverso tempo ma all'appuntamento non arriva nessuno. Deluso, torno a casa e decido di comprarmi una bottiglia di Chianti per sbronzarmi. Mi addormento e al risveglio, ancora mezzo addormentato, guardo due poster di Chagall attaccati alla parete. Prendo carta e penna e butto giù un'idea.

8 Analisi lessicale | Gli indefiniti

Guarda le frasi estratte dal testo e inserisci negli spazi le parole evidenziate.

Perché in cambio non mi dai qualche idea per una canzone nuova?

Aspetto diverso tempo ma all'appuntamento non arriva nessuno.

In una stazione radio del Michigan o dell'Indiana è arrivato qualcuno con il mio disco e lo ha mandato in onda.

1. Indica una quantità indefinita   _____
2. Indica una persona indefinita   _____
3. Indica una cosa indefinita   qualcosa
4. Indica una mancanza/assenza indefinita   _____

9 Analisi grammaticale | Il pronome relativo *cui*

9a *Inserisci le espressioni della terza colonna nelle frasi della seconda colonna. Aiutati con il significato delle frasi nella prima colonna. Poi confronta con le frasi originali contenute nel testo del punto* **7**.

È questa la scintilla + la canzone più conosciuta della musica italiana nasce dalla scintilla.	È questa _____ _____ _____ più conosciuta della musica italiana.	da cui / la canzone / la scintilla / nasce
Il cantante stesso ricorda il momento + lo straordinario successo negli Stati Uniti è nato nel momento.	Il cantante stesso ricorda _____ _____ _____ negli Stati Uniti.	è nato / il momento / in cui / lo straordinario successo

9b *Completa la regola sul pronome relativo* cui.

Si usa cui quando il pronome relativo deve andare dopo:
- ☐ un verbo al presente
- ☐ una preposizione semplice
- ☐ un articolo determinativo

9C *Ricostruisci la citazione usando il pronome relativo* cui *(con preposizione),
poi confrontati con un compagno.*

> Domenico Modugno
> è un uomo

\+

> la musica italiana
> deve molto all'uomo.

Renzo Arbore
(musicista)

10 Gioco | Qualcuno di cui

*La classe si divide in due o più squadre. L'insegnante ha un sacchetto in cui
sono contenuti dei bigliettini con scritti alcuni pronomi relativi (in cui, a cui,
che, ecc.)*. Ogni squadra decide ogni volta quanti pronomi relativi chiedere
all'insegnante (1 o 2). L'insegnante estrae casualmente i bigliettini e
li consegna alle squadre. Le due squadre hanno 3 minuti di tempo per
formare una frase che comprenda i pronomi relativi ricevuti e un indefinito
a scelta della lista. Alla fine dei 3 minuti uno studente per squadra
scrive la sua frase alla lavagna. Se la frase è corretta
(e contiene i pronomi relativi ricevuti e l'indefinito),
la squadra guadagna 5 punti per ogni pronome relativo
e altri 5 per l'indefinito inseriti. Se la frase è scorretta
non guadagna punti. Vince la squadra che arriva
per prima a 40 punti.*

> qualche
>
> nessuno
>
> qualcuno
>
> qualcosa

🖉 **Esempio**

In cui + qualche

▸ *Conosci qualche libro in cui si parla della musica italiana?*

---

* Nota per l'insegnante: la lista delle parole ritagliabili è a pag. 143.

11 Esercizio | Mangiare

*Ricordi la canzone originale? Leggi il nuovo testo e sottolinea
le parole uguali all'originale. Poi confrontati con un compagno.
Infine ascolta la canzone e verifica.*

UN PIATTO DI PASTA AL RAGÙ (MANGIARE)

Spero che un sogno così non ritorni mai più
mi preparavo a mangiare una pasta al ragù
poi d'improvviso la pasta era bianca e scondita
ma incominciavo a mangiarla: tristezza infinita!

Mangiare, oh oh, da solo, oh oh
un piatto di pasta al ragù,
scondita, non la voglio più!
E mangiavo infelice la pasta
che senza sapore andava giù
e qualcuno spariva lontano, e purtroppo eri tu.

Una volta facevi la pasta soltanto per me!

Pranzare, oh oh, cenare oh oh
vorrei la pasta al ragù,
ma ora non me la fai più.

Ma tutti i sogni nell'alba resiston perché
quando tramonta la luna restan lì con te.
E io continuo a sognare i tuoi piatti di pasta
che mi facevi una volta… e la voglia è rimasta.

Mangiare, oh oh, da solo, oh oh
un piatto di pasta al ragù, scondita, che voglio di più?

E continuo a mangiare infelice la pasta scondita
ed ancora di più
e qualcuno rimane lontano, e sei sempre tu.

Una volta facevi la pasta soltanto per me!

Pranzare, oh oh, cenare oh oh
nel blu degli occhi tuoi blu
un piatto di pasta al ragù
nel blu degli occhi tuoi blu
un piatto di pasta al ragù
per me.

12 Scrivere | Canzone d'autore

*Lavora in coppia con un compagno. Ora scrivete voi una nuova
versione e cantatela sulla base musicale.*

unità 16 | a tempo di musica

Cosa hai studiato di grammatica in questa unità? Completa gli spazi.
Poi confronta l'indice a pag. 130.

grammatica

I verbi con preposizione _____, *continuare*, *finire*, ecc.
Gli indefiniti *qualche*, _____, *qualcosa*, *nessuno*
Il pronome relativo _____

1 Futuro o condizionale

Ascolta e scegli il verbo giusto. 📀 fonetica 20

1. Non (partiremo / partiremmo) prima delle undici.
2. Per finire in tempo, (dovremo / dovremmo) lavorare anche il sabato.
3. (Andremo / Andremmo) anche in treno o solo con la macchina?
4. (Potremo / Potremmo) andare al cinema.
5. Quanti (saremo / saremmo)?
6. (Vorremo / Vorremmo) mangiare qualcosa.
7. In questo caso non (verremo / verremmo), mi dispiace.
8. Non ci (torneremo / torneremmo) più.

2 Dislocazione e enfasi

2a *Ascolta la frase e guarda la trascrizione: le sillabe con l'accento più forte sono <u>sottolineate</u>.* 📀 fonetica 21

> Faccio prima il si<u>gno</u>re e poi servo <u>Lei</u>, va <u>be</u>ne?

2b *Ora prova a <u>sottolineare</u> le sillabe con l'accento più forte anche nelle altre frasi.* 📀 fonetica 22
Guarda ogni volta quante sillabe devi <u>sottolineare</u>.

1. A Paolo gli scrivo dopo. (2)
2. Senta, le uova ce le ha? (3)
3. A me Ammaniti come scrittore non è mai piaciuto. (3)
4. Gli telefoni tu a Rocco? (2)
5. L'ultimo film di Moretti l'hai visto? (2)
6. Quel libro non l'ho letto. (2)
7. Io al cinema con Luca non ci vado. (4)
8. Non la mangi la carne? (2)

2c *Leggi e pronuncia le frasi. Fai attenzione alle sillabe con l'accento più forte.*

1. A che ora lo <u>ve</u>di <u>Ma</u>uro?
2. <u>Tu</u> i tortel<u>li</u>ni li <u>fai</u> con il <u>po</u>llo?
3. Per <u>me</u> è meglio an<u>da</u>re all'ultimo spet<u>ta</u>colo.
4. Dove l'hai parcheg<u>gia</u>ta la <u>mac</u>china?
5. Il <u>pa</u>ne non l'ho <u>pre</u>so.
6. Evidente<u>men</u>te abbiamo dei gusti di<u>ver</u>si io e <u>te</u>.
7. Li hai fatti <u>tu</u> i bigli<u>et</u>ti?
8. Cosa è meglio <u>fa</u>re secondo <u>voi</u>?

2d *Ascolta le frasi e verifica.* 📀 fonetica 23

8 Parlare | Iscrizione ad una scuola di lingue

Lista caratteristiche: hai la tosse, non senti bene, hai un tic nervoso, hai un forte raffreddore, parli con voce molto bassa, sei balbuziente, parli contemporaneamente con più persone, ridi continuamente, parli e mangi nello stesso momento, hai molto sonno.

8 Gioco | Preparativi per il matrimonio

Studente B

Lavora con un compagno. A turno costruisci oralmente la domanda della prima colonna, ascolta la risposta del compagno e controlla la grammatica, come nell'esempio. Poi ascolta la domanda del compagno, controlla la grammatica e rispondi con gli elementi della seconda colonna.
Per ogni domanda e per ogni risposta corretta si guadagna un punto. Vince lo studente che alla fine ha totalizzato più punti.

🖉 **Esempio**

Domanda
Tu / prendere / fiori
▪ (Tu) **Hai preso i fiori?**

Risposta
No / Luisa
• No, li ha presi Luisa.

domanda	risposta
1.	No / Paolo ✓
2. Tu / ordinare / bouquet	
3.	No / io ✓
4. Tuo padre / pagare / ristorante	
5.	No / mio fratello
6. I tuoi genitori / comprare / vestito	
7.	Sì
8. Tuo fratello / invitare / sua moglie	
9.	Sì
10. Tu e tua sorella / chiamare / fotografo	
11.	No / mio fratello
12. Tu / fare / lista di nozze	

3b Analisi grammaticale | I superlativi

Studente A

A turno, uno dei due studenti prova a indovinare una delle forme mancanti nella sua tabella e l'altro verifica nella sua tabella se è giusto, come nell'esempio. In caso di risposta giusta, lo studente che ha indovinato scrive la forma nella riga. Vince chi per primo completa la sua tabella.

🖉 **Esempio**

Studente A
Numero 1: l'aggettivo è XXX...
Studente B
Sì, giusto / No, sbagliato

	aggettivo	superlativo relativo	superlativo assoluto
1	_____	il più importante	importantissimo
2	dolce	_____	dolcissima
3	antiche	le più antiche	antichissime
4	vicina	la più vicina	vicinissima
5	_____	la più conosciuta	conosciutissima
6	bella	la più bella	_____
7	particolare	la più particolare	particolarissima
8	buona	la più buona	buonissima
9	famose	le più famose	famosissime

3b Analisi grammaticale | I superlativi

aggettivo	superlativo relativo	superlativo assoluto
1 importante	il più importante	importantissimo
2 dolce	la più dolce	dolcissima
3 _____	le più antiche	antichissime
4 vicina	la più vicina	_____
5 **conosciuta**	la più conosciuta	conosciutissima
6 bella	la più bella	**bellissima**
7 _____	la più particolare	particolarissima
8 buona	la più buona	buonissima
9 famose	_____	famosissime

* **Studente B**
A turno, uno dei due studenti prov[a]
a indovinare una delle forme
mancanti nella sua tabella e l'altro
verifica nella sua tabella se è giust[o]
come nell'esempio. In caso di
risposta giusta, lo studente che
ha indovinato scrive la forma nella
riga. Vince chi per primo completa
la sua tabella.

✏ **Esempio**

Studente A
  Numero 1: l'aggettivo è XXX...
Studente B *You are wrong*
  Sì, giusto / No, sbagliato

sbagliato

2 Gioco | Cosa hai ordinato?

Antipasto della casa

Primi di carne e verdure
Tagliolini in brodo con scaglie di pollo
Ravioli ricotta e spinaci
Fettuccine al ragù
Lasagne   *sbagliato That's wrong*

Secondi di carne e verdure
Polpette al sugo

Arrosto di tacchino   *Esatto*

Contorni
Patate arrosto

Insalata mista

Dolci   *Esatto*
Torta al cioccolato

Gelato

uno primo

Primi di pesce   *Primo*
Zuppa di pesce
Linguine allo scoglio

Penne salmone e vodka
Spaghetti alle vongole

Secondi di pesce
Frittura di calamari e gamberi

Grigliata di pesce

Ristorante Mare Monti

* **Studente B**
Segui l'esempio e chiedi allo
Studente A cosa ha ordinato.
Ascolta la risposta e prova ad
indovinare in che portata deve
essere inserito il piatto.
Se è giusto scrivilo nello spazio,
come nell'esempio. Poi rispondi
alla domanda dello **Studente A**.
Devi scegliere una delle portate
evidenziate. Vince chi completa
per primo il menu.

✏ **Esempio**

Studente B
  Cosa hai ordinato?
Studente A
  I ravioli ricotta e spinaci.
Studente B
  È un primo di carne e verdure.
  / È un secondo di pesce.
Studente A
  Esatto. / No, sbagliato.

3 **Esercizio** | Quanto ne faccio?

Studente B

vora in coppia con un compagno.
turno, uno di voi due è il cliente
l'altro è il negoziante.
guite l'esempio.

🖉 **Esempio**

cliente	negoziante
del prosciutto (1 etto e mezzo)	+ 10 grammi
uova (4)	confezioni da 6
(6) / (4)	

cliente   Vorrei del prosciutto.

negoziante   Quanto ne faccio?

cliente   Un etto e mezzo, grazie.

negoziante   Ecco qua, 160 grammi.
È troppo?

cliente   No, va bene così. Senta, le uova ce le ha?

negoziante   Certo. Quante ne vuole?

cliente   4.

negoziante   Abbiamo solo confezioni da 6, ne tolgo 2?

cliente   (6) No, no, le prendo tutte, non c'è problema. / (4) Sì grazie, ne vorrei solo 4.

	cliente	negoziante
1		+ 20 grammi confezioni da 5
2	del parmigiano (3 etti) mozzarelle (2) (3)	
3		+ 15 grammi confezioni da 6
4	della ricotta (1 etto e mezzo) pacchetti di fazzoletti (3) (3)	
5		+ 30 grammi confezioni da 10
6	dei tortellini freschi (mezzo chilo) vasetti di yogurt (2) (3)	
7		+ 30 grammi confezioni da 3
8	dello stracchino (2 etti) pacchi di biscotti al miele (1) (1)	

3 **Gioco** | Caccia al tesoro

Enigma da consegnare agli studenti.

> *Riscrivi la frase a partire dal nuovo inizio.*
>
> C'era un'acqua favolosa = *L'acqua* _____ .

4   Gioco | La catena umana

pesca una carta

gamba destra	gamba sinistra	gamba destra	gamba sinistra
ginocchio destro	ginocchio sinistro	ginocchio destro	ginocchio sinistro
piede destro	piede sinistro	piede destro	piede sinistro
mano destra	mano sinistra	mano destra	mano sinistra
mano destra	mano sinistra	mano destra	mano sinistra
2 dita della mano destra	2 dita della mano sinistra	mani	mani
braccio destro	braccio sinistro	braccio destro	braccio sinistro
gomito destro	gomito sinistro	gomito destro	gomito sinistro
testa	testa	schiena	schiena
spalla destra	spalla sinistra	spalla destra	spalla sinistra
collo	collo	orecchio destro	orecchio sinistro

gomito
elbow.

10 Gioco | Qualcuno di cui

che	che	che	che
in cui	in cui	in cui	in cui
a cui	a cui	a cui	a cui
di cui	di cui	di cui	di cui
da cui	da cui	da cui	da cui
con cui	con cui	con cui	con cui
su cui	su cui	su cui	su cui
per cui	per cui	tra cui	tra cui

modulo tre **| bilancio**

3 Cosa faccio... | fare acquisti

Calcola il tuo punteggio e poi leggi il profilo corrispondente.

unteggi

= 1 punto | 2a = 2 punti
= 2 punti | 2b = 1 punto
= 2 punti | 2c = 1 punto
= 2 punti | 2d = 1 punto
= 2 punti | 2e = 1 punto

Profili

• **Da 5 a 7 punti**: quando vai a fare acquisti, la paura di sbagliare o di chiedere troppo ti condiziona eccessivamente. Cerca di essere più intraprendente e più sicuro di te. Ricordati che il cliente ha sempre ragione!

• **Da 8 a 10 punti**: quando vai a fare acquisti, sai bene quello che vuoi e non ti fai condizionare dagli altri. Puoi andare per negozi senza problemi, nessuno potrà mai influenzare le tue scelte e tentare di venderti qualcosa che non ti serve o convincerti a pagare un prezzo troppo alto.

1 *Guarda i fotogrammi e prova a immaginare la storia con un compagno (i fotogrammi sono in ordine cronologico*

2 *Guarda la prima parte del film. Poi lavora con un compagno.*
Provate a rispondere alle domande.

 scena

Perché Valerio porta Simona al mare?

Simona è incinta?

A chi telefona spesso Valerio?

C'è qualcosa di strano in questa storia?

Mancano quattro minuti alla fine. Secondo te come finisce il film?

3 *Guarda la scena* **senza audio.**
Poi lavora con un compagno e immaginate cosa si dicono Valerio e Simona.

 scena

4 Continua a lavorare con il compagno del punto **3**. Immaginate le battute mancanti e completate il dialogo. Se necessario guardate ancora la scena **senza audio**. Alla fine fate il doppiaggio del video. **DVD** scena 2

Simona _____
Valerio Ciao.
Simona _____
Valerio Anch'io.
Simona I soldi li dai a me o...
Valerio _____
Simona _____
Valerio Perché sono un perfezionista.
Simona Cosa sei, scusa?

Valerio _____
Simona Ma...
Valerio _____
Simona No, però...
Valerio _____
Simona _____
Valerio No, mi piaci moltissimo.
Simona _____
Valerio Lascia perdere.

5 Guarda la parte finale del film. **DVD** scena 3

6 Leggi la storia e rimetti al posto giusto le informazioni mancanti, come nell'esempio.
Attenzione. C'è un'informazione sbagliata che non devi inserire nella storia.
Se necessario guarda ancora il film. **DVD** La Moglie

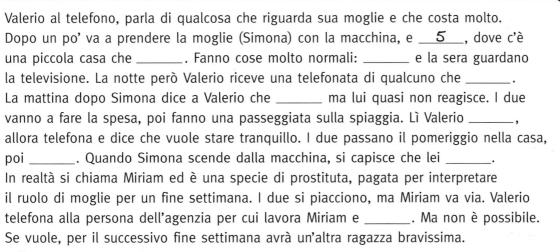

| 1 chiede se può vederla ancora | 2 è incinta | 3 fanno il bagno | 4 ha preso per festeggiare l'anniversario di matrimonio | 5 ̶l̶a̶ ̶p̶o̶r̶t̶a̶ ̶a̶l̶ ̶m̶a̶r̶e̶ |
| 6 non è la vera moglie di Valerio | 7 gli chiede dei soldi | 8 tornano in città | 9 vanno a cena fuori | 10 vede un uomo che li segue |

Valerio al telefono, parla di qualcosa che riguarda sua moglie e che costa molto.
Dopo un po' va a prendere la moglie (Simona) con la macchina, e ___5___, dove c'è
una piccola casa che _____. Fanno cose molto normali: _____ e la sera guardano
la televisione. La notte però Valerio riceve una telefonata di qualcuno che _____.
La mattina dopo Simona dice a Valerio che _____ ma lui quasi non reagisce. I due
vanno a fare la spesa, poi fanno una passeggiata sulla spiaggia. Lì Valerio _____,
allora telefona e dice che vuole stare tranquillo. I due passano il pomeriggio nella casa,
poi _____. Quando Simona scende dalla macchina, si capisce che lei _____.
In realtà si chiama Miriam ed è una specie di prostituta, pagata per interpretare
il ruolo di moglie per un fine settimana. I due si piacciono, ma Miriam va via. Valerio
telefona alla persona dell'agenzia per cui lavora Miriam e _____. Ma non è possibile.
Se vuole, per il successivo fine settimana avrà un'altra ragazza bravissima.

7 *Ora che conosci la storia, prova a immaginare com'è andata la telefonata iniziale di Valerio. Scrivi le battute della persona che parla con lui (voce). Se vuoi riguarda l'inizio del film.* **DVD** La Moglie

Valerio • (*Squillo di telefono. Valerio risponde*) Sì?

voce ■ _____

Valerio • Dove?

voce ■ _____

Valerio • Sì, un attimo. *Scusi, ha una penna, per favore?* (*Scrive qualcosa*) Grazie.

voce ■ _____

Valerio • Chi, mia moglie?

voce ■ _____

Valerio • No, la passo a prendere io.

voce ■ _____

Valerio • Guardi che...

voce ■ _____

Valerio • Guardi che se non è facile per voi, non è facile neanche per me pagare certe cifre.

voce ■ _____

Valerio • Ecco, allora assumetevi le vostre responsabilità.

voce ■ _____

Valerio • No.

voce ■ _____

Valerio • Comunque vada, non la voglio vedere mai più.

voce ■ _____

Valerio • A lunedì.

8 *Lavora con un compagno. Leggete quello che Valerio dice a Simona e rispondete alle domande.*

> Lo sai come sei te? Tu sei come il 98% delle donne che di fronte a un uomo che si sbatte per loro, che le ama... e magari non le tradisce mai... però, vedi? Poi si scorda il titolo della canzone! Te preferisci il buffone, il fregnacciaro*, quello che gli dice: "Tesoro, ciccia, amore, piccolina...".

* fregnacciaro: nel dialetto romano, persona che dice fregnacce, cioè bugie. Simile a "bugiardo".

> Guarda i tre pronomi evidenziati . Due sono sbagliati. Perché?

> Guarda i due verbi sottolineati. Cosa significano?
> si sbatte: ☐ si fa del male ☐ lavora molto ☐ fa qualsiasi cosa
> si scorda: ☐ canta malissimo ☐ dimentica ☐ scrive

> Guarda le quattro parole evidenziate in grassetto. Sono dei modi carini per chiamare il partner. Ne conosci altri?

9 *Completa il dialogo con i* **pronomi**. *Attenzione, uno dei pronomi è* **combinato**.

voce "Glielo dissi, ricorda? Le nostre ragazze _____ vedete una volta e poi non _____ rivedete più."

Valerio Perché?

voce "Perché è l'unico modo. Pensi che ironia... Lei fa un'esperienza con una delle nostre ragazze, poi _____ ripete ancora, ancora... Alla fine _____ vuole vedere ogni weekend, se ne innamora, _____ sposa e finisce come tutti i matrimoni. Corna, delusioni, tradimenti... No, senta... Il servizio che offriamo è speciale proprio perché, perdoni l'immodestia, noi sappiamo come si fa."

Valerio Ho capito, però...

voce "_____ creda, non si può, non insista. Il prossimo weekend vedrà... _____ ho una nuova, bravissima! L'unica cosa, mi spiace, ma lo sconto che _____ aveva chiesto non posso proprio far_____."

Valerio Che _____ devo dire?

voce "Niente, che _____ deve dire? D'altronde è la legge del mercato, le cose rare si pagano."

esercizi ▶ test ▶ bilanci

1 *Scrivi i nomi degli* **oggetti** *rappresentati nel disegno. Attenzione: nella lista ci sono tre oggetti in più.*

(attaccapanni) (banco) (foglio) (giornale) (lavagna) (libro)

(penna) (quaderno) (sedia) (segnalibro) (temperamatite) (zaino)

[handwritten labels on the illustration:]

la sedia
il banco
il libro
la penna
il quaderno

bookmark — il segnalibro
il foglio — journal, diary — un giornale
lo zaino

[handwritten notes above list:] (notebook) excercise book — blackboard

2 *Completa il testo con il* **presente** *dei verbi tra parentesi e con le parole della lista.*

(bocciato) (dottorato) (dottore) (elementare) (laureato) (libretto) (maturità)

(media) (media) (promossi) (quadrimestre) (sufficienza) (superiori) (trentesimi)

Promossi e bocciati In Italia la scuola dell'obbligo (*cominciare*) __comincia__ per tutti a sei anni. La scuola primaria (o scuola __elementare__) dura cinque anni ed è seguita dalla scuola secondaria di primo grado (o scuola __media__), che (*durare*) __dura__ tre anni. A questo punto (*iniziare*) __iniziano__ le scuole __superiori__ di secondo grado, che (*durare*) __durano__ cinque anni e (*chiudersi*) __si chiudo__ con un Esame di Stato (detto anche "__la maturità__") che (*permettere*) __permette__ di entrare all'università. Alla fine di ogni trimestre o __quadrimestre__ gli studenti della scuola (*ricevere*) __ricevono__ una pagella, dove sono scritti i voti, che in genere (*andare*) __vanno__ da 0 a 10. Il 6 è la __sufficienza__. All'università (*cambiare*) __cambio__ tutto: gli esami sono valutati in __trentesimi__ (la sufficienza è 18) e vengono scritti sul __libretto__, mentre il voto di laurea più alto è 110 e lode. Tutti gli studenti che (*concludere*) __concludeno__ positivamente un anno di studi (o, all'università, superano un esame) si dicono __promossi__, mentre chi non è promosso è un __bocciato__. L'insegnante (*chiamarsi*) __si chiama__ maestro / maestra alle elementari e professore / professoressa dalle medie in poi. Anche gli studenti (*cambiare*) __cambiano__ nome a seconda del grado della scuola: (*chiamarsi*) __si chiamano__ alunni alla scuola elementare e alle medie, poi (*diventare*) __diventano__ tutti studenti. Gli studenti che (*finire*) __finiscono__ la scuola media hanno la "licenza __media__", quelli che finiscono la scuola superiore si dicono "diplomati", chi (*prendere*) __prende__ la laurea è un "__laureato__".
In Italia inoltre tutti i laureati possono farsi chiamare "__dottore__" o "dottoressa", mentre non esiste un nome specifico per chi ha ottenuto un __dottorato__ o un master.

plus ≠ più

Completa le frasi con le espressioni della lista, come nell'esempio.

1. I nomi (*Per il nostro* __futuro__ *!*)
2. Gli aggettivi (*La pensione si trova nel centro* __storico__ *.*)
3. Il presente dei verbi regolari (*Noi* __arriviamo__ *il 13 marzo.*)
4. Gli aggettivi di nazionalità (*Sono* __spagnola__ *.*)
5. Gli articoli determinativi e indeterminativi (*Solo per* __una__ *notte?*)
6. I nomi delle professioni (*Faccio il* __barbiere__ *.*)
7. I verbi riflessivi (__Mi sveglio__ *alle 8:00.*)
8. I possessivi (*Le* __mie__ *giornate sono tutte uguali.*)
9. C'è / Ci sono (*In Puglia* __c'è__ *un mare bellissimo.*)
10. Stare + gerundio (*Che* __stai facendo__ *?*)
11. L'imperativo (__Guarda__ *!*)
12. I dimostrativi *questo* e *quello* (__Quello__ *dove lo mettiamo?*)
13. I pronomi diretti *lo, la, li, le* (*Le valigie* __le__ *mettiamo nel portabagagli.*)
14. Le preposizioni semplici e articolate (__Nel__ *nome del padre.*)
15. Il passato prossimo (__abbiamo trovato__ *tutta la casa in disordine.*)
16. Il pronome relativo *che* (*Ho comprato un libro* __che__ *parla di fantascienza.*)

abbiamo trovato · stai facendo · barbiere · guarda · che · c'è · storico · mie · le · mi sveglio · nel · arriviamo · futuro · quello · una · spagnola

---

4 *Scegli la parola giusta.*

Imperatives · *Check track 2* · *Great* · *mi dica tell me*

- Buongiorno.
- Buongiorno, (**dica**/senta).
- (**Senta**/Certo), vorrei delle informazioni per un'amica.
- (**Sì**/Ecco), l'amica è straniera?

- Sì, (**certo**/bene), è argentina.
- Ah, (**ecco**/così), bene. Quanto tempo vuole rimanere?
- (**Qui**/Lì) a scuola?
- (**Ecco**/Sì).

Vai su www.almaedizioni.it/domani e mettiti alla prova con gli esercizi on line dell'unità 0.

---

esercizi | unità 1   modulo uno | **geografia**

1 *Completa i dialoghi con i pronomi diretti.*

- Ma chi è quella ragazza che ha cantato con Stefano?
- Ma come, non __la__ conosci? È la sua ragazza, Euridice.
- Carina!

- Sentite, __mi__ scusate un attimo? Vado a prendere qualcosa da bere.
- Ma certo, a dopo.

By chance

- Aspetta un attimo, forse tu __mi__ puoi aiutare. Per caso conosci quel signore seduto a quel tavolo?
- No, perché?
- Scusa eh, ma… guardalo un attimo eh… I capelli lunghi bianchi con il codino, la barba e l'orecchino. Sembra un figlio dei fiori uscito da un film degli anni '70.
- Sì… un po' sì. Però non __lo__ conosco. Ora vado, Annalisa e Vincenzo __mi__ aspettano…

2 Riscrivi il dialogo modificando gli elementi <u>sottolineati</u>, come nell'esempio.

altering changing

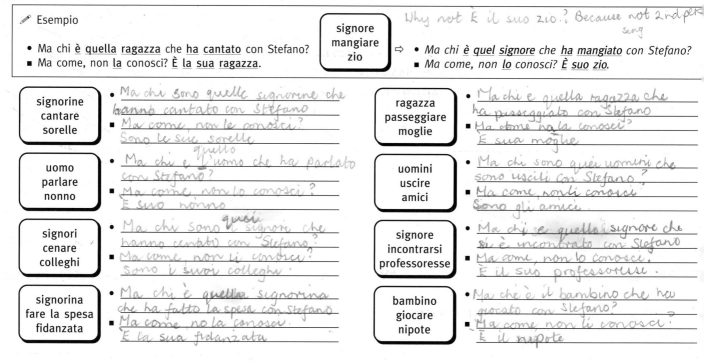

✏️ Esempio

- Ma chi <u>è</u> <u>quella</u> <u>ragazza</u> che <u>ha</u> <u>cantato</u> con Stefano?
- Ma come, non <u>la</u> conosci? <u>È la sua ragazza</u>.

> [signore mangiare zio] ⇒
> - Ma chi *è* <u>quel</u> <u>signore</u> che <u>ha</u> <u>mangiato</u> con Stefano?
> - Ma come, non <u>lo</u> conosci? <u>È suo zio</u>.

Why not È il suo zio? Because not 2nd per sing

[signorine cantare sorelle]
- Ma chi sono quelle signorine che hanno cantato con Stefano
- Ma come, non le conosci? Sono le sue sorelle

[uomo parlare nonno]
- Ma chi è l'uomo che ha parlato con Stefano?
- Ma come, non lo conosci? È suo nonno

[signori cenare colleghi]
- Ma chi sono quei signori che hanno cenato con Stefano?
- Ma come, non li conosci? Sono i suoi colleghi

[signorina fare la spesa fidanzata]
- Ma chi è quella signorina che ha fatto la spesa con Stefano
- Ma come, no la conosci? È la sua fidanzata

[ragazza passeggiare moglie]
- Ma chi e quella ragazza che ha passeggiato con Stefano
- Ma come ho la conosci? È sua moglie

[uomini uscire amici]
- Ma chi sono quei uomini che sono usciti con Stefano?
- Ma come, non li conosci Sono gli amici.

[signore incontrarsi professoresse]
- Ma chi se quello signore che si è incontrato con Stefano
- Ma come, non lo conosci. È il suo professoresse.

[bambino giocare nipote]
- Ma chi è il bambino che ha giocato con Stefano?
- Ma come, non li conosci È il nipote

3 Chi ha fatto i preparativi del matrimonio? Completa la lista in base alla risposta, come nell'esempio.

domanda	risposta	lista
1. *Hai spedito gli inviti?*	*no / Paolo*	Gli inviti li ha spediti Paolo.
2. Hai ordinato il bouquet?	no / mia sorella	Il bouquet (No) lo ha ordinato mia sorella
3. Tua madre ha comprato le bomboniere?	no / io	Le bomboniere (No) le ho comprato io
4. Tuo padre ha pagato il ristorante?	no / mia madre	Il ristorante (No) lo ha pagato mia madre
5. Avete invitato Giulio?	no / mio fratello	Giulio (No) lo ha invitato mio fratello
6. I tuoi genitori hanno comprato il vestito?	sì	Il vestito Sì, miei genitori lo hanno comprato
7. I nostri amici hanno preso l'indirizzo?	sì	L'indirizzo Sì, nostri amici lo hanno preso.
8. Tuo fratello ha invitato sua moglie?	no / io	La moglie di mio fratello No, io l'ha invitato
9. Abbiamo prenotato la chiesa?	sì	La chiesa Sì l'abbiamo prenotato.
10. Tu e tua sorella avete chiamato il fotografo?	no / Giulia	Il fotografo lo ha chiamato Giulia
11. Hai preparato la festa?	no / mio fratello	La festa ha preparato mio fratello
12. Hai fatto la lista di nozze?	sì	La lista di nozze ho fatto io.

4 Completa i testi con i verbi al **passato prossimo**.

Ugo
È successo circa trent'anni fa... mia madre lavava i piatti e mio padre le (*proporre*) ha proposto di sposarlo.
Quando io e Francesca (*andare*) sono andati a chiedere a mia madre la sua benedizione, lei mi (*pregare*)
ha pregata: "La tua proposta però deve essere speciale, non come quella che tuo padre (*fare*) ha fatto
a me!" E allora ecco: Francesca, vuoi sposarmi?

1 aprile 2011 alle ore 13.29 · Mi piace · Commenta

Francesca
Su Facebook? Davvero? Sì, voglio essere tua moglie...
per passare su Internet tutta la vita insieme!

Una cosa è certa: questa è sicuramente la proposta di matrimonio meno romantica del mondo. È vero che Facebook (entrare) _ha entrato_ a far parte della quotidianità di molti di noi ed è uno strumento di comunicazione come un altro, ma dove (finire) _ha finito_ il batticuore, la cavalleria, l'atmosfera, l'occasione speciale, l'attesa e infine il bacio che segue l'emozionatissimo sì dopo l'altrettanto emozionata richiesta di matrimonio? Forse un po' (io – esagerare) _ho esagerato_ ma, ammettiamolo, non sarebbe meglio cercare una via di mezzo tra la pagina digitale e l'inginocchiamento? Ma chissà: forse i due (conoscersi) _si sono conosciuti_ proprio su Facebook, forse (baciarsi) _si sono baciati_ solo virtualmente... forse... Francesca comunque (accettare) _ha accettato_. Congratulazioni, quindi. Ogni sposa ha il suo stile, no?

adattato da www.pinkblog.it

Vai su www.almaedizioni.it/domani e mettiti alla prova con gli esercizi on line dell'unità 1.

Completa i testi con gli aggettivi al **superlativo assoluto** o relativo. Attenzione: gli aggettivi sono alla forma base (maschile singolare).

Non c'è solo Venezia, in questa splendida e facoltosa terra del Nord Italia (siamo in una delle zone (ricco) _ricchissimo_ del nostro Paese). Certo, la città sull'acqua è la (conosciuto) _conosciu_ e forse anche la (bello) _più bella_ località della regione, ma tanti sono i posti interessanti che meritano una visita: le città d'arte con la pittura e l'architettura italiana del Rinascimento, le campagne dove si produce un (buono) _più buono_ vino, le montagne delle Dolomiti. Cultura, bellezze artistiche, natura. Il Veneto è tutto questo e molto altro ancora.

Non hai ancora deciso dove passare le prossime vacanze? Vieni in Liguria! Grazie alla sua posizione geografica (particolare) _positran_, tra mare e montagna, a due passi dalla Francia, questa piccola regione è una delle zone turistiche (visitato) _più visitat_ d'Italia. Qui puoi trovare la storia (siamo nella regione di Cristoforo Colombo), un clima dolce e mediterraneo (siamo nella terra dei fiori), una cucina (buono) _buonissima_ (certamente hai già assaggiato il pesto alla genovese), ma soprattutto puoi visitare le (famoso) _____ "cinque terre", una striscia di costa affacciata su un mare cristallino e protetta da monti spettacolari, riconosciuta dall'Unesco come Patrimonio Mondiale dell'Umanità.

Inserisci in uno dei due spazi la parola corrispondente ad ogni riga.

più	Sole caldo tutto l'anno, mare azzurro, tradizioni antichissime, questa è la Puglia.
sempre	Se _____ cerchi il sud _più_ autentico,
solo	_____ quello che hai _____ sognato
ancora	o hai visto _____ nei film _____,
che	qui lo _ancora_ puoi _____ trovare. È il sud della *pizzica*,
ancora	la musica sfrenata _____ si balla _ancora_ nelle strade nelle sere d'estate;
anche	ed è il sud _____ dei *trulli*, le caratteristiche case abitate dai contadini _____ oggi.
infatti	Sud, _____ ma _____ oriente. Tra tutte le regioni dell'Italia meridionale,
	questa è _____ la più vicina all'Europa _____ dell'est.

3 *Completa il testo con i verbi al* **passato prossimo**. *Poi inserisci l'avverbio qui sotto tra l'ausiliare e il participio di uno dei verbi.*

(sempre)

I pirati e le Cinque Terre

Le Cinque Terre (*essere*) _____ una meta molto amata dai pirati.
Secondo una leggenda il pirata Galla d'Avenzano (*cercare*) _____
di conquistare Tellaro (uno dei borghi delle Cinque Terre) nel 1660.
Quella notte faceva la guardia sul campanile un certo Marco Arzellino.
Arzellino aveva paura di addormentarsi, così (*legare*) _____
un suo piede alla fune della campana. Ad un certo punto, nella notte,
(*addormentarsi*) _____ ed è caduto. La fune legata ha fatto
suonare le campane proprio nel momento dell'arrivo del pirata, che così
(*scappare*) _____ con tutta la sua flotta.
Secondo un'altra leggenda è stato un gigantesco polipo che (*attaccarsi*)
_____ alla fune, (*suonare*) _____ le campane e
(*mettere*) _____ in fuga il pirata.

4 *Rimetti a posto il testo: le parole* evidenziate *sono scambiate a coppie, come nell'esempio.*

Il Palio di Siena

Il Palio è la piazza più importante organizzata
nella città di Siena e si svolge ogni calore
il 2 di luglio ed il 16 di agosto.
Nel Palio le diverse *Contrade* senesi, ovvero
le "zone" in cui è divisa la città, si sfidano
in un'appassionata corsa a cappello in
Piazza del Campo. Siena è attualmente divisa
in 17 Contrade.

La corsa del Palio ha origini molto antiche, comincia infatti nel Seicento.
Il Palio è molto più che una semplice manifestazione per i senesi, fa parte della loro vita fin dalla *vita.*
I *contradaioli* (così si chiamano le persone che appartengono a una Contrada) partecipano alla *nascita*
della loro Contrada ed all'organizzazione del Palio tutto l'anno.
Il Palio rappresenta senz'altro un'occasione unica per vivere tutto il anno e la passione della città di Siena.
È possibile assistere gratuitamente alla corsa del Palio dall'interno della Piazza del Campo, ma dovete
arrivare molto presto!
All'interno della manifestazione potete acquistare bibite fresche, ma non ci sono dolci pubblici.
Vi consigliamo fortemente di portare almeno un cavallo perché il sole a luglio e agosto è molto forte.
Esistono anche posti più comodi per vedere il Palio, ma a pagamento. Per acquistare abitazioni per le
tribune o per i balconi affacciati sulla Piazza, provate a contattare l'APT di Siena oppure direttamente
i proprietari delle biglietti, che spesso offrono anche qualcosa da mangiare, con i tipici salumi e bagni senesi.

Vai su **www.almaedizioni.it/domani** e mettiti alla prova con gli esercizi on line dell'unità 2.

Ricostruisci gli 8 minidialoghi tra cameriere e cliente.

1. *cliente* — Senta, c'è un tavolo per due persone?
   cameriere _____

2. *cameriere* — Prego, accomodatevi.
   cliente _____

3. *cameriere* — Da bere cosa prendete?
   cliente _____

4. *cameriere* — Naturale o gassata?
   cliente _____

5. *cameriere* — Volete ordinare subito?
   cliente _____

6. *cameriere* — E i secondi? Volete ordinarli subito?
   cliente _____

7. *cameriere* — Vino bianco o rosso?
   cliente _____

8. *cliente* — Senta, ci porti subito il conto per favore.
   cameriere _____

a. A me piace il rosso però con il pesce è meglio vino bianco. Quindi bianco. Grazie.

b. È difficile... Oggi siamo al completo.

c. Grazie.

d. Naturale, grazie.

e. No, no, non so, forse no.

f. Non so. C'è un menu?

g. Prima di tutto dell'acqua. Sto morendo di sete.

h. Va bene, vi porto il conto.

Inserisci i **piatti della lista** *nel menu.*

Antipasto della casa

Primi di carne e verdure
Tagliolini in brodo con scaglie di pollo
_____
Fettuccine al ragù
_____
_____

Secondi di carne e verdure
Polpette al sugo
_____
_____

Contorni
_____
_____
_____

Dolci
_____
_____
_____
_____

Primi di pesce
_____
Linguine allo scoglio
_____
Penne salmone e vodka
_____

Secondi di pesce
Frittura di calamari e gamberi
_____
_____

Ristorante Mare Monti

Arrosto di tacchino
Baccalà alla genovese
Carciofi in umido
Crème caramel
Fettuccine ai funghi
Grigliata di carne
Grigliata di pesce
Insalata mista   Lasagne
Insalata verde   Gelato
Patate arrosto   Tiramisù
Ravioli ricotta e spinaci
Risotto di mare
Spaghetti alle vongole
Torta al cioccolato
Zuppa di pesce

3 *Scrivi le* **comparazioni** *tra gli alimenti. Segui gli esempi.*

| saporito | +++ cipolle
++ pomodori
+ patate | cipolle / pomodori
patate / cipolle
pomodori / cipolle | →
→
→ | *Le cipolle sono più saporite dei pomodori.*
Le patate sono meno saporite delle cipoll
_____ |

| dolce | +++ banane
++ mele
+ limoni | mele / limoni
banane / mele
limoni / banane | →
→
→ | _____
_____
_____ |

| leggero | +++ riso
++ zuppa
+ pasta | zuppa / pasta
pasta / riso
riso / zuppa | →
→
→ | _____
_____
_____ |

| grande | +++ meloni
++ arance
+ albicocche | arance / meloni
albicocche / meloni
arance / albicocche | →
→
→ | _____
_____
_____ |

| economico | +++ formaggio
++ carne
+ pesce | formaggio / carne
carne / pesce
pesce / formaggio | →
→
→ | _____
_____
_____ |

4 *Ascolta e trova, nella trascrizione, le differenze con l'audio.* 📀 esercizi 1

> Quindi abbiamo deciso che nella prossima primavera, il 14 di maggio noi ci sposeremo e siete tutti invitati al nostro matrimonio.

5 *Ascolta e rispondi alle domande.* 📀 esercizi 2

1. Cos'è un "non matrimonio"?
   ☐ a. Una cerimonia dove due persone dicono a tutti che non si vogliono sposare.
   ☐ b. Una cerimonia privata dove due persone dicono a tutti gli amici che si amano.
   ☐ c. Una cerimonia dove due persone dicono a tutti che vogliono lasciarsi.

2. Perché Alessio vuole fare un "non matrimonio"?
   ☐ a. Perché vuole fare una grande festa.
   ☐ b. Perché non vuole sposarsi ma vuole i regali.
   ☐ c. Perché vuole dimostrare che il matrimonio è una cerimonia falsa.

> Vai su **www.almaedizioni.it/domani** e mettiti
> alla prova con gli esercizi on line dell'unità 3.

1 *Trova in ogni riga + la parola in più e inseriscila nella riga inferiore (nella riga –), come nell'esempio. Attenzione: in alcuni casi devi cambiare le lettere MAIUSCOLE e minuscole.*

+ ► Ma chi è quella ragazza che (la) ha cantato con Stefano?
– ● Ma come, non conosci? È la sua ragazza, Euridice.
+ ► Euridice… ma lo è un nome italiano?
– ● Non so. Penso di sì.
+ ► Mai sei sicura?
– ■ Certo, non l'hai sentito?
+ ► Veramente strano no.
– ■ Ma sì, dai. Anche tu hai un nome!
+ ► Io? Katia non è per niente strano! Il tuo nome, forse!
– ■ E cosa ha di strano il Andrea?
+ ► Nel resto del mondo sì lo mettono alle femmine!
– ■ Ah?
+ ► Ma lo certo!
– ■ Se dici tu!

> • Ogni parola inserita correttamente 2 punti   Totale: _____ / 12

2 *Collega le frasi di sinistra con quelle di destra. Inserisci anche l'aggettivo dimostrativo* **quello** *alla forma giusta e i verbi al* **passato prossimo**.

1. _____ tuoi amici spagnoli (*lasciarsi*)
_____ ?

2. _____ tuo amico (*ricordarsi*)
_____ di fare le foto
al vostro matrimonio?

3. Bello _____ anello! È un regalo?

4. Chi ti ha dato _____ inviti?

5. Dove hai preso _____ bomboniere?

a. No, ma per fortuna le (*fare*)
_____ Sandro.

b. Li (*portare*) _____ Ugo!

c. No, (*sposarsi*) _____

d. Le (*trovare*) _____
in un negozio in centro.

e. No. L'(*comprare*) _____ io.

> • Ogni frase collegata correttamente 1 punto   Totale: _____ / 5
> • Ogni aggettivo *quello* alla forma corretta 1 punto   Totale: _____ / 5
> • Ogni verbo corretto 2 punti   Totale: _____ / 14

3 *Completa il testo con gli aggettivi al* **superlativo assoluto** *o* **relativo**. *Attenzione: gli aggettivi sono alla forma base (maschile singolare).*

L'Umbria è un luogo ideale per lo spirito (siamo nella terra di San Francesco, il (*importante*) _____ santo italiano) e anche per il corpo: qui puoi gustare il (*buono*) _____ olio d'oliva d'Italia e provare i piaceri della (*dolce*) _____ cioccolata!

> • Ogni superlativo corretto 3 punti   Totale: _____ / 9

4 *Completa le battute con i verbi al* **passato prossimo** *e ricostruisci il giusto ordine del dialogo, come nell'esempio.*

cameriere _____	a. Ah... Auguri!
cliente _____	b. Ascolti, io e mia moglie (*venire*) _____ fino qui perché ci (*loro – dire*)
cameriere _____	_____ che questo è il miglior ristorante delle Cinque Terre...
cliente _____	c. (*Prenotare*) _____ ?
cameriere _____	d. *Beh, in effetti...*
cliente _____	e. Buonasera signori.
cameriere __d__	f. Buonasera. Senta, c'è un tavolo per due persone?
cliente _____	g. E poi c'è anche un altro motivo: io e mia moglie siamo in viaggio di nozze.
cameriere _____	h. Mmmh, allora è difficile... Oggi siamo al completo.
	i. Veramente no.

- Ogni verbo corretto 3 punti
- Ogni battuta al posto giusto 2 punti

Totale: ____ / 9
Totale: ____ / 16

5 *Inserisci le* **parole** *della lista al posto giusto nel dialogo, come nell'esempio. Le parole sono in ordine.*

(tra) (mi) (più) (della) (uno) (migliori) (cara) (meno) (della)

☐ Io sono indeciso la frittura di calamari e gamberi e la grigliata di carne. Che cosa consiglia?

● Beh, la frittura di pesce è certamente caratteristica grigliata di carne. È dei nostri piatti.

☐ Sarà un po' però...

● No, sicuramente è cara grigliata di carne.

- Ogni espressione al posto giusto 3 punti

Totale: ____ / 24

6 *Ricostruisci il biglietto di auguri.*

_____ _____

_____ _____ _____

_____ _____ _____

_____ _____ !

(auguri) (bello) (della) (giorno) (il) (vostra) (per) (più) (tanti) (vita)

- Tutte le parole al posto giusto 6 punti

Totale: ____ / 6

☞ Totale test: ____ / 100

Cosa so fare?

Nominare oggetti nella classe.	☐	☐	☐
Parlare della mia esperienza di studio dell'italiano.	☐	☐	☐
Descrivere i miei interessi.	☐	☐	☐
Iscrivermi a un corso.	☐	☐	☐
Descrivere persone e situazioni.	☐	☐	☐
Fare gli auguri e rispondere.	☐	☐	☐
Fare paragoni.	☐	☐	☐
Descrivere luoghi.	☐	☐	☐
Prenotare un tavolo.	☐	☐	☐
Ordinare al ristorante.	☐	☐	☐
Chiedere informazioni su un piatto.	☐	☐	☐
Chiedere il conto.	☐	☐	☐

Cosa ho imparato

Pensa a quello che hai imparato e scrivi...

- 5 parole o espressioni molto utili:

- una parola, espressione o regola molto difficile:

- una forma tipica della lingua parlata:

- una curiosità culturale sull'Italia e gli italiani:

Cosa faccio... | andare a cena a casa di italiani

1 *Sei invitato a cena a casa di un tuo amico italiano. Conoscerai la sua famiglia: la moglie e i figli. Cosa fai e cosa non fai?*

Quando arrivi a casa:

1. porti una bottiglia di vino.
2. auguri "Buon appetito" alla padrona di casa.
3. porti un mazzo di rose rosse alla padrona di casa.
4. porti un piccolo regalo personale al tuo amico.
5. non porti niente: è offensivo portare qualcosa.

> **Da fare!**

A cena:

6. prima di cominciare a mangiare auguri a tutti "In bocca al lupo!".
7. aspetti che tutti siano pronti prima di cominciare a mangiare.

Dopo cena:

8. sei onesto e dici cosa non ti è piaciuto.
9. ringrazi e fai i complimenti.
10. continui la conversazione a tavola con gli altri.
11. ringrazi e vai via subito per non disturbare.

> **Da non fare!**

2 *Confronta con un compagno le cose da fare e da non fare e aggiungete altre cose che è meglio fare.*

Mi metto alla prova | una festa popolare

*Scegli una festa popolare tra quelle di pag. 23 e quelle citate nell'attività **4** dell'unità **2**.*
Fai una ricerca su internet e poi esponi il lavoro che hai fatto alla tua classe. Mettiti d'accordo con gli altri compagni in modo da scegliere ognuno una festa differente.

1 *Completa il cruciverba e disegna i* **capi di abbigliamento** *mancanti nelle definizioni.*

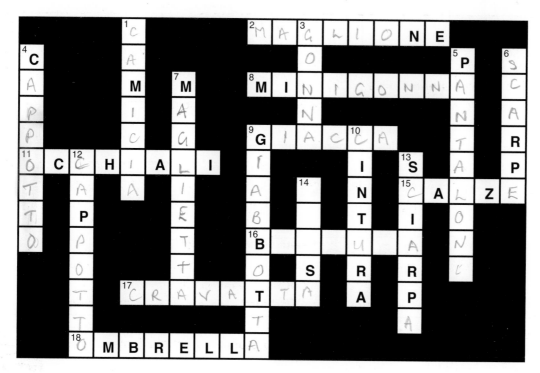

Orizzontali ➡

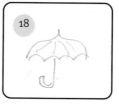

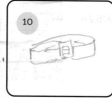

gli occhiali

Verticali ⬇

– la ventiquattro

2 Completa il testo con i verbi all'**imperfetto**.

> #### COME VESTIVANO NEGLI ANNI '70
> Moda e politica
>
> I giovani degli anni '70 (*usare*) __usavano__ l'abbigliamento per essere
> politicamente riconoscibili anche a prima vista.
> L'abbigliamento maschile di destra (*comprendere*) __comprendeva__ giacca, camicia e cravatta (ma a volte,
> al posto della camicia, alcuni (*usare*) __usavano__ un maglione nero a collo alto) e cappotto elegante.
> Qualcuno (*mettere*) __metteva__ anche il cappello.
> L'abbigliamento femminile di destra (*essere*) __era__ elegante e di boutique. Generalmente le donne
> (*preferire*) __preferivano__ indossare la gonna o la minigonna. Tutte le ragazze di destra inoltre (*avere*)
> __avevano__ sempre borsa e accessori, preferibilmente di Gucci, e scarpe firmate. Profumo più in voga:
> Calèche di Hermès.
> L'abbigliamento di sinistra (*essere*) __era__ rigorosamente unisex: tutti (*indossare*) __indossavano__
> un paio di pantaloni (di solito jeans... ma mai di marca Levi's!) e una maglietta. Eccezione: alcune
> ragazze (*portare*) __portavano__ colorate gonne a fiori al posto dei pantaloni.   *membership*
> Per i ragazzi di sinistra l'accessorio che indiscutibilmente (*indicare*) __indicava__ l'appartenenza
> politica (*essere*) __era__ l'eskimo. L'eskimo (*essere*) __era__ un semplice giubbotto
> verde, con molte tasche e un cappuccio bordato di pelo. Unico profumo accettato (unisex
> anche questo): l'essenza di Patchouli.   *approved*

3 Completa il testo con i verbi tra parentesi all'**imperfetto** e con le **parole** formate dall'anagramma delle lettere tra parentesi, come nell'esempio.

> Inutile negarlo, quando tutti noi oggi vediamo come (*noi – vestirsi*)
> __ci vestivam__ e come (*portare*) __portavan__ i capelli negli anni '80
> ci chiediamo come (*fare*) __facevamo__ ad avere un gusto tanto cattivo.
> In realtà la (*adom*) **m o d a** degli anni '80 (*avere*) __aveva__
> il suo perché.   *its reason nevertheless*
> Louise Veronica Ciccone in arte Madonna, nostro indiscutibile mito,   *myth*
> è probabilmente una delle protagoniste della moda femminile anni '80.
> Il suo modo di vestirsi, le sue (*acelz*) __calze__ strappate,   *ripped*
> i suoi capelli parzialmente (*bdiion*) __b i o n d e__ uniti al suo
> straordinario carattere sono stati i motivi che l'hanno resa un'icona
> non solo per gli uomini ma anche per le donne.   *created*
> (*ecchiag*) **G i a c c h e** con le spalline (dette anche *spencer*   *called also*
> ed indossate anche dai maschi), camicie in stile *new romantic*,   *shirt blouse*
> (*aejns*) __jeans__ *Levi Strauss* modello 501 spesso insaccati nel   *baggy*
> sedere, (*ceintru*) **c i n t u r e** *El charro*, maglie *Best Company*   *trendy*
> (rigorosamente infilate nei (*aailnnopt*) __p a n t a l o n i__)
> o con sotto una (*aacciim*) **c _ _ _ c _ _** rimboccata all'altezza
> della manica, (*aceillp*) __c a _ _ l _ _ ___ cotonati per le donne
> o lunghi dietro e davanti ma rasati lateralmente... sono cose che   *shaved at the side*
> vi dicono qualcosa?

4 *Di quale libro si parla? Ascolta e scegli la copertina giusta.* 📀 esercizi 3

1. ☐ Enrico Franceschini Voglio l'America
2. ☐ Enrico Franceschini Fuori stagione
3. ☒ ENRICO FRANCESCHINI AVEVO VENT'ANNI
4. ☐ ENRICO FRANCESCHINI Londra Babilonia

Modulo 2 Unità 4 Traccia

5 *La persona che parla si chiama Enrico Franceschini. Riascolta e rispondi alle domande.* 📀 esercizi 3

Quanti anni ha Enrico Franceschini?
☐ 20   ☐ 30   ☒ 50

Di quale periodo parla Enrico Franceschini?
☐ anni Sessanta   ☐ anni Settanta   ☐ anni Ottanta

Chi è Enrico Franceschini?
☒ un giornalista   ☒ un politico   ☐ un cantante

6 *Ascolta ancora e completa con alcuni luoghi della lista.* 📀 esercizi 3

(in America) (a Bologna) (a Londra) (in Medio Oriente) (in Russia) (in Sicilia)

Enrico Franceschini: è nato _a Bologna_ , ha studiato _Bologna_ , adesso lavora _____ .

7 *Completa il testo con i verbi della lista: uno al* **presente** *e gli altri all'***imperfetto**.
Attenzione: i verbi non sono in ordine.

(ascoltare) (ballare) (cominciare) (esserci) (esserci) (essere)
(essere) (incontrarsi) (parlare) (potere) (scegliere) (trasformare)

A Roma una mostra fotografica sugli anni Cinquanta

Grazie ai mezzi di comunicazione, le storie d'amore, gli scandali, le feste, gli amori segreti, le speranze
e i sogni dei personaggi famosi sono conosciuti da tutti. Ma anche in passato _c'era_ così.
Negli anni '50 in Italia convivevano due realtà completamente diverse: da una parte _c'erano_
la popolazione, che andava avanti come _cominciava_ . L'Italia, dopo la guerra, era in una situazione
disastrosa: la fame e l'analfabetismo _erano_ molto diffusi.
Poi _si incontra_ gli altri: la società del benessere e quella del jet set.
Nel 1949 la stampa internazionale _parlava_ delle nozze romane tra Linda Christian e Tyrone Power,
nel '50 la Metro-Goldwyn-Mayer _sceglieva_ la città di Roma per girare il colossal *Quo Vadis*.
Attori internazionali, registi, principi e miliardari _si incontravano_ a Roma per mostrare i loro volti nei luoghi
più alla moda, e in questo modo _trasformavano_ la Città Eterna nella capitale del jet set, una città già
globalizzata, dove le persone che potevano _ballavano_ il rock&roll accanto a Grace Kelly e
ascoltavano la musica jazz seduti al fianco di Roberto Rossellini.
_c'è_ oggi presso i Mercati di Traiano di Roma una mostra con le fotografie delle stelle
del cinema ed i personaggi famosi degli anni '50. La mostra vuole guidare il pubblico attraverso le fotografie
di questo periodo indimenticabile per Roma, la capitale delle star e del glamour.

Scegli le preposizioni giuste.

> **LA MODA DEGLI ANNI OTTANTA** Negli anni Ottanta cambiano definitivamente i modelli culturali. La ragazze anni Ottanta sono magre e vanno (in / a / da) palestra, portano pantaloni molto aderenti oppure un paio (di / con / per) fuseaux con una minigonna colorata. Sopra, una maglietta (delle / con le / sulle) spalline, coperta da uno strano maglione molto largo con un enorme buco (alla / con la / per la) testa e maniche da pipistrello. Infine una giacca, ancora (delle / con le / sulle) spalline. Gli anni Ottanta sono gli anni (degli / per gli / agli) yuppie, giovani che vogliono diventare ricchi e famosi. Se l'uomo (a / di / da) sinistra resta vicino alla moda (degli / agli / fra gli) anni Settanta, l'uomo (a / di / da) destra diventa sempre più elegante e indossa una camicia (con la / sulla / per la) cravatta e un vestito composto (di / a / da) giacca e pantaloni. Sopra, (in / a / per) inverno, un cappotto lungo, mentre il giubbotto è accettato solo nella versione casual. Le scarpe devono essere (a / di / su) marca mentre, per i più alla moda, sono necessari occhiali e borsa ventiquattrore.

Vai su **www.almaedizioni.it/domani** e mettiti alla prova con gli esercizi on line dell'unità 4.

Completa il testo con i verbi al **passato prossimo** *o all'*imperfetto.

L'eskimo (essere) _era_ il capo di abbigliamento tipico dei ragazzi di sinistra. Uno di destra non (potere) _poteva_ né (dovere) _doveva_ indossarlo. Nel tempo (diventare) _ha diventato_ un cult. Il cantautore Francesco Guccini (intitolare) _ha intitolato_ così una sua canzone. Il successo (dipendere) _dipendeva_, a parte il basso costo, dalle numerose e capienti tasche che (permettere) _permettevano_ di contenere oggetti di vario tipo: dai volantini arrotolati pronti da distribuire, al nastro adesivo per attaccare manifesti ovunque.

Completa il dialogo di sinistra con le battute di destra, come nell'esempio. Coniuga anche i verbi al **passato prossimo** *o all'*imperfetto.

giornalista	_6_
Giacomo	Ciao, sono Giacomo.
giornalista	_4_
Giacomo	Da Rieti.
giornalista	_5_
Giacomo	Voglio chiedere scusa a un mio compagno di scuola.
giornalista	_8_
Giacomo	38.
giornalista	_2_
Giacomo	Sì, (avere) _ho avuto_ 9 anni.
giornalista	_7_
Giacomo	Sì, nel 1982 precisamente. Lo ricordo perché è l'anno in cui l'Italia (vincere) _ha vinto_ i mondiali di calcio.
giornalista	_3_
Giacomo	Veramente (essere) _era_ il terzo, il quarto lo (noi – vincere) _noi abbiam_ nel 2006.
giornalista	_1_
Giacomo	No, scusa, lo voglio precisare perché quello che racconto riguarda anche i mondiali di calcio.

1. Ah d'accordo... sai, io di calcio non sono molto esperto. Ma comunque.. a parte i mondiali di calcio, qual è la tua storia?

2. Allora trent'anni fa. Circa.

3. Certo, certo, come no... Il nostro quarto mondiale...

4. Ciao Giacomo. Da dove chiami?

5. Rieti, Rieti nel Lazio. Sì. Allora, a chi vuoi chiedere scusa, Giacomo?

6. *Pronto, chi sei?*

7. Quindi è un episodio che (succedere) _ha successo_ un sacco di tempo fa.

8. Senti Giacomo, tu quanti anni hai?

3 *Completa il dialogo con le **parole** della lista. Attenzione: c'è uno spazio in più!*

~~allora~~ ~~ancora~~ ~~e~~ ~~è~~ invece ma ma mentre quando

Giacomo	I due che non conoscevo davano dei pugni al primo. __Allora__ lo picchiavano gli prendevano anche la bandiera e la maglietta dell'Italia. Il mio compagno piangeva __e__ chiedeva aiuto. Era spaventato.
giornalista	Mmmm... E tu che hai fatto?
Giacomo	Io stavo lì immobile, non riuscivo a dire niente... Anch'io ero spaventato. Sai, quei due ~~ragazzi~~ erano molto più grandi di me...
giornalista	Ti capisco...
Giacomo	E poi facevano veramente paura... Ti dico... Avevano una faccia bruttissima, da veri cattivi...
giornalista	Te li ricordi bene __ancora__ oggi...
Giacomo	Sì, sì... Pensa che li ho sognati per anni... Una cosa soprattutto mi ricordo: erano tutti e due biondi __ma__ di un biondo quasi innaturale, come colorati con lo spray.
giornalista	...un po' punk...
Giacomo	Esatto. E mi ricordo anche che il primo era tutto tatuato, aveva tatuaggi in tutto il corpo... L'altro no, __ma__ era molto alto e robusto, a me sembrava enorme... Io __quando__ da piccolo ero magro, timido, sembravo più piccolo della mia età...
giornalista	E poi che è successo?
Giacomo	Insomma, stavo lì e non sapevo che fare... __invece__ a un tratto ho sentito il mio nome: era mio padre che mi chiamava. __E__ mi sono girato e sono andato via con lui, insieme a tutta la gente che festeggiava.
giornalista	E tuo padre non si è accorto di niente?
Giacomo	No, lui non ha visto niente __e__ io non gli ho detto niente.

4 *Scegli tra **passato prossimo** e **imperfetto**.*

Qualcuno di voi ricorda le finali del 1982 e del 2006, quando l'Italia (**ha vinto** / vinceva) i mondiali di calcio? Voi dove (**siete stati** / eravate?) ▸ *da algor il 19 settembre 2011, 18:45*

▸ *da Tina il 20 settembre 2011, 9:07*
Nel 1982 (ho avuto / **avevo**) 8 anni. Ricordo che (sono stato / **ero**) al mare in Toscana con la mia famiglia a passare le vacanze. A quel tempo non (ho capito / **capivo**) molto di calcio ma ricordo i gol in tv, l'entusiasmo degli adulti, le bandiere, i titoli dei giornali... Il nostro albergo (è stata / **era**) nella piazza principale del paese e dopo la fine della partita (**siamo scesi** / scendevamo) tutti in strada a festeggiare fino a tardi.

▸ *da Ladylink il 20 settembre 2011, 11:52*
Nel 2006 (**ho lavorato** / lavoravo) in Turchia ma a luglio (**sono tornata** / tornavo) a Roma per le vacanze. (**Ho visto** / Vedevo) la finale a casa di amici. Ricordo le urla di felicità di tutti e lo spumante che (**abbiamo bevuto** / bevevamo) alla fine della partita. Roma (**è stata** / era) come impazzita e ritornare a casa, dopo i festeggiamenti, (**è stato** / era) difficilissimo. La città (**è stata** / era) completamente paralizzata dal traffico: (ci sono state / **c'erano**) macchine in coda, persone per strada che (hanno urlato / **urlavano**), altre che (si sono abbracciate / **si abbracciavano**), bandiere, clacson... Scene di ordinaria pazzia, tipiche di un Paese che si riscopre unito solo grazie al calcio.

Scegli l'espressione giusta. Poi inserisci in un punto del testo anche l'espressione un sacco di.

Il ragazzo del gol venuto dal Marocco

Rachid Arma è un ragazzo di quasi due metri. Fa il calciatore.
È nato in Marocco (25 anni fa / ~~tra 25 anni~~) e oggi gioca nel Torino, in serie B.
(L'anno prossimo / L'anno scorso), in 26 partite, ha fatto 13 gol.
(Quest'anno / ~~Un anno fa~~), in 10 partite, ne ha già fatti 8.

- Sei sempre stato bravo con la palla?
- Sì, ero uno di quei bambini che tutti volevano in squadra perché vincevo le partite da solo.
- Una soddisfazione doppia per te, marocchino nato ad Agadir e venuto in Italia (a 8 anni / fino a 8 anni).
- Sì. Come per tanti marocchini, l'Europa era il mio sogno. Quando sono arrivato, con mia madre e mia sorella, mio padre viveva qui già (da sei anni / di sei anni). Ma da bambino non sognavo di fare il calciatore, volevo studiare le lingue, andare all'università.
- Invece?
- Sono andato a scuola (18 anni fa / fino a 18 anni), poi sono andato a lavorare in fabbrica. Sono il primo figlio maschio ed era un mio dovere aiutare la mia famiglia.
- E il calcio?
- Dalle otto alle sei lavoravo, poi andavo ad allenarmi (alla settimana 4 volte / 4 volte alla settimana). Una faticaccia.
- Con calma e pazienza, (ai pochi anni / in pochi anni) hai realizzato il sogno di tanti ragazzi: diventare un calciatore professionista. Ad Agadir cosa dicono?
- Sono contenti, naturalmente. Ma per me la gioia più grande è vedere la soddisfazione di mio padre e mia madre.
- Questo è il tuo anno migliore: stai facendo gol. (L'anno prossimo / L'anno scorso) ci sono i mondiali. Speri di essere chiamato in nazionale?
- Sarebbe bellissimo. Ma devo fare ancora tanta strada. E tanti gol!
- Come ti immagini (10 anni fa / tra 10 anni)?
- Sicuramente con una famiglia, una moglie, dei figli. Ma ho l'abitudine di non pensare troppo al futuro. Ora sono concentrato solo sul mio lavoro.

Trova i contrari nel serpente e scrivili negli spazi, come nell'esempio. Le lettere che restano daranno un'altra coppia di contrari.

BRUTTODALTOMOROICHIARO DIVERTENOSONJOO VANTIPATICOERGRASSOTVECCHIOESIMPATICONESTROVERSOTENOBELLOIGIOVANEOSCUROSTIMIDOMAGROOBIONDOBASSO

1. BRUTTO / BELLO   2. ALTO / BASSO   3. CHIARO / OSCURO   4. ANTIPATICO / SIMPATICO

5. GRASSO / MAGRO   6. VECCHIO / GIOVANE   7. ESTROVERSO / TIMIDO   8. MORO / BIONDO

I contrari che restano sono: DIVERTENTE / NOIOSO

7 *Completa i testi con i verbi al* **passato prossimo** *o all'*imperfetto.

Roberto Benigni
Uno dei più importanti
attori italiani.
(*Vincere*) *Ha vinto*
l'Oscar nel 1999
per "La vita è bella".

due mila

Giuseppe Mazzini
Patriota e politico
della fine dell'Ottocento.
Anche grazie a lui l'Italia
(*unirsi*) *si è unita*
nel 1861.

mille otto cento?

Luciano Pavarotti
Cantante lirico,
(*morire*) *è morto*
due mila
nel 2007 dopo una
carriera di grandi successi.
(*Avere*) *Aveva*
una voce eccezionale.

Tiziano Ferro
Cantante pop.
Grazie ad uno stile
molto particolare
(*diventare*) *ha diventat*
famoso in Italia
e all'estero.
abroad
change of sta

Monica Bellucci
Attrice e modella,
(*lavorare*) *ha lavorato*
lavorava
anche a Hollywood.
È nota soprattutto
per la sua straordinaria
bellezza.

Alessandro Manzoni
Il padre del romanzo
storico italiano.
(*Scrivere*) *ha scritto*
"I promessi sposi"
nel 1840.

8 *Completa le descrizioni con gli* **aggettivi** *della lista. Attenzione: gli aggettivi sono alla forma base.*

(bianco)   (corto)   (lungo)   (robusto)   (serio)   (sorridente)

Roberto Benigni • faccia *sorridente*
Luciano Pavarotti • corporatura *robusta?*
Monica Bellucci • capelli *lunghi*
Giuseppe Mazzini • barba *bianca*
Tiziano Ferro • capelli *corti*
Alessandro Manzoni • sguardo *serio*

Vai su www.almaedizioni.it/domani e mettiti
alla prova con gli esercizi on line dell'unità 5.

*Completa il testo con i verbi all'*imperfetto *e inserisci negli spazi le parole della lista.*

(capelli) (cappotto) (collo) (cravatta) (giacche) (maglioni) (occhi) (pantaloni) (valigetta)

I CAPELLI NEGLI ANNI OTTANTA Parlando di mode e stile di vita anni Ottanta, non possiamo non parlare del taglio di _____ che era di moda in quel periodo.

Abbiamo già parlato dei _pantaloni_ aderenti, dei *fuseaux*, delle _giacche_ con le spalline e degli orribili _maglioni_ con l'enorme buco per il ~~testa~~ _collo_ Ci siamo già fermati a ricordare il look degli *yuppie* con camicia e _cravatta_, giacca e, d'inverno, _cappotto_ lungo. E l'immancabile _valigetta_ ventiquattrore. Già, tutto questo erano gli anni Ottanta. Ma non solo.

Tipico di quel periodo (*essere*) _erano_ anche il taglio dei capelli: un qualcosa di mostruosamente brutto, sebbene sicuramente in linea con il periodo frivolo e scanzonato. *separated*

Le donne (*portare*) _portavano_ capelli abbastanza lunghi e (*usare*) _usavano_ molta lacca, solitamente (*arricciare*) _arricciavano_ parte dei capelli con la permanente e (*tenere*) _tenevano_ la frangetta sollevata *fringe* da una manata di gel. Il risultato (*essere*) _era_ una montagna di capelli mossi e sparati su tutti i lati. *fried over all sides*

Per gli uomini (*andare*) _andavano_ molto di moda i colpi di sole come il cantante del gruppo WAHM!, George Michael. (*Loro – Pettinarsi*) _si pettinavano_ in un modo quasi *dandy*. Spesso il capello (*essere*) _era_ ✓ corto di lato e con il ciuffo davanti, quasi a coprire gli _occhi_. Cosa incredibile: molte donne (*considerare*) _consideravano_ sexy gli uomini che (*portare*) _portavano_ i capelli lunghi dietro (ma sempre corti ai lati!).

da *www.vogliadi8o.com*

• Ogni verbo corretto 2 punti   Totale: ____ / 22
• Ogni parola al posto giusto 1 punto   Totale: ____ / 9

2   *Completa il testo con i verbi al* **passato prossimo** *o all'*imperfetto *e inserisci al posto giusto ogni espressione della lista sulla riga corrispondente, come nell'esempio.*

giornalista	Senti Giacomo, come si chiamava quel tuo compagno?	
	L'hai rivisto dopo quella volta?	**più**
Giacomo	Sì, certo. (*Chiamarsi*) _si chiamava_ Antonio.	
	Eravamo nella stessa scuola, (*uscire*) _uscivamo_ insieme,	spesso
	insomma in un certo senso eravamo amici, ma non gli ho raccontato	mai *never*
	quell'episodio, (*vergognarsi*) _vergognavo_ della mancanza di coraggio… Poi dopo	mia *my*
	la scuola ognuno (*andare*) _andava_ ✗ per la sua strada e non ci siamo incontrati.	più *more*
	Non lo vedo da vent'anni. _è andato_	circa *about*
giornalista	Certo. E ti piacerebbe chiedergli scusa dopo tanto tempo?	ora *now*
Giacomo	Sì, piacerebbe.	mi *me*
giornalista	Tu non vuoi chiedere scusa per qualcosa che hai fatto ma	in realtà
	per qualcosa che hai fatto. È così, no?	non *no*
Giacomo	Sì, non l'ho aiutato… Sai… (*Passare*) _è passato_ tanto tempo, può sembrare	perché
	anche un piccolo episodio poco importante, e il mio compagno neanche si ricorda	forse
	di quel giorno, io (*ripensare*) _ho ripensato_ molte volte a quella domenica di tanti	ma *but*
	anni fa, e vorrei scusarmi con lui per il comportamento. *behaviour*	mio *my*

• Ogni verbo corretto 2 punti   Totale: ____ / 12
• Ogni parola al posto giusto 1 punto   Totale: ____ / 13

Spesso indicates something happens regularly

3 *Scegli il verbo all'*imperfetto *corretto.*

was, -ing } imperfect
used to }

I bambini degli anni Sessanta

(Era / Eri / Erano) un bambino negli anni Sessanta? Come hai fatto a sopravvivere?
Quando eravamo bambini (andavamo / andavano / andavate) in auto che non (avevamo / avevano / avevate) cinture di sicurezza né *airbag*!
Le nostre culle (avevamo / abbiamo / avevano) colori vivacissimi... fatte con pitture a base di piombo!
Le confezioni dei medicinali non (avevamo / avevano / avevate) chiusure di sicurezza.
Quando (andavamo / andiamo / andavate) in bicicletta non (portavamo / portami / portavo) il casco.
(Bevevamo / Beveva / Beviamo) l'acqua dal tubo del giardino, invece che dalla bottiglia dell'acqua minerale!
Non (abbiamo / avevamo / avrebbe) Playstation, non (esisteva / esistevamo / esistevo) internet.
L'unica cosa che avevamo (eravamo / erano / eravate) gli amici! Quando qualcuno (andava / andavamo / andavo) male a scuola i professori lo (bocciano / bocciavamo / bocciavano) e lui (ripetevamo / ripeteva / ripetevi) l'anno. Ma nessuno (andavo / andava / andavamo) dallo psicologo, dallo psicopedagogo o in terapia.
La grande domanda è: come abbiamo fatto a sopravvivere?

da www.nandobartolucci.blog.tiscali.it

• Ogni verbo corretto 1 punto

Totale: ____ / 15

4 *Completa il racconto con le* espressioni *della lista.*

(dodici anni) (ma) (ogni) (perché) (quindi) (trenta anni fa) (un sacco di)

Durante la finale dei mondiali di calcio del 1982 io avevo _____ e diciannove giorni. Si giocava Italia – Germania Ovest. Era l'11 luglio 1982 e ricordo che faceva un caldo da morire. _Trenta anni fa_ abitavo in un condominio di otto famiglie, ogni famiglia aveva due o tre figli più o meno dell'età mia o di mia sorella, che aveva sei anni. Insomma, c'erano _____ bambini ed eravamo tutti molto eccitati.
Ancora mi ricordo che avevo le dita doloranti _perché_ io e mia madre avevamo passato il pomerigg a cucire le bandiere e poi ad appenderle ai balconi. _Ogni_ famiglia guardava la partita a casa sua _____ i balconi erano tutti aperti e _____ uscivamo continuamente fuori a commenta con i vicini in un continuo andirivieni. Fino al memorabile "Campioni del mondo!"

Licia D.

• Ogni parola al punto giusto 2 punti

Totale: ____ / 14

5 *Riscrivi il testo al* passato *modificando i verbi, come nell'esempio. Attenzione, un verbo non deve essere modificato.*

Luglio 1982: ho 8 anni e sto al mare in Toscana a passare le vacanze. Sono ancora piccolo e di calcio non ne capisco molto ma faccio tutto quello che fanno gli adulti: urlo "GOOOL!" quando lo facevano i grandi e mi dispero quando le cose vanno male. Quando l'Italia batte la Germania nella finale andiamo tutti in spiaggia e ci facciamo il bagno vestiti! È il mio primo bagno notturno. È lì che divento grande! • *porfido*

Luglio 1982: _avevo_ 8 anni e _stavo_ al mare in Toscana a passare le vacanze. _____ ancora piccolo e di calcio non ne _capivo_ molto ma _facevo_ tutto quello che _facevano_ gli adulti: _urlavo_ "GOOOL!" quando lo _facevano_ i grandi e mi _disperavo_ quando le cose _andavo_ male. Quando l'Italia _ha battuto_ la Germania nella finale _siamo_ tutti in spiaggia e ci _siamo fatti_ il bagno vestiti! _È stato_ il mio primo bagno notturno. _era_ lì che _diventato_ grande!

• Ogni verbo corretto 1 punto

Totale: ____ / 15

trigger past

☞ Totale test: ____ / 100

Cosa so fare?

Descrivere eventi e situazioni passate. ☐ ☐ ☒

Descrivere come si veste una persona. ☐ ☐ ☒

Parlare delle mode. ☐ ☐ ☒

Descrivere l'aspetto fisico e il carattere. ☐ ☐ ☒

Raccontare episodi della propria infanzia. ☐ ☐ ☒

Orientarmi nella storia italiana degli ultimi 150 anni. ☐ ☐ ☒

Cosa ho imparato

Pensa a quello che hai imparato e scrivi...

ne?

Ce l'hai?
Ce l'ho
Non c'è lo

- 5 parole o espressioni molto utili:
  un sacco di, abbastanza quite rather
- qualche espressione per collegare le frasi (connettivi): *allora, quindi, mentre quando così*
- qualche espressione di tempo: *due volte alla cinque anni fa quest'anno settimana fra due anni in 2 years*
- una curiosità culturale sull'Italia e gli italiani:

Cosa faccio... | descrivere cos'è la moda per gli italiani

1 *Vuoi raccontare ad un tuo amico il rapporto degli italiani con la moda e i vestiti.*
Quali sono secondo te le caratteristiche di questo rapporto? Metti le affermazioni in ordine
(1 = meno vera, 10 = più vera). Poi aggiungi altre affermazioni che secondo te sono importanti.

_____ Gli italiani quando escono di casa sono spesso curati nel vestire.

_____ In genere gli italiani giudicano molto un'altra persona da come si veste.

_____ La moda italiana è come la moda degli USA, però con qualche anno di ritardo.

_____ Le donne italiane sono più eleganti degli uomini.

_____ La moda in Italia è influenzata dalla politica.

_____ Moltissimi italiani seguono la moda.

_____ Per un italiano l'importante è la comodità. Sempre.

_____ Quando arrivano a casa, a scuola o al lavoro, gli italiani si tolgono le scarpe per stare più comodi e restano a piedi nudi.

_____ Solo i giovani italiani seguono la moda.

_____

_____

_____

2 *Confronta con un compagno e se vuoi modifica le tue valutazioni.*

Mi metto alla prova | un personaggio italiano

Scegli un personaggio tra quelli dell'attività **3a** *dell'unità* **5** *a pag. 46.*
Vai su www.wikipedia.it *e fai una ricerca. Poi esponi il lavoro che hai fatto alla tua classe, raccontando cosa*
ha fatto, le opere, gli episodi più importanti della sua vita. Mettiti d'accordo con gli altri compagni in modo
da scegliere ognuno un personaggio differente.

bilancio bilancio bilancio bilancio bilancio bilancio bilancio bilancio bilancio

1 *Completa il testo con le* **espressioni** *della lista.*

(ce l'ho) (ce l'ho) (desidera) (lo stesso) (mi dia) (mi dia) (mi dispiace) (vorrei)

commesso   Buongiorno, _desidera_ ?
signora   Buongiorno, _vorrei_ un po' di formaggio e un etto di Parmacotto.   *100 gramiss*
commesso   Eh, _mi dispiace_ signora, il Parmacotto non _ce l'ho_. Però le posso dare…
signora   Ah no, non importa. _mi dia_ delle olive verdi e due etti di Parmacotto.   *200g*
commesso   Mi scusi… il Parmacotto non _c'è l'ho_ … Però gliene posso dare un altro che è buono
           lo stesso eh?!
signora   Ah, beh, se non ha quelle verdi _mi dia_ quelle nere.
commesso   Quelle nere…

2 *Completa con i verbi all'*imperativo informale. *Inserisci anche il* **pronome** *dove indicato* (P).

Ciao amore, ♥♥
domani faccio i tortellini in brodo! ☺ Fatti in casa! Contento?
Per favore (andare) _vai_ al Centro commerciale e (prendere) _prendi_
alcuni ingredienti che mi mancano. La carne (comprare + P) _comprala_ dal signor Mario,
quello che ha la macelleria a Km zero (vicino al giornalaio). Lì trovi anche le uova biologiche
e forse il prosciutto. Se non c'è (prendere + P) _prendilo_ al supermercato insieme
ai chiodi di garofano.
Per il resto mancano solo le carote, ma non (prendere + P) _prendile_ al supermercato
per favore. (Comprare + P) _comprale_ in frutteria qui sotto. *below*
Io sono in palestra. Torno alle otto.
Bacio.

PS: (Prendere) _Prendi_ un litro di latte per domani mattina! ✿

3 *Completa con le* **misure** *giuste e i nomi dei* **cibi**. *Attenzione: in ogni lista c'è un elemento in più.*

misure		
due litri	500 grammi	4 etti	4 chili
un chilo e mezzo	un etto	un etto e mezzo

cibi			
formaggio	frutta	latte	olive
pane	prosciutto cotto	uova

LISTA DELLA SPESA

(150 grammi) _un etto e mezzo_
di _prosciutto cotto_

(100 grammi) _un etto_
di _parmigiano_

(4000 grammi) _4 chili_
di _frutta_

(1/2 chilo) _500 grammi_
di _olive_

(20 decilitri) _due litri_
di _latte_

(15 etti) _un chilo e mezzo_
di _pane_

*Sottolinea l'oggetto dei verbi **evidenziati** e scrivi a destra gli **imperativi** con il pronome, come nell'esempio.*

Chilometro zero: il portale dedicato alla vendita diretta dei prodotti agricoli

Cosa puoi fare su questo portale? Puoi *cercare i prodotti* a km zero che ti interessano, **scoprire** le aziende con vendita diretta più vicine a te e i prodotti/servizi che possono offrirti. Nella sezione ricerca avanzata puoi anche **cercare** i mercati a km zero o i servizi specifici, come ristoranti e fattorie didattiche, dove passare del tempo all'aria aperta e far scoprire ai più piccoli il mondo della fattoria!

Se ti stai chiedendo perché dovresti preferire il km zero... ti diamo qualche risposta!

1. Costa meno. Nessuno deve **trasportare** la merce per farla arrivare al consumatore, nessuno deve **mettere** i prodotti sullo scaffale di un supermercato. Tutti questi passaggi fanno aumentare il prezzo dei prodotti.
2. È sostenibile. Con i prodotti a km zero aiuti l'ambiente.
3. I prodotti sono più freschi. In cascina **trovi** solo i prodotti di stagione che non hanno bisogno di conservanti!
4. Puoi **visitare** l'azienda produttrice e avere più controllo sul prodotto. Puoi **trascorrere** dei bei momenti in fattoria con amici e familiari vedendo da vicino i prodotti che acquisti e la loro produzione. Raramente un acquisto può essere tanto trasparente!
5. Si ritrovano i profumi e i sapori delle diverse stagioni. Ogni stagione è diversa per il palato, la vista e l'olfatto: **riscopri** i sapori tipici dei prodotti che nascono e crescono secondo natura!

Se **acquisti** prodotti a km zero hai un ottimo rapporto qualità/prezzo e dai un contributo per sostenere i produttori locali!

Colonna a destra (risposte manoscritte):

Cercali!
<u>scoprile</u>
<u>cercali</u>

Non <u>trasportarla</u>
Non <u>metterli</u>

<u>trovali</u>

<u>visitala</u>
<u>trascorrerli</u>

<u>riscoprile</u>

<u>acquistale</u>

---

*Unisci un elemento della colonna sinistra con uno della colonna destra e ricostruisci i nomi dei **prodotti** che puoi comprare nei negozi. Poi scrivili al posto giusto e copia le lettere **evidenziate**, come nell'esempio. Troverai il nome di un negozio dove puoi comprare dei dolci.*

bis	ato
bis	cina
for	*cotti*
frut	diano
gel	dori
lat	dura
medi	ista
mozza	lo
pol	maggio
pomo	rella
quoti	ta
riv	te
tramez	tecca
ver	zino

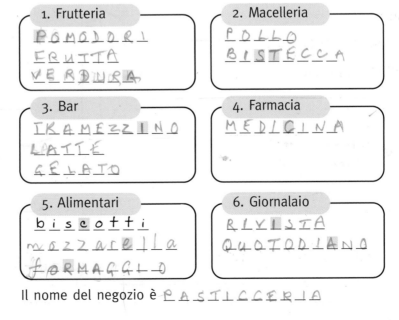

1. Frutteria
POMODORI
FRUTTA
VERDURA

2. Macelleria
POLLO
BISTECCA

3. Bar
TRAMEZZINO
LATTE
GELATO

4. Farmacia
MEDICINA

5. Alimentari
biscotti
mozzarella
formaggio

6. Giornalaio
RIVISTA
QUOTIDIANO

Il nome del negozio è PASTICCERIA

Vai su www.almaedizioni.it/domani e mettiti alla prova con gli esercizi on line dell'unità 6.

1 *Inserisci la preposizione* **di** *al posto giusto nelle frasi, come nell'esempio.*

- Vorrei mezzo chilo *di* manzo con l'osso.

- Mi dia due etti *di* parmigiano.

- Mia sorella mi ha detto *di* partire domani.

- In questo negozio il prosciutto è *di* prima qualità.

- Nel bar *di* fronte fanno un ottimo cappuccino.

- Vuoi un bicchiere *di* vino?

- La dieta mediterranea è uno stile *di* vita.

2 *Inserisci le risposte dopo le domande corrispondenti e completa le frasi con le* **espressioni** *della lista, come nell'esempio.*

(etto) (euro) (euro) (grammi) (metri) (mezza) (un po' di)

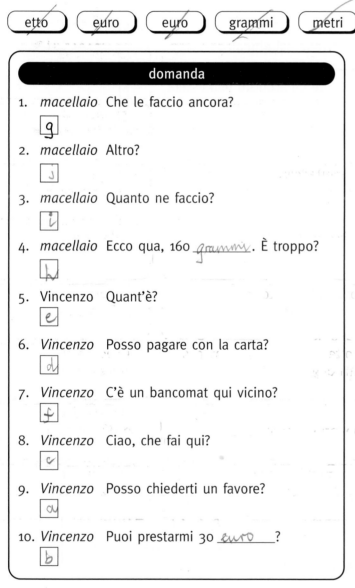

domanda
1. *macellaio* Che le faccio ancora?   **g**
2. *macellaio* Altro?   **j**
3. *macellaio* Quanto ne faccio?   **i**
4. *macellaio* Ecco qua, 160 *grammi*. È troppo?   **h**
5. Vincenzo Quant'è?   **e**
6. Vincenzo Posso pagare con la carta?   **d**
7. Vincenzo C'è un bancomat qui vicino?   **f**
8. Vincenzo Ciao, che fai qui?   **c**
9. Vincenzo Posso chiederti un favore?   **a**
10. Vincenzo Puoi prestarmi 30 *euro* ?   **b**

risposta
a. Carolina Certo, dimmi.
b. Carolina Sì, figurati.
c. Carolina Sono venuta a prendere *un po' di* carne.
d. *macellaio* Mi dispiace, non ho il collegamento.
e. *macellaio* In tutto fanno 23 *euro* e 80.
f. *macellaio* Ne trova uno a 300 *metri*.
g. Vincenzo *Mezza* gallina.
h. Vincenzo No, va bene così.
i. Vincenzo Un *etto* e mezzo, grazie.
l. Vincenzo Sì, vorrei del prosciutto.

Scegli gli avverbi.

Come mangiano i ragazzi di oggi

Merendine, pizza e patate fritte consumate davanti alla tv o nelle pause tra una partita e l'altra con la Playstation.

Gli adolescenti italiani mangiano (troppo / poco e bene / troppo poco) e si muovono (pochissimo / tanto).

Per quanto riguarda l'alimentazione i ragazzi italiani cominciano (abbastanza / troppo) male fin dal mattino.

Sono in tanti quelli che non fanno colazione e saltano il pasto più importante della giornata.

A pranzo per tutti pasta e riso, mentre solamente l'8% dei giovani mangia il pesce: (troppo poco / tanto poco)

per un Paese che ha più di 7000 chilometri di costa. A cena la gente cucina meno di quanto faceva

in passato, e così i ragazzi spesso consumano soprattutto panini imbottiti, pizza e patate.

Oltre a mangiare cibi di bassa qualità, gli adolescenti si muovono (molto tanto / molto poco), e anche

questo è un problema per la loro salute.

da *www.ilgiornale.it*

Riscrivi otto volte sul quaderno il dialogo tra il cliente e il negoziante seguendo l'esempio.

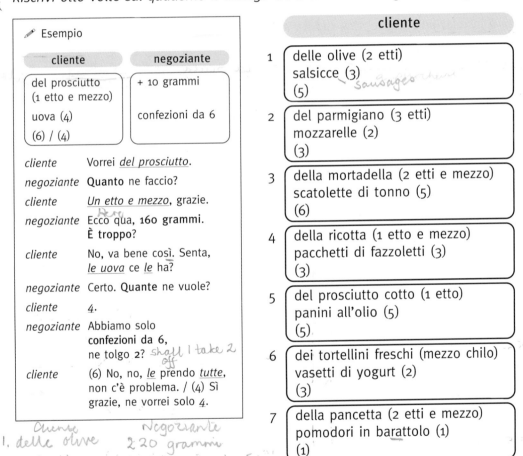

	cliente	negoziante
Esempio	del prosciutto (1 etto e mezzo) uova (4) (6) / (4)	+ 10 grammi confezioni da 6

cliente	Vorrei *del prosciutto*.
negoziante	**Quanto** ne faccio?
cliente	*Un etto e mezzo*, grazie.
negoziante	Ecco qua, **160 grammi**. È troppo?
cliente	No, va bene così. Senta, *le uova* ce *le* ha?
negoziante	Certo. **Quante** ne vuole?
cliente	4.
negoziante	Abbiamo solo **confezioni da 6**, ne tolgo 2?
cliente	(6) No, no, *le* prendo *tutte*, non c'è problema. / (4) Sì grazie, ne vorrei solo 4.

	cliente	negoziante
1	delle olive (2 etti) salsicce (3) (5)	+ 20 grammi confezioni da 5
2	del parmigiano (3 etti) mozzarelle (2) (3)	+ 50 grammi confezioni da 3
3	della mortadella (2 etti e mezzo) scatolette di tonno (5) (6)	+ 15 grammi confezioni da 6
4	della ricotta (1 etto e mezzo) pacchetti di fazzoletti (3) (3)	+ 25 grammi confezioni da 6
5	del prosciutto cotto (1 etto) panini all'olio (5) (5)	+ 30 grammi confezioni da 10
6	dei tortellini freschi (mezzo chilo) vasetti di yogurt (2) (3)	+ 100 grammi confezioni da 3
7	della pancetta (2 etti e mezzo) pomodori in barattolo (1) (1)	+ 30 grammi confezioni da 3
8	dello stracchino (2 etti) pacchi di biscotti al miele (1) (1)	+ 20 grammi confezioni da 2

5 *Scegli in ogni frase l'espressione più appropriata.*

La dieta mediterranea è entrata nella lista (del patrimonio / del capitale / della proprietà) dell'umanità all'UNESC(

La notizia ha un (valore / prezzo / conto) straordinario per l'Italia.

La dieta mediterranea è universalmente riconosciuta come (dieta / nutrizione / cura) sana e nutriente.

Gli italiani si aggiudicano (la vittoria / il primato / la superiorità) dei meno grassi.

Una alimentazione fondata sulla dieta mediterranea garantisce (l'equivalenza / la corrispondenza / il rapporto) migliore tra peso e altezza.

Gli italiani hanno un'altezza media di circa due centimetri (minore / inferiore / al di sotto) alla media degli europe(

6 *Ascolta l'intervista tutte le volte che è necessario e indice se le affermazioni sono vere o false.* **DVD** esercizi 4

	vero	falso
1. La dieta è un modo per dimagrire velocemente.	☐	☐
2. La dieta mediterranea è in relazione con lo stile di vita in generale.	☐	☐
3. La dieta mediterranea esiste da migliaia di anni.	☐	☐
4. Uno studioso di Pollica, in Cilento, ha creato la definizione "dieta mediterranea".	☐	☐
5. Ancel Keys è un generale dell'esercito americano.	☐	☐
6. I cibi più importanti della dieta mediterranea sono il pane, l'olio e il vino.	☐	☐
7. La dieta mediterranea non prevede il pesce.	☐	☐

7 *Ogni citazione a sinistra ha una parte che non è sua. Copia le parti* evidenziate *nella giusta citazione di destr(*

Uno non può pensare bene, amare bene, dormire bene, mangia anche per lui.

Uno non può pensare bene, amare bene, dormire bene, _____.
Virginia Woolf

Nessun essere umano indifferente al cibo se oggi l'uomo non mangia più l'uomo.

Nessun essere umano indifferente al cibo _____.
Manuel Vázquez Montalbán

Se non ha mangiato bene, è unicamente perché la cucina ha fatto dei progressi!

_____, è unicamente perché la cucina ha fatto dei progressi!
Daniel Pennac

Quando hai fame pensa a chi ne ha più di te e è degno di fiducia.

Quando hai fame pensa a chi ne ha più di te e _____.
Ivan Della Mea

Vai su **www.almaedizioni.it/domani** e mettiti alla prova con gli esercizi on line dell'unità 7.

Rimetti in ordine il dialogo, inserendo anche le **preposizioni** *giuste.*

(a) (al) (dal) (dei) (del) (di) (in) (in) (per) (su)

n° [ ] Bene!

n° [ ] Buonasera signora. Veramente stiamo _____ chiudere. Cosa voleva?

n° [1] Buonasera. Posso?

n° [ ] Eh sì, questo è il periodo _de_ saldi. Facciamo sconti _dal_ 30 _a_ 50% _su_ quasi tutta la merce.

n° [ ] Volevo solo provare quel vestito _____ cotone _a_ righe bianche e blu _in_ vetrina.
        Quello _in_ saldo. Ho visto che ha uno sconto _del_ 50%.

Riscrivi nei riquadri la frase dell'esempio, usando i **capi** *di* **abbigliamento** *dei disegni.*

vestito di cotone a righe	camicia a maniche corte	maglione a quadri	maglione a V	mocassini

• Volevo solo provare *quel vestito di cotone a righe* in vetrina. *Quello* in saldo.

pantaloni a righe	scarpe con i tacchi alti	stivali di pelle	paio di pantaloni a zampa di elefante	vestito scollato

3 *Collega le parole delle prime tre colonne e ricostruisci le* **domande**. *Poi collegale alle* **risposte** *nella quarta colonn*

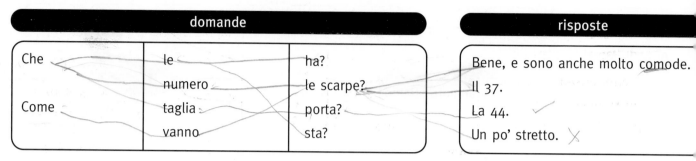

domande			risposte
Che	le	ha?	Bene, e sono anche molto comode.
	numero	le scarpe?	Il 37.
Come	taglia	porta?	La 44.
	vanno	sta?	Un po' stretto.

4 *Cosa stanno per fare o cosa stanno facendo queste persone? Completa con* **stare per** *o* **stare** *+ gerundio, come nell'esempio.*

(telefonare) (lavarsi) (mangiare) (partire) (scendere)

Sta per (about to) telefonare.

Sta telefonando. (doing it)

1.

Sta scendendo la scala

2. Sta per scendere la scala

Stanno mangiando

3. Stanno per mangiare

Si sta lavando le mani

4. Sta per lavarsi le mani

Stanno per partire per le vacanze estive

5. stanno partendo

Collega le frasi di sinistra con quelle di destra e inserisci i pronomi combinati, come nell'esempio.

1. Quella con il vestito a righe è la nuova ragazza di Paolo. Lo sapevi? *did you kro*

2. Vorrei provare quelle scarpe con i tacchi alti in vetrina.

3. Sono belli i tuoi pantaloni, dove li hai presi?

4. Senta, ma se poi il maglione non mi sta bene _me lo_ cambia?

5. Una borsetta? Ma io veramente non ho bisogno di una borsetta!

6. Dove sono le mie scarpe di pelle?

7. Scusate signore, ma gli sconti sui prodotti firmati non valgono. Non lo sapete? *vald*

8. Cosa? Vuoi 500 euro per comprare un maglione? Mi dispiace, ma non _glie_ do!

9. Gianna non ha un lavoro e spende sempre un sacco di soldi per i vestiti. Ma chi _glieli_ da? *lend*

10. Luigi ha chiesto al fratello di prestargli la camicia a quadretti ma lui non _gli_ ha data!

a. Ma è lana di prima qualità!

b. Anche con me non è stato simpatico.

c. No, lei non _ce ne_ ha detto. Allora non prendiamo niente.

d. Ma certo. Basta venire con lo scontrino.

e. Prima _gliela_ mostro poi mi dice cosa ne pensa.

f. È ricca di famiglia.

g. _Me le_ ha regalati mio marito.

h. No, chi _te l'_ ha detto?

i. _____ ha chieste Rita e io _____ ho date. Ma non ti preoccupare, ha detto che domani quando vai da lei _____ restituisce.

l. _Gliele_ prendo subito.

Forma delle frasi come nell'esempio. Usa sempre il verbo "regalare".

> ✏️ **Esempio**
>
> (i pantaloni / a Mauro / Lucia)
> • Chi **glieli ha** regalati?
> ■ **Glieli ha** regalati Lucia.

(la camicia / a papà / mamma) *la gli*
1. • _Chi gliela ha regalata_
   ■ _Mamma l'ha regalata_
   le gli la mia mama

(le scarpe / ai bambini / i nonni)
2. • _Chi gliele ha regalate?_
   ■ _Gliele ha regalate i nonni_
   le vi

(le giacche / a voi / la scuola)
3. • _Chi vele ha regalate?_
   ■ _Ve le ha regalata la scuola_
   la li va

(la borsa / ai dipendenti / l'azienda)
4. • _Chi gliel'ha regalata?_
   ■ _Gliela ha regalata l'azienda_
   lo gli

(il cappello / Paolo / noi)
5. • _Chi glielo ha regalato?_
   ■ _Glielo l'ha regalato noi_

lo te
(il vestito / a te / mio marito)
6. • _Chi te lo ha regalato?_
   ■ _Te lo'ha regalato mio marito_
   le vi

(i maglioni / a voi / i nostri figli)
7. • _Chi vi le ha regalati?_
   ■ _Gliele ha regalate i nostri figli_
   la

(la gonna / a Chiara / io)
8. • _Chi gliel'ha regalata la_
   ■ _Gliela ha regalata io_

(gli stivali / a te / Ugo)
9. • _Chi glieli ha regalata_
   ■ _Glielo ha regalati Ugo_

Vai su **www.almaedizioni.it/domani** e mettiti alla prova con gli esercizi on line dell'unità 8.

7 *Completa il testo con le parole della lista.*

(bisogno) (cotone) (corti) (devono) (ginnastica) (i tacchi alti) (minigonne)

(mocassini) (naturali) (pelle) (sandali) (seta) (sintetici) (tinta unita)

L'Italia è una nazione attenta alla moda e la maggior parte degli italiani prende il loro abbigliamento molto sul serio. Mentre altri popoli come gli americani e i tedeschi amano indossare scarpe da _____ comode, jeans e vecchie t-shirt di _____ durante una vacanza, gli italiani sentono che lo stile e l'eleganza non _____ mai mancare. Se avete _____ di qualche suggerimento per vestirvi come uno di loro durante un viaggio in Italia, o semplicemente vestire con stile ogni giorno, leggete qui sotto.

Come vestirsi come gli italiani
Difficoltà: moderatamente facile

Istruzioni

1. Indossare scarpe di alta qualità, preferibilmente in _____.
La maggior parte delle donne in Italia indossa scarpe con _____, anche per andare a fare la spesa.
Gli uomini in genere indossano _____.
La maggior parte degli italiani non considera parte del loro abbigliamento scarpe da ginnastica e _____ da spiaggia.

2. Mettete nel vostro guardaroba qualche vestito firmato, pantaloni di lino ben aderenti e una camicia di _____.
Gli italiani preferiscono comprare un solo capo d'abbigliamento ma di qualità, invece che spendere per comprare una maggiore quantità di vestiti meno costosi.

3. Concentratevi su abiti minimalisti in colori neutri come nero, bianco e beige e a _____.

4. Scegliete tessuti _____ come cotone, seta e lino, e evitate quelli _____.

5. Attenzione ai vestiti _____, specialmente se siete donne. Molti italiani trovano sgradevoli _____ e pantaloncini, e se state visitando una chiesa, potreste avere problemi. Le gonne lunghe sono più adatte.

da www.comequando.it

*Scegli l'**espressione** giusta e inserisci le* misure *della lista al posto di quelle del testo.*

(1 chilo)   (1 chilo e mezzo)   (2 chili e mezzo)   (3 etti)   (mezzo chilo)   (mezzo litro)

Ciao Fabio,

ti ricordi che stasera i tuoi sono a cena da noi? Ho pensato (di / io / ne) preparare un'insalata caprese, ma

bisogna fare un po' (della / di / anche) spesa. Mi raccomando, non (fai / farla / la fai) al supermercato qui sotto

perché è troppo caro. Vai al Centro commerciale in via Righi. La mozzarella (compra / comprala / la compra)

all'alimentari del signor Ugo, (ce l'ha / ce l'hai / l'ha) freschissima. (Prendilo / Prendine / Lo prendi) almeno

_____ (= 1000 grammi), perché lo sai che tuo padre (la / lui / ne) mangia tutta.

Prendi anche _____ (= 300 grammi) di prosciutto crudo, e _____ (= 50 centilitri)

di latte. Il pane (ce l'abbiamo / noi abbiamo / molto abbiamo), non serve.

In (farmacia / frutteria / macelleria) devi prendere _____ (= 15 etti) di pomodori per la caprese,

(del / un po' / un paio) di basilico, _____ (= 500 grammi) di mele rosse e

_____ (= 25 etti) di pesche (prendile / prendine / ne prendi) gialle, come piacciono a tua

madre). Infine chiedi se hanno le uova biologiche. Se non sono biologiche non (le prendile / prenderle / prendile).

Io sto andando in palestra. Ci vediamo più tardi.

Un bacio

- **Ogni espressione corretta 2 punti**
- **Ogni misura al posto giusto 1 punto**

Totale: _____ / 24
Totale: _____ / 6

Riordina il dialogo come nell'esempio inserendo anche i **pronomi** *(semplici e combinati).*

n° ☐3☐   Allora forse sono meglio questi.

n° ☐☐   42...

n° ☐☐   Veramente io non amo le righe.

n° ☐☐   Senta, ma se poi non _____ stanno bene _____ cambia?

n° ☐☐   Signora, guardi questi pantaloni. Sono perfetti per Lei. _____ piacciono?

n° ☐☐   Che taglia porta?

n° ☐☐   Mi dispiace, non è possibile.

n° ☐☐   Sì, questi a tinta unita sono decisamente meglio.

n° ☐☐   D'accordo. Sono in vetrina. _____ prendo subito...

- **Ogni battuta al posto giusto 1 punto**
- **Ogni pronome corretto 3 punti**

Totale: _____ / 8
Totale: _____ / 12

3 *Ricomponi le domande e trova le risposte.*

domande			risposte
Le prende	altro?	Fanno 15 euro e 50.	
Le serve	con il bancomat?	Mi dispiace, solo contanti.	
Quanta	è?	No, a posto così. Grazie.	
Quant'	le ha?	No, ne voglio solo 2.	
Posso pagare	ne faccio?	Sì, quante ne vuole?	
Senta, le arance ce	tutte?	Un etto, grazie.	

• **Ogni domanda + risposta corretta 2 punti**   Totale: _____ / 12

4 *Scrivi le frasi come nell'esempio.*

🖉 Esempio

Rita / a Eva / camicia di seta • *Rita ha chiesto a Eva di prestarle la camicia di seta ma lei non gliel'ha data!*

1. Noi / a Roberto / 100 euro • _____

2. Laura / ai suoi genitori / la macchina • _____

3. Io / a mio fratello / le scarpe da ginnastica • _____

4. Leo / a Paola / il suo appartamento • _____

• **Ogni frase corretta 5 punti**   Totale: _____ / 20

5 *Completa il testo con le parole della lista.*

(abbigliamento) (acquisti) (bisogno) (di) (di) (dopo) (maglioni) (negozi) (non)
(paio) (pantaloni) (per) (prezzi) (quindi) (saldi) (saldo) (sconto) (tacchi)

Saldi • Come comportarsi

_____ a collo alto o girocollo, camicie a righe o a quadretti, vestiti scollati e _____ a vita bassa, scarpe con i _____ alti o bassi...

I _____ di abbigliamento in questo periodo offrono di tutto, i _____ sono bassi e le tentazioni sono veramente tante. Perciò, ora che sta _____ iniziare il periodo dei _____, cosa dobbiamo sapere per spendere i nostri soldi senza fare _____ inutili?

Soprattutto le donne, più interessate in genere all'_____ e agli accessori, rischiano di commettere qualche errore. La prima regola è quella di sapere chiaramente di cosa avete _____. Infatti girare solo per guardare è il modo peggiore di comprare. Perciò se vi piace un _____ di pantaloni, entrate e controllateli attentamente, i negozi a volte espongono anche articoli della stagione precedente. E poi chiedete _____ provarli, è un vostro diritto. Spesso i cartellini dei prezzi _____ sono trasparenti e appare uno _____ maggiore di quello che è in realtà, _____ chiedete sempre chiarimenti sul prezzo. Un altro buon metodo è quello _____ non comprare immediatamente. Pensateci un giorno, e se il giorno _____ siete ancora convinti, realizzate l'acquisto.

Un'ultima cosa da sapere è che la merce in _____ di solito non si può cambiare.

• **Ogni parola al posto giusto 1 punto**   Totale: _____ / 18

☞ **Totale test: _____ / 100**

Cosa so fare?

Scrivere una lista della spesa.	☐	☐	☐
Fare la spesa.	☐	☐	☐
Chiedere la disponibilità di un prodotto.	☐	☐	☐
Parlare della dieta mediterranea.	☐	☐	☐
Chiedere e dire quanto costa qualcosa.	☐	☐	☐
Chiedere un prestito.	☐	☐	☐
Usare le misure.	☐	☐	☐
Acquistare un vestito o un paio di scarpe in un negozio.	☐	☐	☐
Discutere il prezzo.	☐	☐	☐

Cosa ho imparato

Pensa a quello che hai imparato e scrivi...

• 5 parole o espressioni molto utili:

• una cosa particolarmente difficile:

• un modo di dire:

• una curiosità culturale sull'Italia e gli italiani:

Cosa faccio... | fare acquisti

Entri in un negozio di vestiti. Scegli per ogni lettera una delle due possibili azioni e fai il test.
Poi leggi il tuo profilo a pag. 143.

1

2

a. ☐ Se il negozio sta per chiudere vado subito via.

☐ Se il negozio sta per chiudere dico che faccio presto e chiedo di entrare lo stesso.

b. ☐ Chiedo di provare tutti i prodotti che mi piacciono, anche quelli che non intendo acquistare.

☐ Provo solo i prodotti che intendo davvero acquistare.

c. ☐ Quando voglio acquistare un vestito per un'altra persona, lo compro solo se è possibile cambiarlo.

☐ Non compro mai vestiti per un'altra persona perché non voglio sbagliarmi.

d. ☐ Se il prezzo è troppo alto chiedo uno sconto.

☐ Non chiedo mai lo sconto in un negozio. Se il prezzo è troppo alto, preferisco pagare o andare via.

e. ☐ Preferisco scegliere senza chiedere consigli ai negozianti. Chiedo aiuto solo in casi eccezionali.

☐ Chiedo spesso consigli ai negozianti perché mi piace scegliere con l'aiuto di un esperto.

Mi metto alla prova | una cena mediterranea

Insieme ad un gruppo di compagni, decidete un menu per una cena nello stile della dieta mediterranea. Quindi andate a fare la spesa per comprare gli ingredienti, cucinate insieme e mangiate. Aiutatevi con internet per trovare le ricette.

1 *Sostituisci le espressioni* evidenziate *con le parole della lista che hanno il significato più simile, come nell'esempi*

[handwritten annotations: highlighted]

large room ~~ampio~~ locale	*kitchenette* angolo cottura	*furnished* arredato	*attic* attico	*balcony* balcone	*garage* box auto
bedroom camera da letto	*small bedroom* cameretta	*entrance* ingresso	*in excellent condition* in ottimo stato	*studio flat* monolocale	*ground floor* piano terra
renovated ristrutturata	*?* termoautonomo	*3 bedrooms* trilocale	*chalet* villetta		

1. Affitto splendido **appartamento all'ultimo piano** _____ , composto da **zona di entrata** _____ *ingresso* _____ , soggiorno, cucina abitabile, **stanza per dormire** _____?_____ , cameretta, due bagni, ripostiglio, terrazza e **garage** _____ *box auto* _____ . Nel prezzo di affitto sono incluse anche le spese di condominio e di riscaldamento. 1200 euro al mese.

[margin: condominium fees] *[annotations: ? closet, expenses, standard]*

2. Affittasi **appartamento di una sola stanza** _____ *monolocale* _____ **al livello della strada** _____ *al piano terra* _____ completamente ristrutturato e **con mobili** _____ *arredato* _____ . Composto da: **grande stanza** _____ *ampio locale* _____ con angolo cottura e bagno. **Sistema di riscaldamento indipendente** _____ *Termo-autonomo* _____ . Libero subito. 600 euro al mese.

[annotations: Take of pronoun, mille due cento]

3. Diamo in affitto ampio **appartamento di tre stanze** _____ *trilocale* _____ con soggiorno, zona cucina, due stanze, bagno, **piccolo terrazzo** _____?_____ e cantina. L'appartamento è **in buone condizioni** _____ *in ottimo stato* _____ e completamente arredato. Ultimo piano con ascensore. 900 euro al mese.

[annotations: spacious, kitchen area, cellar]

4. Posizione panoramica nelle colline di San Ruffillo. **Casa indipendente con giardino** _____ *villetta* _____ completamente **rinnovata** _____ *ristrutturata* _____ : ingresso, soggiorno con **spazio per cucinare** _____ *angolo cottura* _____ camera matrimoniale, **piccola stanza** _____ *cameretta* _____ , bagno e cantina. Arredata. In affitto a 1300 euro al mese + riscaldamento e condominio a parte. *?*

2 *Unisci un elemento della colonna sinistra con uno della colonna destra e ricostruisci i nomi dei* **mobili**.
Poi scrivili sotto al disegno giusto, come nell'esempio.

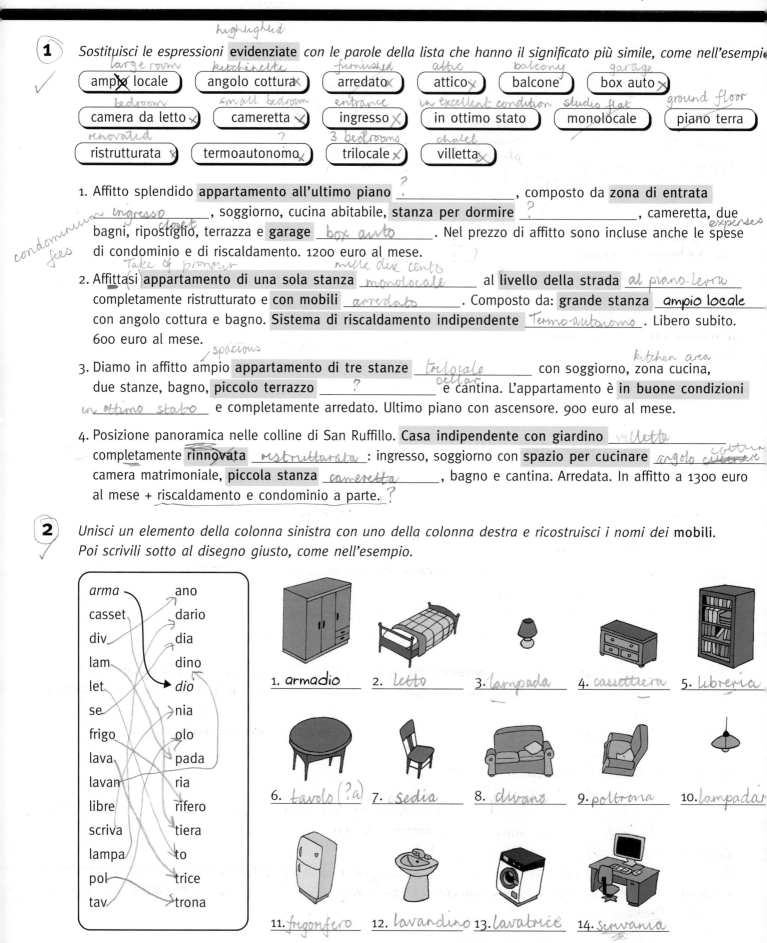

arma	ano
casset	dario
div	dia
lam	dino
let	dio
se	nia
frigo	olo
lava	pada
lavan	ria
libre	rifero
scriva	tiera
lampa	to
pol	trice
tav	trona

1. armadio 2. letto 3. lampada 4. cassettiera 5. libreria

6. tavolo (?a) 7. sedia 8. divano 9. poltrona 10. lampadar

11. frigorifero 12. lavandino 13. lavatrice 14. scrivania

(lavastoviglia - dishwasher)

Completa il cruciverba. *il corridoio*

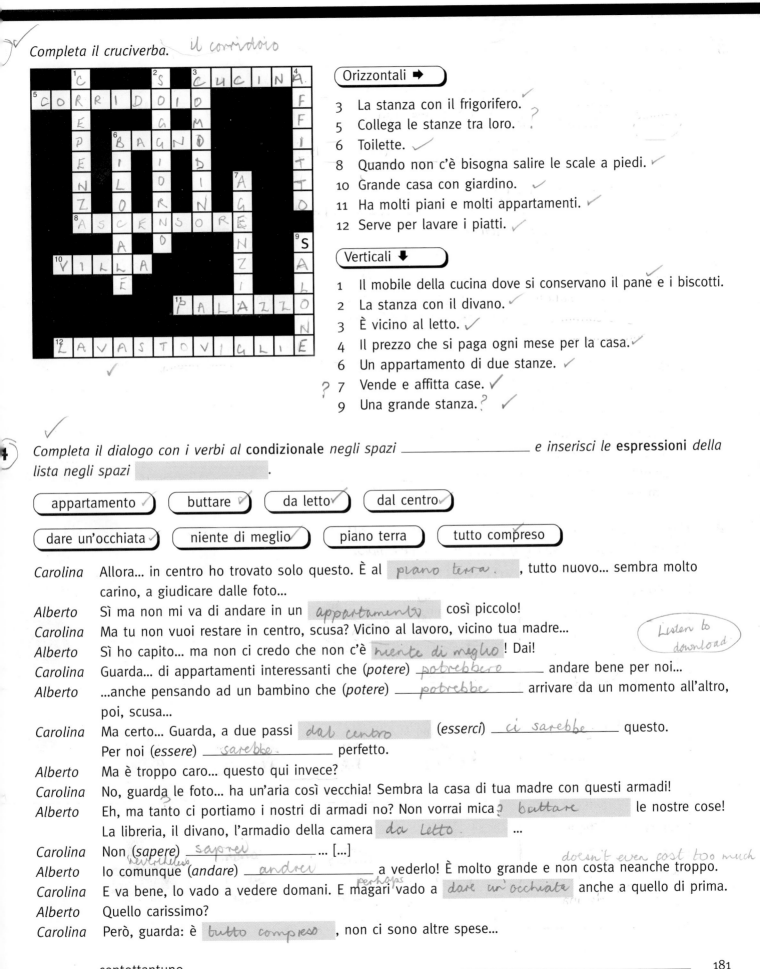

Orizzontali →

3 La stanza con il frigorifero.
5 Collega le stanze tra loro.
6 Toilette.
8 Quando non c'è bisogna salire le scale a piedi.
10 Grande casa con giardino.
11 Ha molti piani e molti appartamenti.
12 Serve per lavare i piatti.

Verticali ↓

1 Il mobile della cucina dove si conservano il pane e i biscotti.
2 La stanza con il divano.
3 È vicino al letto.
4 Il prezzo che si paga ogni mese per la casa.
6 Un appartamento di due stanze.
7 Vende e affitta case.
9 Una grande stanza.

Completa il dialogo con i verbi al **condizionale** negli spazi _____ e inserisci le **espressioni** della lista negli spazi _____ .

(appartamento ✓)   (buttare ✓)   (da letto ✓)   (dal centro ✓)

(dare un'occhiata ✓)   (niente di meglio ✓)   (piano terra)   (tutto compreso)

Carolina	Allora… in centro ho trovato solo questo. È al *piano terra* , tutto nuovo… sembra molto carino, a giudicare dalle foto…
Alberto	Sì ma non mi va di andare in un *appartamento* così piccolo!
Carolina	Ma tu non vuoi restare in centro, scusa? Vicino al lavoro, vicino tua madre…
Alberto	Sì ho capito… ma non ci credo che non c'è *niente di meglio*! Dai!
Carolina	Guarda… di appartamenti interessanti che (*potere*) *potrebbero* andare bene per noi…
Alberto	…anche pensando ad un bambino che (*potere*) *potrebbe* arrivare da un momento all'altro, poi, scusa…
Carolina	Ma certo… Guarda, a due passi *dal centro* (*esserci*) *ci sarebbe* questo. Per noi (*essere*) *sarebbe* perfetto.
Alberto	Ma è troppo caro… questo qui invece?
Carolina	No, guarda le foto… ha un'aria così vecchia! Sembra la casa di tua madre con questi armadi!
Alberto	Eh, ma tanto ci portiamo i nostri di armadi no? Non vorrai mica *buttare* le nostre cose! La libreria, il divano, l'armadio della camera *da letto* …
Carolina	Non (*sapere*) *saprei* … […]
Alberto	Io comunque (*andare*) *andrei* a vederlo! È molto grande e non costa neanche troppo.
Carolina	E va bene, lo vado a vedere domani. E magari vado a *dare un'occhiata* anche a quello di prima.
Alberto	Quello carissimo?
Carolina	Però, guarda: è *tutto compreso* , non ci sono altre spese…

5 *Scegli il verbo giusto.*

Gli italiani e la casa

Secondo una ricerca di Casa.it, quando parlano di casa, gli italiani sembrano
(**avere** / avrebbero) le idee molto chiare.

Moltissimi (il 43% degli intervistati) (volevano / **vorrebbero**) avere una casa
al mare, mentre il 30% (ha preferito / **preferirebbe**) vivere in grandi città
e il 17% in campagna.

Ma come (doveva / **dovrebbe**) essere la zona intorno alla casa secondo
gli italiani? Il 50% (**indica** / indicherà) come condizione essenziale la presenza
di parchi o aree verdi. Inoltre a molti (27%) (**piacerebbe vivere** / vivrebbe)
vicino ad una scuola e avere vicino un ospedale, dei centri ricreativi (26%),
delle strutture sportive (22%) o teatri e cinema (22%).

Farmacia (44%), fornaio (42%) e supermercato (41%) sono i servizi ai quali gli italiani
non (**potrebbero rinunciare** / stanno rinunciando).

Volete sapere invece dove quasi nessuno (vorrà / **vorrebbe**) abitare? Vicino ad un cimitero e il perché
(**è** / sarebbe) abbastanza evidente. Ma molti italiani (40%) non (vivono / **vivrebbero**) neanche accanto
ad un'autostrada (40%), né vicino ad un aeroporto (21%) o ad una stazione (17%).

Vai su **www.almaedizioni.it/domani** e mettiti alla prova con gli esercizi on line dell'unità 9.

esercizi | unità 10

1 *Completa la prima parte del testo aiutandoti con i disegni.*

Influenza, raffreddore, mal di denti... di cosa soffrono gli italiani

Gli italiani soffrono più delle altre popolazioni europee i mali
di stagione. In una ricerca del gruppo Nielsen, infatti, gli italiani
sono al primo posto tra gli europei che soffrono di più
di 1 *mal di gola* (32%), seguiti da UK (30%) e
da Irlanda e Polonia (28%). L'Italia rimane ai primi posti anche
per il 2 *l'influenza* : 39% insieme alla Russia.
Nel caso dell' 3 *il raffreddore* (24%), si ammalano
più di noi solo i finlandesi (27%).
Per quanto riguarda invece le altre patologie, il 44% soffre di
4 *mal di testa* , il 24% di 5 *mal di stomaco* ,
il 20% di 6 *mal di denti* .
Molto diffusi sono anche 7 *mal di schiena* e
8 *mal di orecchie* (soprattutto nei bambini).

Dividi le parole delle **parti del corpo** *e copia ogni parola nella tabella al posto giusto, come nell'esempio.*

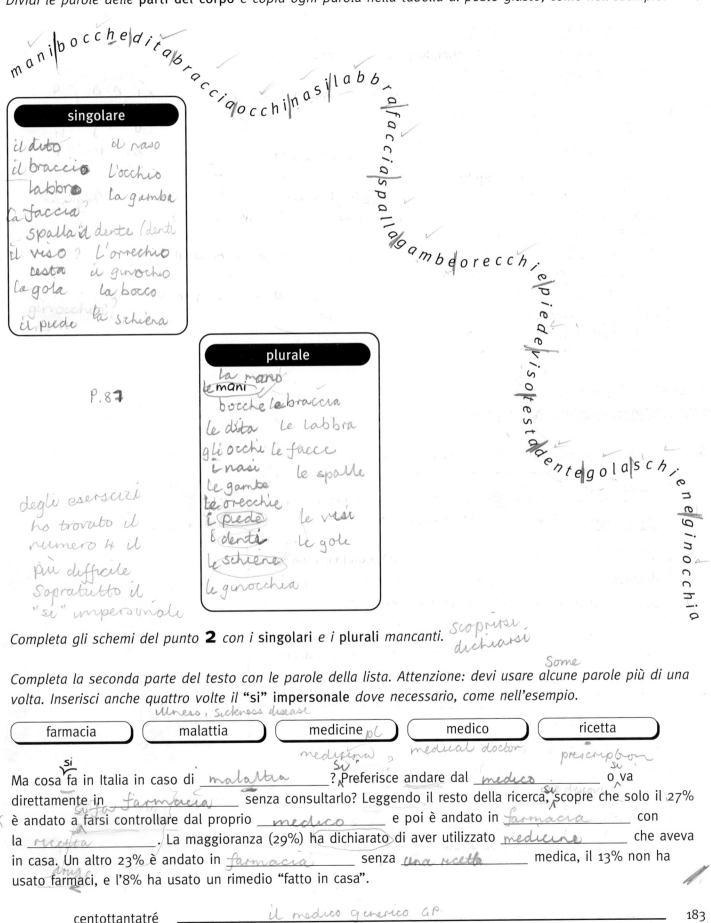

maniboccheditabracciaocchinasilabbrafacciaspallagambeorecchiepiedevisotestadentegolaschieneginocchia

singolare

il dito	il naso
il braccio	l'occhio
labbro	la gamba
la faccia	
spalla	il dente (denti
il viso ?	l'orecchio
testa	il ginocchio
la gola	la bocca
ginocchio ?	
il piede	la schiena

P. 87

plurale

la mano	
le mani	
bocche	le braccia
le dita	le labbra
gli occhi	le facce
i nasi	
le gambe	le spalle
le orecchie	
i piedi	le visi
i denti	le gole
le schiene	
le ginocchia	

degli eserscizi ho trovato il numero 4 il più difficile. Sopratutto il "si" impersonale

3 *Completa gli schemi del punto **2** con i singolari e i plurali mancanti.* scoprirsi, dichiarsi

4 *Completa la seconda parte del testo con le parole della lista. Attenzione: devi usare alcune parole più di una volta. Inserisci anche quattro volte il **"si" impersonale** dove necessario, come nell'esempio.* Some

| farmacia | malattia | medicine pl | medico | ricetta |

Illness, sickness disease   medicina ?   medical doctor   prescription

Ma cosa fa in Italia in caso di _malattia_? Preferisce andare dal _medico_ o va direttamente in _farmacia_ senza consultarlo? Leggendo il resto della ricerca, scopre che solo il 27% è andato a farsi controllare dal proprio _medico_ e poi è andato in _farmacia_ con la _ricetta_. La maggioranza (29%) ha dichiarato di aver utilizzato _medicine_ che aveva in casa. Un altro 23% è andato in _farmacia_ senza _una ricetta_ medica, il 13% non ha usato farmaci, e l'8% ha usato un rimedio "fatto in casa". drug

centottantatré   il medico generico GP   **183**

farsi controllare ? si fa controllare

5 Completa il dialogo con i verbi all'imperativo formale affermativo o negativo, come nell'esempio.

farmacista (*Dimenticarsi*) <u>Non si dimentichi</u>, mi raccomando.

Alberto No, no, (*preoccuparsi*) <u>si preoccupi</u>. Mi ricordo tutto... più o meno.

farmacista Per finire le do anche un po' di vitamine. Ecco, può prendere questo: Vitamix.
È uno sciroppo a base di miele. Ne (*prendere*) <u>Ne prenda</u> un cucchiaio la mattina
e uno la sera, un giorno sì e un giorno no. È facile. [...] *(exception)*

Alberto Accidenti. Ma... ma... sta pure piovendo...

farmacista Senta, adesso comunque (*andare*) <u>vada</u> * subito a casa e
(*coprirsi*) <u>si copra</u> bene! Mi raccomando.

Alberto Sì, sì, grazie, vado subito, (*stare*) <u>(stai) stia</u> tranquilla. *stare irregular
informal   * Stia tranquilla*

6 Completa le risposte con i verbi all'imperativo formale affermativo o negativo e con i pronomi corretti, come nell'esempio.

> 🖉 Esempio
>
> *paziente* Dottore, ho mal di testa, posso bere una tisana rilassante?
> *medico* Sì, **la beva**! / No, **non la beva**!

paziente Dottore, ho il raffreddore, posso usare uno spray per liberare il naso?

medico Sì, <u>lo usi</u>!

paziente Dottore, ho mal di stomaco, posso prendere delle compresse antidolorifiche?

medico No, <u>non le prenda</u>!   *to do rinsis with the mouthwash*

paziente Dottore, ho l'influenza, posso fare gli sciacqui con il colluttorio?

medico No, <u>non li / le faccia</u>! ?

paziente Dottore, ho mal di schiena, posso seguire un corso di yoga?

medico Sì, <u>lo segua</u>!

7 Unisci le domande e le risposte e forma le battute, come nell'esempio.

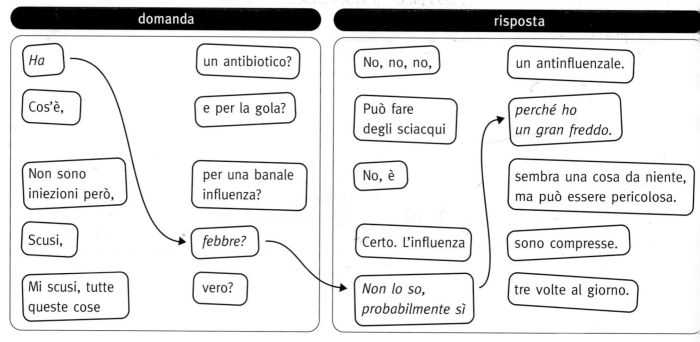

domanda		risposta	
Ha	un antibiotico?	No, no, no,	un antinfluenzale.
Cos'è,	e per la gola?	Può fare degli sciacqui	*perché ho un gran freddo.*
Non sono iniezioni però,	per una banale influenza?	No, è	sembra una cosa da niente, ma può essere pericolosa.
Scusi,	*febbre?*	Certo. L'influenza	sono compresse.
Mi scusi, tutte queste cose	vero?	*Non lo so, probabilmente sì*	tre volte al giorno.

Ascolta il brano audio almeno un paio di volte. Paolo parla della sua esperienza con i medici. **DVD** esercizi 5
Segui il suo racconto attraverso la mappa mentale presente qui sotto e completala con
le parole della lista, come nell'esempio.

| allegro, simpatico | chiacchierone | dentista | massaggio cranio-sacrale | Milano | molto serio |

| natura morta | oculista | quadro con impiccati | radiologa | reflessologia plantare | serissimo |

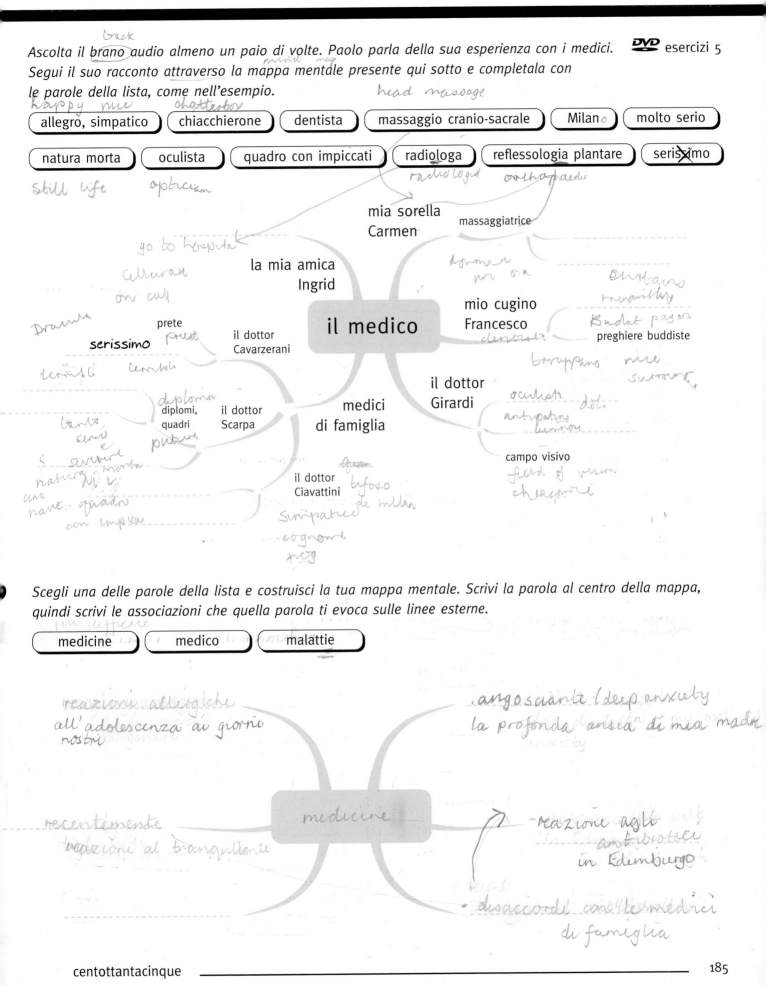

mia sorella
Carmen

massaggiatrice

la mia amica
Ingrid

mio cugino
Francesco

il medico

preghiere buddiste

prete

serissimo

il dottor
Cavarzerani

il dottor
Girardi

diplomi,
quadri

il dottor
Scarpa

medici
di famiglia

campo visivo

il dottor
Ciavattini

Scegli una delle parole della lista e costruisci la tua mappa mentale. Scrivi la parola al centro della mappa,
quindi scrivi le associazioni che quella parola ti evoca sulle linee esterne.

| medicine | medico | malattie |

medicine

10 *Riscrivi la frase a partire dal nuovo inizio.*

> Il primo medico con cui mi sono sentito veramente bene è il dottor Ciavattini. Allegro, simpatico, solare. Tifa per il Milan, che è la mia stessa squadra, mi chiama per nome, non per cognome. Mi dice "Ciao Paolo", non "Buongiorno signor Torresan".

Il primo medico con cui Paolo _____

_____

_____ "Buongiorno signor Torresan"

11 *Completa il testo con le **parole** della lista.*

(allora) (allora) (perciò) (infatti) (perché) (però) (poi

1. Bevi più acqua!
L'acqua serve per vivere! La raccomandazione _____ è semplice: bevine ogni giorno dagli 8 ai 10 bicchieri. Se _____ hai sete e ne vuoi di più, fallo senza problemi!

2. Mangia meno ma più frequentemente!
Fai un pasto ogni tre ore, per un totale di cinque, sei pasti al giorno. Ovviamente non devi ingozzarti ogni volta, mangia quanto basta a raggiungere il senso di sazietà. In ogni pasto comprendi frutta, verdura, proteine, carboidrati e grassi. Attento _____, non mangiare tutti i giorni la carne. Non dimenticare poi il pesce: mangialo almeno un paio di volte alla settimana.

3. Consuma alimenti integrali!
Quando vai al supermercato scegli prodotti come il pane scuro, il riso o lo zucchero di canna grezzo: le fibre aiutano a pulire l'intestino!

4. Fai attività fisica!
Vuoi stare bene? _____ muoviti! Anche il semplice camminare per 1-2 ore al giorno aiuta moltissimo il nostro organismo a stare bene. Corri, cammina, vai in bicicletta, _____ il movimento aiuta a prevenire l'obesità. È dimostrato _____ che chi pratica costantemente attività fisica è più felice, il suo sistema cardiovascolare e la circolazione funzionano meglio e il sonno migliora.

5. Dormi!
Il sonno ringiovanisce e riempie di energie, aiuta nei processi di guarigione, potenzia il sistema immunitario, rende lucidi e, naturalmente, dormire a sufficienza rende più svegli! _____, se non puoi svegliarti quando vuoi, vai a letto presto. E non mangiare molto prima di addormentarti!

12 *Riscrivi il testo dell'esercizio **11** in una serie di consigli del tuo medico. Trasformalo dall'informale al formale, come nell'esempio.*

> ✎ Esempio
> **1. Beva più acqua!**
> L'acqua serve per vivere! La raccomandazione allora è semplice: ne beva ogni giorno...

Vai su www.almaedizioni.it/domani e mettiti alla prova con gli esercizi on line dell'unità 10

Completa gli annunci con 3 lettere negli spazi _____ e 4 lettere negli spazi   .

- Affitto appartamento in zona Salaria, 85 mq, quarto pi_ano_, composto da: ingresso, soggiorno, due camere da l_etto_, cucina, bagno e piccolo balcone. Completamente arre_dato_. Termoautonomo. Euro 1500 al mese, tutto compreso.

- Att_ico_ panoramico in ott_imo_ stato, viale Trastevere: 110 mq. 2 camere, 2 bagni, cu_cina_, studio, soggiorno, grande terrazzo. No ascensore. Affittasi a euro 2500 mensili.

- Quartiere Parioli. Delizioso monolo_cale_ di 40 mq completamente ristruttu_rato_, con bagno e ang_olo_ cottura. Piano terra. Affitto: 900 euro + riscaldam_ento_ e condominio a parte.

- Appia. Splendida vi_lla_ su tre piani affittasi composta da ingresso, grande soggi_orno_, 3 camere da letto, 1 cameretta, cucina abitabile, 3 ba_gni_, ripostiglio, sala hobby con camino, cantina. Box auto e ampio giar_dino_. Trattative riservate.

- Affarone! Vendo mobili quasi nuovi per improvviso trasferimento all'estero: letto matrimoniale con materasso in lattice, libre_ria_ in legno, div_ano_ in pelle, lampad_aria_, arm_adio_ a 4 ante, comodino e cassettiera. Elettrodomestici: lavat_rice_, lavastoviglie e frigori_fero_. Tutto a 3500 euro.

> - Ogni parola corretta 1 punto   Totale: ____ / 20

*Completa gli spazi _____ con i verbi (tutti al **condizionale** e uno al **passato prossimo**) e gli spazi   con le espressioni della lista.*

(a) (al) (ancora) (ci) (da) (in) (in realtà) (per) (perché) (una)

Tante persone vivono _in_ città, ma (*volere*) _vorrebbero_ vivere al mare, in campagna, all'estero... E tu? dove vivi e dove (*volere*) _vorrebbe_ essere invece? ▶ *da master 77 il 2 giugno 2011, 9:23*

Io vivo vicino _al_ mare, non mi dispiace... ma mi (*piacere*) _piacerebbe_ vivere in alta montagna... e in un posto dove le persone non si immischiano nei tuoi affari, dove esiste _ancora_ la gentilezza, la simpatia...
(*Essere*) _sarebbe_ bello, ma esiste un posto così? ▶ *da laura il 2 giugno 2011, 9:55* (quote)

No che non esiste! Altrimenti ci (*noi – andare*) _andremmo_ tutti! ▶ *da alessia il 2 giugno 2011, 12:47* (quote)

(*Voi – Dovere*) _dovreste_ venire _in realtà_ me. Io vivo nel Parco dell'Etna a circa 750 mt di altezza. Ci sto benissimo. (*Vivere*) _Ho vissuto_ i miei primi 24 anni in _una_ grande città... e ora non _tornerei_ (*tornare*) _tornerei_ mai più. Qui vivo con cani, gatti e tartarughe e a contatto con la natura 24 ore su 24. ▶ *da gigi il 2 giugno 2011, 16:32* (quote)

Io vivo _a_ Milano. So a cosa state pensando: traffico, smog... _in realtà_ io ci sto benissimo e non la (*cambiare*) _cambierei_ mai con nessun posto al mondo.
Non capisco tutti quelli che (*fare*) _farebbero_ follie _per_ andare a vivere in un posto isolato, lontano dal mondo, _perché_ vogliono stare a contatto con la natura.
Che tristezza! W la città! ▶ *da dario il 2 giugno 2011, 18:14* (quote)

> - Ogni verbo corretto 2 punti   Totale: ____ / 20
> - Ogni espressione corretta 1 punto   Totale: ____ / 10

3 *Scrivi i verbi all'*imperativo formale (tu) *e informale (Lei),* come nell'esempio.

Consigli per vivere bene

		tu	Lei
1. mangiare poco	sì	mangia poco	mangi poco
2. bere molta acqua	sì	bevi molta acqua	bevete
3. fare sport	sì	fai sport	faccia sport
4. lavorare troppo	no	non lavorare troppo	non lavori troppo
5. andare a dormire presto	sì	vai a dormire presto	vada a dormire presto
6. arrabbiarsi	no	non ti arrabbiare	Non ti arrabbi

(handwritten: dare dire essere si arrabbi)

- **Ogni verbo corretto 2 punti**   Totale: _____ / 20

4 *Riordina il dialogo come nell'esempio e scegli l'*espressione *giusta.*

n° 4 *signore* Cos'è? Un antibiotico?

n° 3 *farmacista* Le posso dare una confezione di Tamiflu.

n° 6 *signore* No.

n° 8 *signore* D'accordo, allora (dai a me / dammi / mi dia) questo Tamiflu. Non sono iniezioni però, vero?

n° 7 *farmacista* Allora mi dispiace, non glielo posso dare. Comunque, guardi, per il virus dell'influenza non (si usa / non usa / non usarsi) l'antibiotico. In questi casi è meglio un antivirale, come il Tamifl

n° 2 *signore* Buongiorno. Senta, vorrei qualcosa per l'influenza.

n° 10 *farmacista* Prima (ha mangiato / mangi / mangerebbe) qualcosa, altrimenti può dare mal di stomaco.

n° 1 *farmacista* Buongiorno, (mi dica / mi dice / dici). *(handwritten: 4 volte)*

n° 9 *farmacista* No. Non sono iniezioni, sono compresse. *(handwritten: 8 x a. every 6 h)* (Le prendi / Ne prenda / Prendile) una ogni dodici ore. Per cinque giorni.

n° 5 *farmacista* No, è un antinfluenzale. Per l'antibiotico serve la ricetta del medico. Ce l'ha?

n° 10 *signore* La prendo subito. *(handwritten: Vitamix)*

- **Ogni battuta al posto giusto 1 punto**   Totale: _____ / 10
- **Ogni espressione corretta 2 punti**   Totale: _____ / 10

5 *Completa il primo messaggio con le* parole *della lista (devi completare solo 5 spazi) e il secondo con i* nomi *al plurale.*

- gola
- febbre
- insomma
- raffreddore
- tosse

1. Ciao, ho la raffreddore , il mal di gola, il mal di testa di orecchio e mi sento anche la febbre alta, insomma , non sto bene! Sto andando in farmacia, ti serve _____ qualcosa?

2. Sì, per favore prendimi: la crema per (*la mano*) le mani , le gocce per (*l'orecchio*) l'orecchie , lo spazzolino per (*il dente*) i denti , lo shampoo per (*il capello*) i capelli e il collirio per (*l'occhio*) li occhi . Grazie.

(handwritten: eye drops)

- **Ogni parola al posto giusto e ogni plurale corretto 1 punto**   Totale: _____ / 10

☞ **Totale test:** _____ / 100

Cosa so fare?

Descrivere una casa e parlare
  dell'arredamento.   ☐ ☐ ☐

Leggere annunci immobiliari.   ☐ ☐ ☐

Esprimere desideri, dubbi e possibilità. ☐ ☐ ☐

Parlare della propria salute con amici
  o con un medico.   ☐ ☐ ☐

Chiedere informazioni sui farmaci.   ☐ ☐ ☐

Esprimere sensazioni fisiche e stati
  d'animo.   ☐ ☐ ☐

Chiedere e dare consigli e istruzioni
  in modo formale.   ☐ ☐ ☐

Cosa ho imparato

Pensa a quello che hai imparato e scrivi...

• 10 parole o espressioni che non conoscevi:

• una cosa particolarmente difficile:

• una forma tipica della lingua parlata:

• una curiosità culturale sull'Italia e gli italiani:

Cosa faccio... | interagire con una persona che non conosco

Scegli quali atteggiamenti ti sembrano più corretti nelle due situazioni. Puoi indicare ogni atteggiamento per nessuna, una o tutte e due le situazioni.

> **1** Entro in una farmacia.
> Si avvicina la farmacista. Io...

> **2** Un amico italiano ti porta in una farmacia
> dove la farmacista è una sua cara amica. Io...

☐ ☐ chiedo subito se posso dare del *tu*.

☐ ☐ parlo in modo formale e distaccato (con il *Lei*).

☐ ☐ comincio a parlare dando subito del *tu*.

☐ ☐ saluto in modo affettuoso, mi presento, chiedo come sta. Poi chiedo subito quello che voglio usando
  il condizionale (*Vorrei...*).

☐ ☐ saluto e chiedo subito quello che voglio usando il condizionale (*Vorrei...*).

☐ ☐ saluto e chiedo subito quello che voglio usando il presente (*Voglio...*).

☐ ☐ cerco di non usare i segnali discorsivi (*ehm*, *mah*, *beh*, ecc.) perché non vanno bene in questa situazione.

Mi metto alla prova | compilare la tua agenda in italiano

Per il prossimo mese scrivi tutto quello che devi fare in un'agenda (elettronica o cartacea) in italiano: appuntamenti personali o di lavoro, pagamenti da fare, cose da comprare, ma anche idee e cose da progettare per il futuro. Puoi usare il dizionario o chiedere aiuto ad altre persone: l'importante è utilizzare sempre e soltanto l'italiano.

1 *Completa i disegni con le* **espressioni** *giuste.*

c'è vento

che caldo

fa freddo

nevica

sta piovendo

2 *Completa il testo con le espressioni della colonna* ☀ *sulle righe* _____ *e con le espressioni della colonna* 🌧 *sulle righe* _____ *.*

Roma, 16 maggio

Ecco le previsioni del tempo sull'Italia per la giornata di domani

Nord: sole e cielo _sereno_ sulle zone pianeggianti, _deboli_ *nuvolosa*
sui rilievi alpini ed appenninici, con possibilità di _neve_ nelle zone più alte.
Ampie schiarite nella serata.

Centro e Sardegna: una bella giornata di _sole_ sulla Sardegna e sulle
regioni tirreniche. Ancora _nuvoli_ invece sulle regioni adriatiche, dove *pioggia*
bisognerà aprire l'ombrello per qualche _pioggia_ sparsa.

Sud e Sicilia: continua il _cattivo_ tempo, con pioggia e freddo, in particolare
su Puglia e Basilicata. Qualche miglioramento a partire dalla serata.

Temperature: _in diminuzione_ su Puglia, Basilicata, Calabria e Sicilia orientale, stabili
sul resto del Sud. _in aumento_ al Centro-Nord.

Venti: _Deboli_ al Nord, salvo isolati residui rinforzi nelle vallate alpine.
Moderati o localmente _forti_ al Centro-Sud.

Mari: _Calmi_ il Mar Ligure, il Tirreno settentrionale e l'alto Adriatico.
mosso tutti gli altri mari.

ANSA

☀
sereno
in aumento
calmi
deboli
sole

🌧
cattivo
nuvoloso
in diminuzione
forti
mossi
neve
nuvole
pioggia

It never rains but it pour

*Modi di dire con il tempo. Collega i **modi di dire** con il loro significato. Attenzione: c'è un significato in più!*

modo di dire
1. cadere dalle nuvole
2. fare il bello e il cattivo tempo
3. piove sul bagnato
4. piove, governo ladro!
5. rosso di sera bel tempo si spera

to be

cosa significa?
a. quando il tramonto è colorato di rosso il giorno dopo sarà bel tempo
b. dopo un evento negativo succede sempre un altro evento negativo
c. il governo è responsabile di tutti gli eventi negativi, anche della pioggia
d. essere molto sorpresi da qualcosa
e. essere poco attenti, fantasticare
f. avere il potere di fare tutto quello che si vuole

to be all powerful

to have the

*Metti in ordine le parole e ricostruisci il **modo di dire**. Il significato in più dell'esercizio **3** ti spiegherà cosa vuol dire.*

(fra) (la) (le) (avere) (nuvole) (testa)

Avere la testa fra le nuvole

Try

*Completa con tutti i verbi al **futuro** e uno al **presente**.*

Secondo voi come sarà il mondo fra cento anni? ▸ da <u>max999</u> il 6 giugno 2011, 9:18

▸ *da <u>farfallina</u> il 6 giugno 2011, 9:53*
than it is
Io penso che (essere) __sarà__ un po' meglio di come è adesso.
Survival instinct
È vero che l'uomo non sa amare il suo pianeta ma ha un fortissimo istinto di sopravvivenza.
That's why I think   *so far as to destroy*
Per questo penso che non (arrivare) __arriverà__ al punto di distruggere se stesso.   (quote)

▸ *da <u>lupo bianco</u> il 7 giugno 2011, 11:22*   *but the way things are now I have to tell you that*
Io non (esserci) __Non ci sarò__ ma per come vanno le cose adesso devo dirti che penso che
(essere) __sarà__ peggio di come (essere) __quello che è__. Probabilmente tutte le forme
stoned
di vita (sparire) __spariranno__ e (restare) __ci rimarrà__ solo i sassi, come sulla Luna.   (quote)

▸ *da <u>paolo 84</u> il 7 giugno 2011, 12:38*
Se (noi – andare) __andiamo__ avanti in questo modo, (tu – dovere) __tu dovrai__ modificare
la tua domanda in "secondo voi (esistere) __esisterà__ ancora il mondo fra cento anni?". Comunque,
In any case
since
siccome gli esperti dicono che il mondo (finire) __finirà__ tra migliaia e migliaia di anni, allora
before
possiamo anche immaginare come (essere) __sarà__ tra cento: a mio avviso, la vita non
in my opinion
because we are living in the of great inventions now
(cambiare) __non cambierà__ molto, perché il tempo delle grandi invenzioni lo stiamo vivendo noi ora,
therefore   *For sure*
perciò i cambiamenti (essere) __saranno__ pochi. Di sicuro (noi – dovere) __noi dovremo__ essere più
petroleum
sensibili all'uso dell'acqua e del petrolio. Penso che i paesi asiatici ed africani (svilupparsi) __si svilupperanno__
breeds
e (diventare) __diventeranno__ più ricchi dell'Europa e dell'America del Nord. Alcune razze animali
and also
(estinguersi) __si estingueranno__ e altre nuove ne (nascere) __nasceranno__. (Aumentare) __Aumenteranno__
i matrimoni misti e così anche le varie razze umane non (esistere) __esisteranno__ più, ma (noi – avere)
somewhat unlikely things
__avremo__ un'unica razza globale. Boh, forse sto immaginando cose un po' improbabili, o che
comunque non accadono in "solamente" cento anni. (Noi – Vedere) __Vedremo__.   (quote)

▸ *da <u>oxymora</u> il 7 giugno 2011, 13:06*
Why
Perché, (esserci) __ci sarà__ ancora un mondo tra cent'anni?   (quote)

Vai su <u>www.almaedizioni.it/domani</u> e mettiti alla prova con gli esercizi on line dell'unità 11.

1 *Completa i testi con le* **parole** *della lista. Attenzione: una parola va usata due volte.*

(cima)   (cuore)   (passi)   (ricerca)   (vista)

OFFERTE PER IL FINE SETTIMANA DAL 3 AL 5 GIUGNO

1 Argentario   prezzo: 25 euro a notte a persona

Approfitta del primo fine settimana di mare della stagione al Grand Hotel La Caletta, nel _cuore_ dell'arcipelago toscano. Situato a due _passi_ dal mare con _vista_ sull'Isola del Giglio, questo albergo a 4 stelle, ricavato da un antico monastero del '600, offre un ambiente molto suggestivo. Wi-fi e tv satellitare in tutte le stanze.

2 Conegliano veneto – Valli del Prosecco   prezzo: 70 euro a persona

Tre giorni in agriturismo alla scoperta delle colline del Prosecco. Visiteremo la valle naturale che si apre tra Conegliano Veneto e Valdobbiadene alla _ricerca_ dei meravigliosi vigneti della zona. La sera gusteremo i sapori della Marca Trevigiana nel ristorante dell'agriturismo, uno dei più rinomati della zona.

3 Ischia   prezzo: 65 euro a persona per 2 notti e 3 giorni

Casa Ischia è uno splendido Bed & Breakfast a conduzione familiare, situato in _due passi_ ad una piccola scogliera con _vista_ sul famoso Golfo di Napoli. Offre ai suoi ospiti la possibilità di rilassarsi sulla sua meravigliosa spiaggia con stabilimento privato anche in questa stagione, quando il mare comincia ad essere tiepido ed il sole è già abbastanza caldo per abbronzarsi in costume da bagno.

---

2 *Completa il cruciverba.*

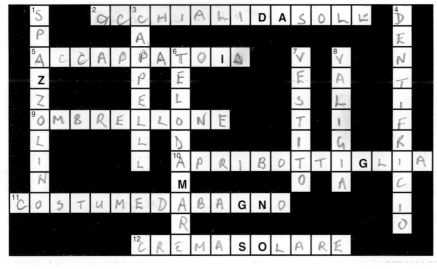

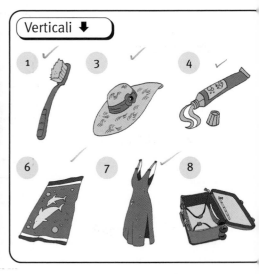

(Verticali ⬇)

(Orizzontali ➡)

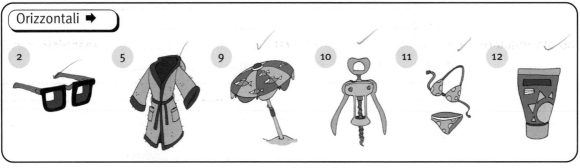

Collega le frasi di sinistra con quelle di destra. Inserisci anche l'aggettivo dimostrativo **quello** *nelle frasi di sinistra e coniuga i verbi al* **futuro** *nelle frasi di destra.*

1. Di chi sono _quegli_ occhiali?

2. Perché _quel_ bambino sta piangendo?

3. Dove hai messo _quei_ libri di poesia che ti ho prestato?

4. Conosci _quello_ studente?

5. _Quelle_ due ragazze non sanno l'italiano. Come comunicano tra di loro?

6. Ti ricordi di _quell'_ amica di Mauro che faceva l'attrice? Sai dove abita ora?

7. Ma dove vai con _quegli_ stivali? Sembri un cowboy!

a. So solo che si chiama Ivan, (essere) _sarà_ russo.

b. Mah... (parlare) _parleranno_ in inglese.

c. (Essere) _Saranno_ di Paolo.

d. Non lo so, (essere) _saranno_ nella libreria.

e. Per te (essere) _saranno_ anche brutti, ma a me piacciono moltissimo.

f. (Avere) _Avrà_ fame.

g. Chi? La ragazza francese? Non la sento da un anno, (vivere) _vivrà_ in Francia.

Completa con i verbi al **presente, passato prossimo, imperfetto** *o* **futuro.**

1. Non vai al mare?

No, ci (andare) _sono andato_ la settimana scorsa. _andrò_ il prossimo mese. _vado_ raramente.

2. Dov'è Antonio?

Non lo so, _sarà_
Prima (essere) _era_ a casa.
Ora _è a casa_

3. Quando parte Ugo?

(Partire) _è partito_ due giorni fa. _partirà_ tra due settimane. _parte_ oggi.

4. Perché Mario sta urlando?

Non lo so, _sarà_
Di solito (essere) _Di solito è_ arrabbiato con Rita.
Non lo so, poco fa _era arrabbiato_

5. Hai lavato i piatti?

No, li (lavare) _Nina lavava_ sempre
Nina ha lavato già Nina.
li lava domani domani

5 *Trova in ogni battuta **+** la parola in più e inseriscila nella battuta precedente (**–**), come nell'esempio.*

– • Ma ci mettete ad arrivare in Toscana?

+ ■ Ci vorranno (quanto) un paio d'ore in treno.

– • Ah, non è!

+ ■ Mah, no. Prendiamo il treno alle otto, così per le 11 siamo lì. Senti, mi aiuti tanto a finire la valigia?

– • Certo… mia! Ma per due giorni ti porti tutta questa roba??

+ ■ Beh non è tanto! Spazzolino, dentifricio, tutte le cose da bagno nel beauty case che occupa già un sacco di spazio, un paio di bermuda, due vestiti da sera, i costumi, il telo da mamma mare, l'accappatoio…

– • L'accappatoio? Ma! Ce l'avranno in albergo, no?

+ ■ Ah, questo non dai lo so…

– • Ma! È un albergo a quattro stelle!

+ ■ Forse certo hai ragione. Va be'… Via l'accappatoio.

– • Portati gli occhiali da sole!

+ ■ Oddio! Dove saranno? Ah, piuttosto, eccoli qua!

6 *Cosa dici in queste situazioni? Completa la tabella con le **esclamazioni** della lista, come nell'esempio.*

(Accidenti!)   (Beato te!)   (Figurati!)   (Ma certo!)   (Ma dai!)   (Mamma mia!)

1. Vuoi leggere il nuovo romanzo di Umberto Eco, ma scopri che ha 530 pagine! *Mamma mi*

2. Un tuo amico ti ringrazia perché lo hai accompagnato a casa con la macchina. *Figurati! Don't ment*

3. Un tuo compagno ti ha detto che il vostro insegnante anni fa faceva l'attore. *Ma dai! Come on*

4. Sei uscito di casa senza prendere le chiavi. *Accidenti! Blast*

5. Una signora anziana ti chiede di aiutarla ad attraversare la strada. *Ma certo!*

6. Un tuo amico ti ha detto che ha vinto un viaggio. *Beato te! Lucky you (you are blessed)*

7 *Ricostruisci la citazione.*

(di) (è) (fare) (il) (la) (morte) (piacere) (senza) (un) (viaggio) (valigie)

La morte è di il piacere di fare un viaggio senza un valigie un vig senza

Tiziano Terzani (giornalista e scrittore)

Vai su **www.almaedizioni.it/domani** e mettiti alla prova con gli esercizi on line dell'unità 12.

Indica quale frase corrisponde ad ogni disegno, come nell'esempio.

(1. Andiamo via!) (2. Che fame!) (3. Costa troppo!) (4. Ma che sei scemo?) (5. Non ci pensare proprio!)

(6. Che buono!) (7. Ma che vuoi?) (8. Non mi interessa!) (9. Tanto tempo fa!) (10. È finito tutto!)

2 *Completa la mail con i verbi al* **passato prossimo** *e con gli* **avverbi** *della lista sulle righe* ████████ .

(addirittura) (per fortuna) (sempre) (fortunatamente)

(poi) (praticamente) (subito) (veramente) (magnificamente)

To: silvia@yahoo.it

Cara Silvietta,
(*io – passare*) _____ due giorni da sogno. Il posto era ████████ stupendo,
perfetto per una vacanza romantica e anche per rilassarsi.
Pablo (*organizzare*) _____ tutto ████████ : il viaggio, l'albergo, il soggiorno.
(*Essere*) _____ bravissimo e io non (*dovere*) _____ pensare a niente.
Sabato (*noi – arrivare*) _____ presto, (*mettersi*) _____ il costume e (*andare*)
_____ ████████ in spiaggia (l'albergo era ████████ sul mare!).
C'era un'acqua favolosa, così (*noi – fare*) _____ il bagno, anche se io non so nuotare.
████████ il mare era calmissimo, e ████████ c'era Pablo, non potevo tirarmi indietro.
Nel pomeriggio Pablo (*volere*) _____ affittare una barca per fare un giro della costa.
Lui ha una vera passione per il mare, è un esperto velista e quando era in Argentina d'estate andava
████████ in vacanza con la barca. (*Fare*) _____ anche delle gare (e qualcuna
l'ha ████████ vinta).
Insomma, (*prendere*) _____ questa barca, ma mentre eravamo in mare (*alzarsi*)
_____ un forte vento e perciò (*dovere*) _____ tornare indietro. Che avventura!
████████ non eravamo lontani dalla riva e dunque non (*essere*) _____ difficile.
E comunque Pablo (*essere*) _____ davvero bravo.

3   *Scegli i verbi corretti.*

Lo so, forse esagero un po' quando parlo di Pablo, ma in questi giorni lo (ho conosciuto / conoscevo) meglio e (ho capito / capivo) che sto bene con lui: mi piace il suo carattere, la sua allegria, il suo accento spagnolo quando parla italiano, il suo modo di pensare... anche se è molto diverso da me o forse proprio per questo. Insomma, che dici: mi sto innamorando?

In realtà non (è stato / sono stata) proprio tutto perfetto.

Ora ti racconto quello che ci (è successo / succedeva) domenica.

La mattina, dopo la colazione, (abbiamo visitato / visitavamo) un'antica villa romana del I secolo a.C. che è proprio vicino all'albergo. Da lì (siamo arrivati / siamo arrivate) in una caletta, con una piccola spiaggia immersa nel verde. Un posto incredibile.

(Abbiamo fatto / Facevamo) il bagno e verso l'ora di pranzo ci (è venuta / è venuto) fame.

Nella caletta (c'è stata / c'era) un piccolo bar che (cucinava / cucinavano) piatti caldi.

Questo bar (ha offerto / offriva) un servizio speciale, con un cameriere che ti (ha portato / portava) da mangiare in spiaggia, sotto l'ombrellone. Insomma, si (potevano / poteva) mangiare in riva al mare. Una cosa molto particolare.

Così Pablo (è andato / andava) a ordinare due pizze.

Dopo un quarto d'ora, visto che le pizze non arrivavano Pablo (è andato / andava) a chiedere informazioni e il cameriere, con aria poco gentile, gli ha detto che (sono state / erano) quasi pronte.

Pablo (è tornato / tornava) da me sotto l'ombrellone, ma (abbiamo aspettato / aspettavamo) altri venti minuti senza risultato. Allora Pablo (si è alzato / si alzava), (ha chiamato / chiamava) il cameriere e da lontano (ha messo / metteva) le mani a forma di pizza come per dire:

"Le pizze? Sono pronte?"

Però il cameriere, appena (ha visto / vedeva) il gesto, ha pensato a un insulto e (si è arrabbiato / si arrabbiava) moltissimo!

Puoi bene immaginare a cosa ha pensato...

Lo (hanno dovuto / ho dovuto) bloccare in tre, perché (ha voluto / voleva) andare a picchiare Pablo! Una scena assurda... Il povero Pablo non (ha capito / capiva) fino a quando gli (ho spiegato / spiegavo) il significato del suo gesto. La prossima volta, prima di partire, dovrò fargli un corso sul linguaggio dei gesti.

Indica cosa esprimono i verbi al **passato** *prossimo e all'*imperfetto <u>evidenziati</u>, *poi scrivi quali tempi verbali si usano.*

1 Visto che le pizze non **arrivavano**, Pablo **è andato** a chiedere informazioni

2 Pablo **è tornato** da me sotto l'ombrellone

3 Pablo **si è alzato**, **ha chiamato** il cameriere e da lontano **ha messo** le mani a forma di pizza

4 Questo bar **offriva** un servizio speciale

n°___ un'azione finita   tempo verbale _____

n°___ una situazione o un'abitudine del passato   tempo verbale _____

n°___ due o più azioni passate che accadono una dopo l'altra   tempo verbale _____ + _____

n°___ una situazione già iniziata interrotta da un'azione che accade dentro la situazione   tempo verbale _____ + _____

Completa i dialoghi con i verbi **sapere** *e* **conoscere**.

a
- ■ Pronto, sono Michele, c'è Lucia?
- • No, mi dispiace, è uscita.
- ■ Mmhh... _____ dov'è andata, per caso?
- • Purtroppo no, non lo _____ .

b
- ■ Senti, ma tu _____ Andrea?
- • Non lo _____ ... forse sì. È il fratello di Luigi?
- ■ Sì.
- • Allora sì, lo _____ . È molto simpatico.

c
- ■ Ho un'idea! Andiamo a sciare il prossimo fine settimana?
- • Ma io non _____ sciare!

d
- ■ Hai letto l'ultimo libro di Ammaniti?
- • Chi? Non lo _____ !

Riscrivi le frasi a partire dal nuovo inizio. Cerca di essere il più fedele possibile al significato della frase originale.

1. Fortunatamente non eravamo lontani dalla riva.
   - • Fortunatamente la riva _____ .

2. È infatti da lì che è cominciata la nostra avventura!
   - • La nostra avventura _____ .

3. La prima cosa che fa un turista quando viene a Roma è cercare un alloggio.
   - • Quando _____ .

4. La nostra scelta è caduta su un hotel che si trova a pochi passi dalla Stazione.
   - • Noi _____ .

5. Questa pizzeria per noi era sconosciuta.
   - • Noi _____ .

7 *Completa il racconto con i verbi al* **passato prossimo** *o all'*imperfetto *e con i* **connettivi** *della lista sulle righe* ▒▒▒▒▒▒▒▒ .

(come prima cosa)   (così)   (dopo mangiato)   (e così)

(proprio)   (in~~fatti~~)   (perché)   (quindi)   (eppure)

● amoroma
iscritto: 15 aprile 2010
luogo: Roma | messaggi: 310

Questa estate (*io – passare*) _____ le mie vacanze in un modo non molto normale,
▒ infatti ▒ ho fatto la turista nella mia città! Non ridete, vi prego, ▒▒▒▒▒▒▒ è stata
una esperienza bellissima! (*Passare*) _____ dei giorni indimenticabili.
La mia città è Roma. La mattina del 31 luglio io e mio marito (*fare*) _____ le valigie... sì,
proprio le valigie, e (*dirigersi*) _____ verso la stazione Termini di Roma.
È ▒▒▒▒▒▒▒ da lì infatti che è cominciata la nostra avventura!
Sapete quante volte durante la mia vita (*io – capitare*) _____ in questa stazione? Una infinità
di volte! La conosco a perfezione ▒▒▒▒▒▒ non l'avevo mai guardata davvero. È grandissima e...
piena di negozi. Incredibile! ▒▒▒▒▒▒ abbiamo comprato una guida turistica ed una mappa per
orientarci per le vie della città. Eeheheh ☺.
La prima cosa che fa un turista quando viene a Roma è cercare un alloggio. E ▒▒▒▒▒▒▒ abbiamo
fatto noi... (*Chiedere*) _____ un po' qui ed un po' là e ci (*indicare*) _____ vari
alberghi e pensioni. La nostra scelta (*cadere*) _____ su un hotel che si trova a pochi passi dalla
stazione. (*Noi – Lasciare*) _____ i nostri bagagli all'hotel e poi (*andare*) _____
in un ristorante.
Veramente di ristoranti a Roma ne (*conoscere*) _____ tanti, ma dovevamo abituarci a pensare
come "veri turisti" che vengono a Roma per la prima volta. ▒▒▒▒▒▒ abbiamo accantonato
le nostre conoscenze e (*rivolgersi*) _____ al direttore dell'albergo.
La scelta (*andare*) _____ su una pizzeria che si chiama Borgia, situata in via Cavour,
non molto distante dall'hotel quindi. Molto bene: questa pizzeria per noi (*essere*) _____
sconosciuta e ▒▒▒▒▒▒ era anche perfetta per continuare l'avventura!!!
▒▒▒▒▒▒ abbiamo deciso di andare a Villa Borghese. Non ci (*andare*) _____ da
tantissimo tempo, da quando (*essere*) _____ piccola. (*Noi – Fare*) _____ un
giro bellissimo, e (*arrivare*) _____ fino al Bioparco, che quando (*essere*) _____
piccola io (*chiamarsi*) _____ Giardino Zoologico.

8 *Completa la fine del racconto con i verbi della lista al* **passato prossimo** *o all'*imperfetto. *Attenzione: i verbi non sono in ordine e un verbo va al* **presente***.*

(andare)   (cercare)   (dire)   (essere)   (essere)

(essere)   (fare)   (perdersi)   (portare)   (tornare)   (visitare)

amoroma ● Al termine della visita sia io che mio marito _____ affamati e ci siamo diretti
verso il centro. _____ un ristorantino particolare e così siamo entrati in un posto dove non
eravamo mai stati. Ci siamo passati davanti e _____ "Perché no? È la nostra vacanza!"
Così _____ al ristorante della "Sora Lella" a Trastevere. Il ristorante _____
famoso per la sua cucina romana ma anche perché la Sora Lella, che è morta pochi anni fa, _____
la sorella di un famosissimo attore e comico romano: Aldo Fabrizi.
Stanchi morti _____ in albergo. [...]

amoroma • [...] E questo è stato solo il primo giorno di un mese a Roma da turisti! Sono stata in tantissimi posti, già visti o nemmeno immaginati. Ho salito le scale di Trinità dei Monti, ho curiosato nei negozi di antiquariato di via del Babuino, _____ moltissimi musei, _____ tra le vie del centro ammirando i suoi meravigliosi e ricchi negozi, _____ le fotografie davanti al Colosseo con 2 gladiatori e alla fine, come una semplice turista, _____ a casa il mio souvenir!

Ascolta l'intervista allo scrittore Gianrico Carofiglio e scegli il titolo di questo intervento. esercizi 6

a. ☐ Girare gli Stati Uniti in macchina
b. ☐ Gli USA tra letteratura e cinema
c. ☐ L'importanza del viaggio nella cultura americana

> Vai su **www.almaedizioni.it/domani** e mettiti alla prova con gli esercizi on line dell'unità 13.

0 *Ascolta ancora e scegli quale dei tre testi racconta meglio l'intervento di Carofiglio.* esercizi 6

a

Carofiglio racconta il modo da lui preferito per visitare le città degli Stati Uniti. Lui arriva in una grande città e affitta una macchina per sentirsi più libero di girare senza problemi. Quando viaggia cerca di leggere libri che parlano del posto che sta visitando. Non gli piace vedere posti poco frequentati, nei suoi viaggi vuole conoscere la cultura profonda del posto. Per questo preferisce prendere le strade blu, quelle grandi, le Highway lunghe e interminabili degli USA. Solo così non si sente un turista ma un viaggiatore.

b

Carofiglio racconta il modo da lui preferito per viaggiare negli Stati Uniti. Lui arriva in un posto, affitta una macchina e gira senza prenotare alberghi. Si ferma dove e quando vuole. Quando viaggia cerca di leggere libri che parlano del posto che sta visitando. Gli piace vedere posti poco frequentati, per conoscere la provincia. Per questo preferisce prendere le strade blu, quelle secondarie. Solo così non si sente un turista ma un viaggiatore.

c

Carofiglio racconta il modo da lui preferito per visitare la provincia degli Stati Uniti. Quando va lì usa la sua macchina, così può raggiungere con facilità gli alberghi che ha prenotato. Quando viaggia cerca di leggere libri che parlano del posto che sta visitando. Non gli piacciono le città, preferisce piccoli paesi sconosciuti, per conoscere la vera America. Per questo viaggia solo su strade blu, quelle più piccole. Solo così non si sente un turista ma un viaggiatore.

1 *Rimetti le battute nel giusto ordine e ricostruisci il dialogo tratto dal film "Il tè nel deserto", come nell'esempio.*

Donna	**5**
Turner	____
Uomo	____
Donna	____
Turner	____
Uomo	____

1 Ah, e che differenza c'è?

2 Intendete dire che io sono un turista?

3 Laddove un viaggiatore può anche non tornare affatto.

4 Sì Turner, e io una via di mezzo.

5 Turner, noi non siamo turisti, siamo viaggiatori.

6 Un turista è quello che pensa il ritorno a casa fin dal momento in cui arriva.

da *Il tè nel deserto*, regia di Bernardo Bertolucci

1 *Completa il testo con le* **parole** *della lista.*

(calda) (calde) (estiva) (fa freddo) (sole) (febbraio) (secco)
(inferiori ai) (inverno) (secca) (primavera) (piove) (più alte di)

Il clima in Italia

Il clima in Italia è generalmente temperato. Solo raramente ci sono temperature _____ 40 gradi centigradi d'estate, o temperature _____ 10 gradi sotto lo zero d'inverno. Le stagioni sono abbastanza ben definite: in inverno generalmente fa freddo e piove, durante la _____ cominciano le giornate di _____, l'estate è calda e _____ e in autunno il tempo è variabile.
L'Italia è divisa in tre fasce climatiche distinte:
NORD • Il Nord Italia è la zona meno influenzata dal mare e fa molto freddo d'inverno (nelle città del Nord Italia spesso nevica nei mesi di dicembre, gennaio e _____), mentre l'estate è molto _____ e con alti livelli di umidità.
CENTRO • Il Centro ha un clima temperato, che non presenta grandi differenze tra le stagioni estreme, anche se si può passare da un _____ piuttosto freddo ad una stagione _____ molto calda.
SUD • Il Sud (che comprende anche le isole maggiori, la Sicilia e la Sardegna) ha un clima _____ e generalmente caldo, raramente _____ e non piove quasi mai: ci sono periodi di vera e propria siccità. D'inverno qualche volta _____, ma non troppo, mentre l'autunno e la primavera sono generalmente stagioni abbastanza _____.

da www.italica.rai.it

• Ogni espressione al posto giusto 1 punto Totale: _____ / 13

2 *Completa il testo con le* **espressioni** *della lista e con i verbi al* **futuro**.

(asciugamani) (beauty case) (costume da bagno) (occhiali da sole) (spazzolino) (zaino

Consigli per fare la valigia

• Porta sempre uno _____. Ma piccolo! Così non lo (*riempire*) _____ di cose inutili.
• Cerca di prevedere quello che (*succedere*) _____ e informati sul clima del luogo che (*visitare*) _____.
• Se il bagaglio ti sembra troppo leggero, riempilo di pietre. Quando (*iniziare*) _____ ad essere stanca (*essere*) _____ più facile alleggerirlo e trovare sollievo.
• Porta un _____. Non occupa spazio e (*tu – fare*) _____ un figurone nella piscina dell'albergo.
• Lascia a casa _____ e accappatoi! Occupano spazio e puoi trovarli dappertutto.
• Prepara con cura il _____ perché le cose piccole da bagno sono le più importanti. Non (*volere*) _____ mica trovarti senza _____ da denti! E non dimenticare gli _____!
• Ricordati che le cose che dimentichi di portare non (*servire*) _____ durante il viaggio (perché tanto non le (*potere*) _____ usare).

da www.invaligia.com

• Ogni espressione al posto giusto 1 punto Totale: _____ / 6
• Ogni verbo corretto 2 punti Totale: _____ / 18

3 *Completa le battute della telefonata con le **esclamazioni** della lista negli spazi* ▭▭▭ *, poi metti al posto giusto le battute di Carla.*

Carla   n° ☐

Francesca   No, sono in ufficio, perché?

Carla   n° ☐

Francesca   ▭▭▭ Il cd di Jovanotti! Bellissimo!

Carla   n° ☐

Francesca   Dovrebbe essere qui in ufficio.
                Ora lo cerco, è in qualche cassetto.

Carla   n° ☐

Francesca   ▭▭▭ Ti ho detto che ora lo cerco
                e te lo porto stasera!

Carla   n° ☐

Francesca   ▭▭▭ Quante storie per un disco!
                Non preoccuparti, lo riavrai stasera.

(Certo!)   (E dai!)   (Ma come?!)
(Mamma mia!)   (Va be'!)

1. ▭▭▭ Speriamo bene…
2. Ciao Francesca, sei a casa?
3. Sì anche a me piace molto.
   Puoi riportarlo stasera per favore?
   Oggi volevo sentirlo, ma non c'era.
4. ▭▭▭ Non ti ricordi
   dove lo hai messo?
5. Ti volevo chiedere una cosa.
   Ti ricordi il mio cd di Jovanotti?
   Te l'ho prestato l'altra settimana.

• **Ogni battuta e ogni esclamazione al posto giusto 3 punti**   Totale: ____ / 30

4 *Uno dei verbi al **presente** del dialogo dell'esercizio **3** può andare anche al **futuro** per indicare un'ipotesi. Qual è? Trovalo e trasformalo al **futuro**.*

presente _____ ››› futuro _____

• **Ogni verbo corretto 3 punti**   Totale: ____ / 6

5 *Scegli il **verbo** e gli **avverbi** corretti.*

Vi voglio raccontare il nostro fine settimana sull'isola di Favignana, in Sicilia.
Il sabato mattina (**abbiamo preso** / **prendevamo**) la nave da Trapani e in un'ora (**siamo arrivati** / **arrivavamo**)
sul posto. La nostra casetta (**è stata** / **era**) proprio vicino al porto.
Abbiamo affittato (**immediatamente** / **veramente**) il motorino e (**siamo andati** / **andavamo**) a visitare le prime
spiagge e lì (**abbiamo capito** / **capivamo**) che (**siamo stati** / **stavamo**) in un posto fantastico!
L'esperienza più bella (**è stata** / **era**) quella della Pesca Turismo: (**siamo usciti** / **uscivamo**) in mare alle 4
del mattino per gettare le reti al largo dell'isola.
(**È stata** / **Era**) ancora notte e (**abbiamo dovuto** / **dovevamo**) aspettare, così (**siamo andati** / **andavamo**)
a vedere l'alba. Uno spettacolo unico!
Alle 9 (**siano ritornati** / **ritornavamo**) a prendere il nostro pesce.
(**Abbiamo cucinato** / **Cucinavamo**) e (**abbiamo mangiato** / **mangiavamo**) tutta la nostra pesca!
Poi nel pomeriggio (**abbiamo fatto** / **facevamo**) il giro dell'isola.
Le persone del luogo ci (**hanno consigliato** / **consigliavano**) di fare anche una visita a Marettimo,
ma (**praticamente** / **sfortunatamente**) non abbiamo avuto il tempo.

• **Ogni verbo e ogni avverbio corretto 1,5 punti**   Totale: ____ / 27

☞ **Totale test: ____ / 100**

Cosa so fare?

Parlare del tempo atmosferico. ☐ ☐ ☐

Fare ipotesi e previsioni. ☐ ☐ ☐

Capire un'offerta turistica. ☐ ☐ ☐

Descrivere una località turistica. ☐ ☐ ☐

Fare la valigia. ☐ ☐ ☐

Esprimere preoccupazione o sorpresa. ☐ ☐ ☐

Raccontare una vacanza. ☐ ☐ ☐

Interpretare i gesti italiani. ☐ ☐ ☐

Cosa ho imparato

Pensa a quello che hai imparato e scrivi...

- 5 parole o espressioni che ti piacciono:

- una regola molto difficile:

- una forma tipica della lingua parlata che non conoscevo:

- un elemento culturale completamente diverso dalle tradizioni del tuo Paese:

Cosa faccio... | i gesti italiani

1 *Guarda questi gesti. In quali situazioni li useresti? Parlane con un compagno.*

2 *Ora vai sul sito www.scudit.net/mdgesti.htm e guarda il video. Hai riconosciuto qualcuno dei gesti che conosci?*

3 *Se vuoi capire meglio il video vai sul sito www.scudit.net/mdgesti2.htm e leggi la trascrizione del dialogo.*

Mi metto alla prova | un fine settimana in Italia

Vuoi organizzare un fine settimana in una località italiana. Decidi qual è il tuo budget.
Vai su un sito di previsioni del tempo in italiano (per esempio www.meteo.it) e guarda che tempo farà.
Poi scegli un'offerta su un sito di un tour operator italiano (per esempio, www.alpitour.it), cerca informazioni sulla località e proponi a un compagno di venire con te. Insieme decidete qual è la proposta più interessante e fate una lista delle cose da mettere in valigia.

*Rimetti in ordine il dialogo e completa le battute con le **parole** della lista, come nell'esempio.*

(come) (dai) (finalmente) (peccato) (per me) (~~quindi~~) (scusa)

n° __7__   Nooo... No! Io non entro. Devo stare al centro, né troppo lontano e né troppo vicino...
            _____Quindi_____ se non ho un buon posto, preferisco non entrare. Te lo dico subito.

n° _____   No, c'è un problema. Per Ammaniti non ci sono più posti.

n° _____   Mmhhh... _____ sei difficile!

n° _____   _____ ma ho avuto difficoltà a trovare un parcheggio. Allora? Hai fatto i biglietti?

n° _____   Ah, sei arrivata, _____!

n° _____   Sì, ma in prima fila, mi sono già informato. _____ la prima fila è troppo vicino.

n° _____   _____! Scusa, ma sei sicuro? Lì c'è scritto che ci sono ancora sette posti...

n° _____   Ma che importa? Entriamo lo stesso, _____.

*Riscrivi le frasi alla **forma diretta**, come nell'esempio. Attenzione ai **pronomi**.*

1. Lui dice che per lui la prima fila è troppo vicino.   ⇒   *Per me la prima fila e troppo vicino.*

2. Lui dice che a lui Ammaniti come scrittore non è mai piaciuto.   ⇒   _____

3. Lui dice che secondo lui l'ultimo libro di Ammaniti era veramente illeggibile.   ⇒   _____

4. Lei dice che lei invece l'ha trovato bellissimo.   ⇒   _____

5. Lei dice che secondo lei i primi due film della serie "Manuale d'amore" erano molto divertenti.   ⇒   _____

6. Lui dice che evidentemente hanno un'idea diversa di cinema. Per lui un film non deve solo divertire.   ⇒   _____

7. Lei dice che andare al cinema con lui è veramente impossibile.   ⇒   _____

8. Lei dice che comunque, visto che non gli va bene niente, allora deve proporre lui un altro film.   ⇒   _____

*Ricostruisci le frasi collegando la parte nella prima colonna con quella nella seconda colonna e aggiungendo la **congiunzione se** quando è necessario, come nell'esempio. Attenzione: in due casi non devi aggiungere la **congiunzione se**.*

1. __se__ il film è brutto,

2. _____ hai letto il libro,

3. _____ non ti piacciono le storie d'amore,

4. _____ io non posso entrare

5. _____ vuoi leggere anche il romanzo,

6. _____ secondo me Ammaniti è bravo,

7. _____ non ti piacciono i film comici,

quando il film è già iniziato.
devi assolutamente leggerlo.
devi vedere anche il film.
te lo posso prestare.
allora scegliamo un film comico.
fai tu un'altra proposta.
possiamo uscire prima.

4 *Cosa dici in queste situazioni? Scegli l'espressione giusta.*

1. Un tuo amico non vuole andare al cinema perché piove. Tu dici: (Dai / Evidentemente / Quindi), andiamo lo stesso! *Dai*

2. A un tuo amico non è piaciuto il film. Tu dici: (A me dai / A me invece / Secondo me) è piaciuto moltissimo.

3. Vai al cinema con un amico. Gli proponi vari film ma a lui non piace niente. Tu dici: Andare al cinema con (te / ti / tu) è veramente impossibile!

4. Un tuo amico dice che un film è bello perché ha avuto molto successo.
   Tu dici: (Finalmente / Se comunque / Va be', comunque) a me non è piaciuto.

5. Devi andare a una festa con un amico, ma non vuoi vedere Gianna.
   Tu dici: (Per me / Te lo dico subito, / Va be', a me) se c'è Gianna io non vengo!

6. Un tuo amico ti chiede un'opinione su un libro. Tu dici: (Comunque dai / A me / Secondo me) è molto bello.

7. Un tuo amico ti chiede se preferisci andare al cinema o a teatro.
   Tu dici: (Invece / Io / Per me) è lo stesso, decidi tu.

8. Sei andato a vedere un film comico con un tuo amico. Tu ti sei divertito, lui no.
   Tu dici: (Evidentemente / Finalmente / Invece) abbiamo un'idea diversa di comicità.

9. Proponi ad un amico di andare a vedere *Habemus Papam*. Lui ti dice che non ama i film americani.
   Tu dici: *Habemus Papam* non è (comunque / mica / invece) un film americano!

[note a margine: Non e, Mica necessario — Really isn't necessary]

5 *Leggi le opinioni sul film e mettile in ordine, dalla più positiva alla più negativa.*

Habemus papam

Il film di Nanni Moretti, uno dei più importanti registi italiani, racconta la storia comica e drammatica di un papa che non vuole fare il papa e del suo psicanalista. Ecco alcune opinioni degli spettatori.

n°
____   ● **rikko**
iscritto: 29 aprile 2010
luogo: Roma | messaggi: 28

Personalmente lo consiglio. Non un capolavoro, ma sicuramente un bel film. Superiore alla media.

n°
____   ● **alessia**
iscritto: 07 gennaio 2010
luogo: Bologna | messaggi: 67

Ma che dici... Habemus papam è un film inguardabile: lento, noioso, presuntuoso... Non andrò mai più a vedere un film di Moretti!

n°
____   ● **ugo51**
iscritto: 3 novembre 2010
luogo: Viterbo | messaggi: 41

Va be', dai... non sarà il miglior film di Moretti, ma inguardabile proprio no. Per me l'idea di partenza è bellissima. Certo, poteva essere sviluppata meglio e anch'io sono uscito un po' deluso.
Non lo consiglierei. Comunque nel film ci sono dei momenti divertentissimi...

n°
____   ● **santabarbara**
iscritto: 9 marzo 2009
luogo: Padova | messaggi: 9

Il film mi ha emozionato: ironico, divertente e poetico.
Moretti non è per tutti, diciamolo chiaramente.
Erano anni che non vedevo un film così.

n°
____   ● **matteo**
iscritto: 21 febbraio 2011
luogo: Rovigo | messaggi: 11

Concordo con Alessia, il film non mi ha convinto per niente.
Anche se una cosa la salverei: la colonna sonora.
La canzone di Mercedes Sosa è meravigliosa.

Inserisci nelle frasi di sinistra le parole di destra, come nell'esempio.

Come comportarsi al cinema

1. È sempre meglio arrivare venti minuti prima. Siete sicuri di trovare i biglietti per il film che avere scelto e soprattutto scegliere i posti migliori.

2. Arrivate in ritardo e lo spettacolo è già iniziato, mettetevi nelle ultime file per disturbare gli altri spettatori.

3. Ricordatevi spegnere sempre il cellulare prima dell'inizio del film. Lo avete dimenticato acceso e qualcuno vi chiama, non rispondete e spegnetelo subito!

4. Lo spettacolo, non parlate non commentate il film con il vostro vicino.

5. Non mangiate patatine o popcorn guardate il film.

6. Se il film vi piace, aspettate fino all'intervallo uscire.

7. Alla fine del film, non alzatevi per uscire passando davanti agli altri spettatori. Aspettate l'accensione delle luci e mettetevi in fila calma verso l'uscita.

(c~~o~~sì) (potete)

(se) (non)

(di) (se)

(durante) (e)

(rumorosamente) (mentre)

(non) (per)

(subito) (con)

> Vai su **www.almaedizioni.it/domani** e mettiti alla prova con gli esercizi on line dell'unità 14.

Guarda le immagini e leggi i titoli di giornale. Secondo te cosa è il premio Strega? **DVD** esercizi 7
Poi ascolta l'intervista e verifica.

a. ☐ Il concorso per la donna più brutta d'Italia
b. ☐ Un concorso per il miglior vino italiano
c. ☐ Un prestigioso concorso letterario
d. ☐ Il premio per il miglior matematico dell'anno

2 *Ascolta ancora l'intervista allo scrittore Paolo Giordano e collega le affermazioni ai soggetti,* DVD *esercizi 7 come nell'esempio. Attenzione, ci sono due affermazioni in più.*

a. Ci ha messo molti anni a scrivere il libro.
b. È laureato in Fisica.
c. È un fardello pesante.
d. È un linguaggio molto preciso.
e. È ispirato ad una sua storia d'amore.
f. Era inatteso.
g. Ha cercato di dimenticare il premio Strega.
h. Ha scritto il suo primo romanzo.
i. Nel 2008 ha vinto il premio Strega.
l. Offre molte possibilità di metafore.

Paolo Giordano

la matematica

il premio Strega

3 *Inserisci al posto giusto gli elementi della lista fino a completare lo schema.*

che che che con il ferro la calzamaglia di lana

la facevano camminare la pungeva le dita le guance quegli scarponi

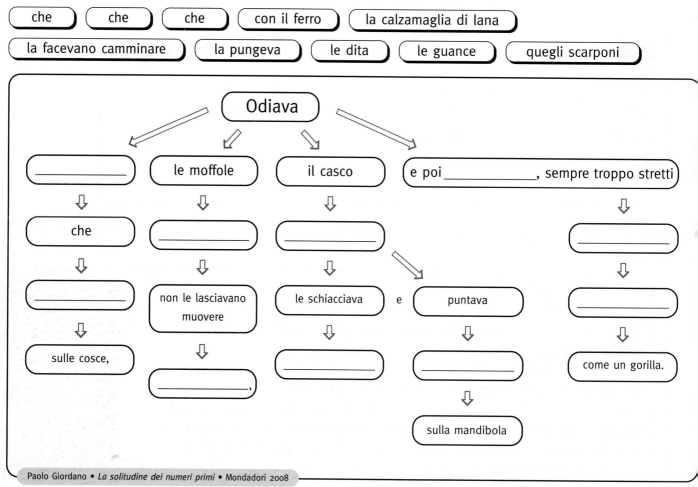

Paolo Giordano • *La solitudine dei numeri primi* • Mondadori 2008

Ricostruisci l'inizio del romanzo "I veri nomi" di Andrea De Carlo mettendo le frasi in ordine, come nell'esempio.

a. che cercava un esperto di rock

b. di chiamare al più presto il suo amico Damiano Diamantini

X *Quando avevo ventitré anni*

d. mi ha telefonato una sera tutta concitata

e. per dirmi

f. per una collana di libri sulla musica.

g. una tipa di nome Enrica Rivatti con le labbra pallide
   e gli occhi acquosi e i capelli fritti color paglia

> c ___ ___ ___ ___ ___ ___

Ricostruisci le **espressioni** *e poi collegale al significato corretto.*

espressione	
andare	avanti
fare	dietro
portare	meno
portarsi	in salvo
venire	la scoperta

significato
continuare
morire
prendere con sé
salvare
scoprire

Inserisci sulle righe ▨▨▨ *le* **espressioni verbali** *dell'esercizio* **5** *e completa le parole con le ultime tre lettere.*

Ricevere visita

Pietro Paladini, un uomo spos_____ e con un lavoro di succe_____ , un giorno
al mare ▨▨▨ una sconosciuta, proprio mentre sua moglie, che
è rimasta in città, ▨▨▨ all'improvviso.
Da quel momento Pietro ▨▨▨ tutto il peso del lutto e il dol_____
che lo porta a isolarsi dal mondo e a mettere in "stand by" la propria vita, forse
per protegg_____ la figlia di dieci anni dal trauma della perd_____ della madre.
La relazione con la figlia è infa_____ la chiave di tutta la storia. Una mattina, davanti
alla scuola, Pietro le promette di aspetta_____ fuori fino alla fine delle lezioni.
E fa lo stesso anche il giorno dopo e ▨▨▨ così per molte settimane.
Sed_____ su una panchina, Pietro riceve la visita di molte persone che va_____
da lui per cercare di aiuta_____, ma poi, colpite dalla sua strana calma, finiscono per parlar_____ dei loro
problemi. In questo modo Pietro ▨▨▨ del mondo da un punto di vista diverso.
Pietro ascolta tutti, senza d_____ mai niente di utile o di interessante. Ma saranno proprio questi personaggi
(tra cui il fratello, la cognata e la sconosciuta che ha salvato) a smuovere Pietro verso il cambiamento
e una nu_____ vita.

7 *Completa l'inizio del romanzo "Onora il padre" di Giancarlo De Cataldo con gli **aggettivi in -bile.***

Nonostante il riscaldamento, il gelo umido della notte è riuscito a infiltrarsi nel piano alto di questo vecchio albergo che nasconde dietro stucchi pretenziosi il suo *(che non si può evitare)* _____ decadimento.

Il mare è una tavola nera lacerata da una lama di luna giallognola.

La grande spiaggia è bianca, deserta. Niente ombrelloni, niente sdraio. Adoro l'inverno.

Nel freddo Rimini diventa persino *(che si può sopportare)* _____ .

8 *Riassumi la trama di un romanzo che hai letto usando al massimo 30 parole.*

Vai su **www.almaedizioni.it/domani** e mettiti alla prova con gli esercizi on line dell'unità 15.

esercizi | unità 16

1 *Inserisci i **pronomi relativi** e cerca quali parole devono essere sostituite con i loro **contrari** della lista, come nell'esempio.*

pronomi relativi

(che) (da cui)
(che) (in cui)

contrari

(addormento) (breve) (famose) (giù) (impaziente) (meglio)
(mo~~d~~erna) (nato) (nuova) (pazzesco) (puntuale) (successo)

Domenico Modugno (1928-1994) oggi è considerato uno dei padri della canzone italiana an~~ti~~ca. *moderna*

Raggiunge il fallimento nel 1958, quando vince il Festival di Sanremo con il brano *Nel blu dipinto di blu*, peggio conosciuto come *Volare*.

La canzone nasce sei mesi prima su musica di Modugno e parole di Franco Migliacci, un ragazzo _____ disegna storie per bambini, spesso ispirate a canzoni sconosciute.

Un giorno Modugno gli chiede: "Mi piace come disegni le mie canzoni. Perché in cambio non mi dai qualche idea per una canzone vecchia?".

È questa la scintilla _____ nasce la canzone più conosciuta della musica italiana.

Lo stesso Migliacci racconta così l'idea del testo: "Un giorno volevamo andare al mare insieme con la sua macchina. Io arrivo tardi, aspetto diverso tempo ma all'appuntamento non arriva nessuno. Deluso, torno a casa e decido di comprarmi una bottiglia di Chianti per sbronzarmi. Mi sveglio e al risveglio, ancora mezzo addormentato, guardo due poster di Chagall attaccati alla parete. Prendo carta e penna e butto su un'idea".

La notte stessa Franco e Domenico si incontrano a Piazza del Popolo. "Mi è venuta un'idea per una canzone... ma guarda che non è un'idea normale... per una canzone normale" – premette Franco – ma Modugno, calmo, gli strappa dalle mani quel pezzo di carta, lo legge e subito commenta: "Sarà un successo scarso! Dai, mettiamoci subito a lavorare!".

La canzone diventa in lungo tempo un successo internazionale. Il cantante stesso ricorda il momento _____ è nato lo straordinario successo negli Stati Uniti: "In una stazione radio del Michigan o dell'Indiana è arrivato qualcuno con il mio disco e lo ha mandato in onda: il giorno dopo ci sono state duemila telefonate di gente _____ voleva risentirlo. Lo hanno rimandato in onda: il giorno dopo altre duemila telefonate. L'exploit di *Volare* è morto così.".

Collega le colonne e forma le frasi.

| Se vuoi | → stare bene | comincia | a | fumare. |
| | → imparare l'italiano | smetti | di | studiare. |

| Se sei | → innamorato di Claudia | finisci | a | riposarti un po'. |
| | → stanco | prova | di | trattarla male. |

| Ti ho detto che | → non capisco l'inglese, perché | cerca | a | cucinare qualcosa. |
| | → ho fame, | continui | di | parlare così veloce? |

Ricostruisci le citazioni di sinistra con le **parole** *di destra.*

1. Fino _____. Dopo possono continuare a farlo solo due categorie di persone: i poeti e i cretini.   *Fabrizio De André*

a / anni / diciotto
scrivono / poesie / tutti

2. Nella musica non voglio _____.
Se devo insegnare qualcosa a qualcuno spero che sia ad un figlio e non ad un collega.   *Laura Pausini*

a / devo / e / insegnare
nessuno / niente / non

3. _____ ho mai usato cocaina.
Eros Ramazzotti

che / crede / dico / mi
nessuno / non / quando

4. Perché porto gli occhiali? _____ !
Zucchero

canto, / dormo / qualche
quando / volta

Inserisci le **parole** *della lista al posto giusto nel testo, come nell'esempio. Le* **parole** *sono in ordine.*

tra
che
che
che
qualche
terzo
e

I risultati di un sondaggio online della Società Dante Alighieri
Il brano cantato da Celentano con il 12% supera lo storico Modugno con 11,5%

Azzurro e *Volare*, sono ancora loro le italiane più cantate nel mondo

ROMA – Al primo posto, le canzoni italiane più cantate all'estero, troviamo *Azzurro* di Adriano Celentano con il 12% delle preferenze, brano supera la storica *Volare* di Domenico Modugno si ferma all'11,5%. Sono i risultati del sondaggio proposto dal sito della Società Dante Alighieri, dedicato alle canzoni italiane più famose e cantate nel mondo.
Alla domanda "Qual è la canzone italiana canta più spesso durante il periodo estivo?" sono state scelte soprattutto canzoni classiche e anni Sessanta del panorama della musica italiana, con curiosità. Scorrendo la classifica finale del sondaggio, a sorpresa troviamo *Musica è* di Eros Ramazzotti al posto (con l'8% dei voti), seguito da *O Sole mio* di Enrico Caruso (4%), quindi *Sapore di sale* di Gino Paoli (3,5%) *Abbronzatissima* di Edoardo Vianello (2,5%).

5 *Scegli l'espressione giusta.*

BREVE STORIA DELLA MUSICA ITALIANA

ANNI CINQUANTA E SESSANTA
> SANREMO

La musica leggera italiana nasce negli anni Cinquanta
con il Festival della Canzone Italiana di Sanremo.
Grazie al Festival negli anni Cinquanta diventano popolarissimi
molti cantanti, (che / di cui / tra cui) *Domenico Modugno*.
Negli anni Sessanta si affermano *Mina* e *Adriano Celentano*.

ADRIANO CELENTANO

GIORGIO GABER

ANNI SESSANTA > I CANTAUTORI

Molti artisti cominciano (a / di / per) scrivere i testi
e la musica per le loro canzoni. Sono cantanti e autori
nello stesso tempo, e per questo sono chiamati "cantautori".
Le canzoni (a cui / che / di cui) propongono questi artisti
hanno melodie semplici ma non banali e testi di argomento
sociale, spesso lontani dai temi tradizionali dell'amore.
I più importanti cantautori di questo periodo
sono *Fabrizio De André* e *Giorgio Gaber*.

ANNI SETTANTA
> SCUOLA BOLOGNESE E ROMANA

Si afferma un nuovo gruppo di cantautori, che continuano
(a / di / da) proporre testi sempre più impegnati nel sociale.
A Bologna *Lucio Dalla* e *Francesco Guccini*.
A Roma, *Francesco De Gregori*, *Antonello Venditti* e *Lucio Battisti*,
forse il più popolare di (nessuno / quelli / tutti).

LUCIO DALLA E FRANCESCO DE GREGORI

LUCIO BATTISTI

FRANCESCO GUCCINI

Vai su www.almaedizioni.it/domani e mettiti alla prova con gli esercizi on line dell'unità 16.

NNI SETTANTA > LE CONTAMINAZIONI

uesta generazione dà una maggiore importanza
l'aspetto "musicale" e alle contaminazioni tra i generi.
(Qualche / Qualcuno / Uno) nome da ricordare tra i tanti:
Sicilia *Franco Battiato* con il suo pop sperimentale,
Napoli *Pino Daniele* con il suo folk blues,
Milano *Angelo Branduardi* con la sua musica medievale.

ANGELO BRANDUARDI

GIANNA NANNINI

HERO

ANNI OTTANTA E NOVANTA
> IL SUCCESSO INTERNAZIONALE

(Molti / Qualche / Quegli) autori
di questo periodo hanno successo
anche fuori dall'Italia con uno stile
più "internazionale".
Ricordiamo il rock melodico di *Zucchero*,
Gianna Nannini e *Vasco Rossi*,
il pop commerciale di *Eros Ramazzotti*
e *Laura Pausini* e il riuscito abbinamento
tra rap e pop di *Jovanotti*.

LAURA PAUSINI

OGGI > NUOVE TENDENZE

Due i filoni più popolari: quello
del rap giovane e aggressivo,
(che / dei cui / di cui) *Fabri Fibra* e *J-Ax*
sono gli interpreti più importanti;
e quello dei cantanti melodici,
dominato da voci virtuose e particolari
come quelle di *Elisa*, *Malika Ayane*
e *Tiziano Ferro*.

ELISA

TIZIANO FERRO

1 Completa il dialogo con i **verbi** al tempo giusto negli spazi _____, le **espressioni** della lista 1 negl
spazi _____ e le **espressioni** della lista 2 negli spazi ▨▨▨▨▨▨.

> LISTA 1 • comunque • di • di • perché • qualche • se • se • tu • uno • va be'
>
> LISTA 2 • dialoghi • il regista • il suo stile • in sala 4 • i sottotitoli • lo scrittore

▢ C'è _____ film che ti (*piacere*) _____ vedere fra questi?

• Non so, forse il più interessante è quello che (*fare*) _____ ▨▨▨▨▨▨. Il coreano.

▢ Ah, non lo conosco. _____ che parla?

• Mah... è una storia un po' assurda. Racconta di _____ che sogna _____ fare
un incidente con la macchina e poi quando (*svegliarsi*) _____ ha veramente un incidente,
ma non si capisce bene _____ è realtà, _____ è fantasia...

▢ Ma è in coreano?

• Sì, ma ci sono ▨▨▨▨▨▨. E _____ servono a poco _____ i personaggi
(*parlare*) _____ pochissimo.

▢ E _____ come lo sai?

• Conosco ▨▨▨▨▨▨, (*vedere*) _____ tutti i suoi film.
Tutti i film avevano pochissimi ▨▨▨▨▨▨, è proprio ▨▨▨▨▨▨...

▢ _____, ho capito, una noia mortale... No, guarda, non me la sento.
Piuttosto, mi (*piacere*) _____ vedere com'è il film dal libro di Giordano.

• Giordano? Chi è?

▢ Giordano, ▨▨▨▨▨▨... Non lo (*conoscere*) _____?

• Ah sì...

> • Ogni espressione al posto giusto 1 punto   Totale: ____ / 16
> • Ogni verbo corretto 2 punti   Totale: ____ / 14

2 Inserisci in ordine nel testo le **espressioni** di destra e ricostruisci la trama del romanzo.

1. "Io non ho paura" è il quarto romanzo di Niccolò Ammaniti. Il protagonista è Michele,
un bambino _____
_____ e fa una scoperta incredibile: in una buca è nascosto un bambino, Filippo.

> 1. • abbandonata • anni • casa • di nove • entra • in una • che un giorno

2. _____
_____, ma da quel momento ritorna ogni giorno alla casa abbandonata
e piano piano diventa amico di Filippo.

> 2. • a • decide • di • dire • Michele • non • nessuno • niente

3. Dopo qualche giorno a casa di Michele arriva Sergio, un amico del padre. Michele
scopre che i suoi genitori, insieme a Sergio, hanno rapito Filippo e vogliono chiedere
un riscatto. Ma quando Michele ritorna alla casa abbandonata, _____
_____.

> 3. • c' • che • è • Filippo • non • più • scopre

4. I suoi genitori e Sergio infatti lo hanno spostato in un altro nascondiglio. Non solo:
ascoltando una conversazione degli adulti, _____
_____. Così corre a cercare Filippo.

> 4. • capisce • che • deciso • di • hanno • Michele • ucciderlo

5. Michele riesce a liberarlo, ma cade in una buca, proprio mentre arrivano Sergio e
il padre. In un finale carico di suspence il padre non riconosce il figlio e gli spara. In
_____. Michele è
salvo, il colpo non l'ha raggiunto. Ma la tragedia che ha vissuto sarà indimenticabile.

> 5. • arresta • arriva • che • due • la • i • momento • polizia, • quel • rapitori

> • Ogni parte ricostruita correttamente 5 punti   Totale: ____ / 30

Completa l'intervista allo scrittore Paolo Giordano con le **espressioni** *della lista. Attenzione: c'è uno spazio in più.*

(a cui)　(che)　(che)　(che)　(che)　(di cui)　(in cui)　(per me)

• "La solitudine dei numeri primi" è il tuo primo romanzo. Com'è stato ricevere il premio Strega?

□ È stato deflagrante, direi. _____ era del tutto inatteso. Ma quella era già una fase in realtà _____ quello che stava succedendo aveva superato di molto le mie aspettative anche più fantasiose. Per cui è una cosa _____ è successa e _____ io mi sono reso conto molto lentamente nel tempo e _____ poi ho cercato di dimenticare anche in fretta; perché ricevere un riconoscimento così, specialmente all'inizio di un percorso, è anche un fardello pesante per tutto quello _____ uno deve fare dopo, per le motivazioni _____ uno deve ricrearsi, quindi in realtà _____ non ci penso mai. È una cosa _____ non penso mai.

(• **Ogni espressione al posto giusto 2 punti**)　Totale: ____ / 16

*Scegli l'*espressione *giusta.*

Intervista a Tiziano Ferro

• Com'è nata *Perdono*, la tua canzone di maggior successo?

□ In realtà non c'è un modo in cui scrivo una canzone, (qualcuna volta / qualche volta / volte) il testo rimane lì per anni e poi lo riprendo oppure il tutto succede in 10 minuti. *Perdono* (ho scritto / io ho scritto / l'ho scritta) veramente in 15 minuti. Perché comunque era una canzone (che / la / se) sentivo ed è uscita fuori in modo abbastanza naturale.

• Hai cominciato (a / di / −) fare musica molto presto...

□ È vero, ho chiesto la prima chitarra a mia madre quando (avevo / avrei / ho avuto) 7 anni. E da allora ogni giorno ascolto musica o provo (a / di / −) scrivere qualcosa. La mia esistenza me la ricordo sempre con la musica.

• Nel tempo libero cosa fai?

□ Il tempo libero (io / lo / glielo) dedico alla calma, ai miei amici. Mi piace (di / che / −) fare delle belle cene. In questo lavoro sei sempre solo e hai bisogno di questi momenti semplici in cui si parla, si chiacchiera... Quindi andiamo a bere una birra o andiamo a mangiare e stiamo bene così.

• Come definiresti la tua musica?

□ La mia musica è fondamentalmente eclettica. Non è la tipica musica italiana, perché non lo è, non è R&B, perché è un genere troppo americano e io (dai / invece / ma) in fondo sono molto italiano. Penso che il mio sia un pop molto urbano, molto sporco, pieno della vita di un ragazzo che viaggia molto e che senza problemi vola da Roma a New York e che comunque si porta dietro (delle / sue / qualche) esperienze. Però non si dimentica mai da dove è partito.

• Come sta andando il tuo tour europeo?

□ Bene! Ora sto per (partendo / partire / parto) per i Paesi dell'est. Lì amano molto la musica italiana e più in generale l'Italia. Per esempio vai a Sofia e parlano quasi tutti italiano... è (credibile / incredibile / non credibile).

(• **Ogni espressione corretta 2 punti**)　Totale: ____ / 24

☞ Totale test: ____/100

Cosa so fare?

Parlare di un film. ☐ ☐ ☐

Esprimere preferenze. ☐ ☐ ☐

Esprimere e contrastare opinioni. ☐ ☐ ☐

Cercare un compromesso e cercare
di convincere. ☐ ☐ ☐

Fare ipotesi. ☐ ☐ ☐

Leggere un breve testo letterario. ☐ ☐ ☐

Raccontare la trama di un romanzo. ☐ ☐ ☐

Parlare del proprio rapporto con
la musica. ☐ ☐ ☐

Cosa ho imparato

Pensa a quello che hai imparato e scrivi...

• 5 parole o espressioni molto utili:

• una cosa particolarmente difficile:

• uno o più scrittori che non conoscevi:

• una curiosità culturale sull'Italia e gli italiani:

Cosa faccio... | praticare l'italiano

1 *Indica cosa fai per migliorare il tuo italiano quando non sei a scuola.*

☐ Acquisto e leggo riviste o giornali italiani.

☐ Leggo in internet giornali italiani.

☐ Guardo la televisione italiana.

☐ Guardo film italiani, ma solo con i sottotitoli nella mia lingua.

☐ Guardo film italiani, anche senza sottotitoli.

☐ Ascolto musica italiana.

☐ Ascolto musica italiana e cerco i testi in internet.

☐ Scrivo un diario in italiano.

☐ Ho corrispondenze in italiano (mail, chat, ecc.).

☐ Parlo al telefono con amici in italiano.

☐ Faccio degli scambi di conversazione con italiani che vogliono praticare la mia lingua.

Altro: _____

2 *Lavora con un gruppo di compagni. Confrontate le vostre scelte e scegliete le tre cose più utili
per praticare l'italiano.*

Mi metto alla prova | un cantante italiano

*Scegli un cantante tra quelli di pagg. 210-211. Vai su www.wikipedia.it e fai una ricerca.
Poi esponi il lavoro che hai fatto alla tua classe. Mettiti d'accordo con gli altri compagni in modo
da scegliere ognuno un cantante differente.*

grammatica

● I pronomi diretti e il participio passato

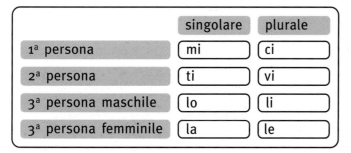

	singolare	plurale
1ª persona	mi	ci
2ª persona	ti	vi
3ª persona maschile	lo	li
3ª persona femminile	la	le

Quando il passato prossimo si forma con l'ausiliare *avere*, l'ultima lettera del participio passato è *-o* (maschile singolare).
▸ *Paolo ha mangiat**o** la pasta.*
▸ *Maria e Susanna hanno incontrat**o** le amiche al bar.*

Ma quando il passato prossimo è preceduto dai pronomi diretti *lo, la, li, le*, l'ultima lettera del participio passato concorda con il pronome.
▸ *Ho telefonato a Paola e l'ho invitat**a** al matrimonio.*
▸ *Questi fiori sono bellissimi. Dove **li** hai comprat**i**?*

Attenzione: solo i pronomi *lo* e *la* possono avere l'apostrofo.
▸ *Ho comprato un libro e l'ho regalato a mio padre.*
▸ *Non trovo la borsa. Dove l'hai messa?*

● Il passato prossimo con il verbo *essere* e con i verbi riflessivi

Nel passato prossimo, quando l'ausiliare è *essere*, l'ultima lettera del participio passato concorda con il soggetto.
▸ *Ieri **Paolo** è andat**o** al cinema.*
▸ *Ieri **Maria** è andat**a** al cinema.*
▸ *Ieri **Paolo e Ugo** sono andat**i** al cinema.*
▸ *Ieri **Maria e Rita** sono andat**e** al cinema.*

Anche con il passato prossimo dei verbi riflessivi, l'ultima lettera del participio passato concorda con il soggetto.
▸ *Stamattina **Paolo** si è alzat**o** tardi.*
▸ *Stamattina **Maria** si è alzat**a** tardi.*
▸ *Stamattina **Paolo e Ugo** si sono alzat**i** tardi.*
▸ *Stamattina **Maria e Rita** si sono alzat**e** tardi.*

● Gli avverbi di tempo con il passato prossimo

Con il passato prossimo in genere l'avverbio di tempo va tra l'ausiliare e il participio passato.
▸ *Non ho **ancora** mangiato.*
▸ *Abbiamo **già** visto quel film.*
▸ *Non sono **mai** stato a Venezia.*
▸ *Ho **sempre** abitato a Roma.*

Ma a volte può andare anche prima o dopo il passato prossimo.
▸ *Ancora non ho mangiato.*
▸ *Non ho mangiato ancora.*

Quello e bello

aggettivo dimostrativo **quello** cambia la terminazione come l'articolo determinativo **il, l', lo, la.**

| signore → **quel** signore | la ragazza → **quella** ragazza |
| signori → **quei** signori | le ragazze → **quelle** ragazze |

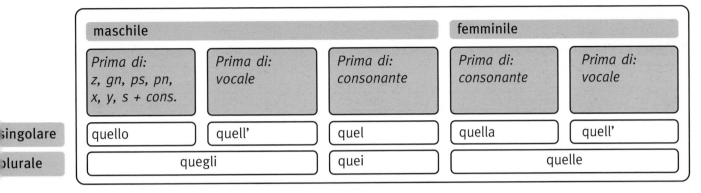

	maschile			femminile	
	Prima di: z, gn, ps, pn, x, y, s + cons.	Prima di: vocale	Prima di: consonante	Prima di: consonante	Prima di: vocale
singolare	quello	quell'	quel	quella	quell'
plurale	quegli		quei	quelle	

nche l'aggettivo **bello** si comporta come il dimostrativo **quello.**
► *Ho letto un **bel** libro.*

Il superlativo relativo e assoluto

superlativo relativo esprime il grado massimo di una qualità in rapporto a qualcosa.
forma con **articolo** + **più** + **aggettivo** (nome) + **di.**
► *Marta è **la più brava** (studentessa) **della** classe.*

n'altra costruzione possibile è **articolo** + **nome** + **più** + **aggettivo** + **di.**
► *Marta è **la studentessa più brava della** classe.*

on **meno** si usa sempre **articolo** + **nome** + **meno** + **aggettivo** + **di.**
► *Questo è **il libro meno interessante di** Umberto Eco.*

volte non si usa **di** ma la preposizione **fra / tra.**
► *Il Colosseo è **il più** visitato **fra** i monumenti italiani.*

superlativo assoluto esprime il grado massimo di una qualità in termini assoluti. Si forma con il suffisso **-issimo.**
► *Venezia è una città **bellissima.***

superlativo assoluto si può formare anche:

con **molto**	► *Venezia è una città **molto** bella.*
ripetendo l'aggettivo	► *Di fronte a lui sono diventato **piccolo piccolo.***
con **tutto / -a / -i / -e**	► *Sono tornato a casa **tutto** bagnato per la pioggia.*
con i prefissi **stra-, super-, arci-, iper-**	► *Il padre di Gino è **straricco,** Ada è una donna **superintelligente.***

La costruzione uno dei più / meno

er evidenziare le qualità di qualcuno o qualcosa all'interno di un gruppo di cose o persone, si può usare
costruzione **uno dei (una delle)** + **nome** + **più / meno** + **aggettivo** + **di.**

► *Caravaggio è **uno dei pittori più famosi del** mondo.*   ► *Napoli è **una delle città più belle** d'Italia.*
► *Il Molise è **una delle regioni meno conosciute.***

▶ I superlativi irregolari

Gli aggettivi *buono, cattivo, grande, piccolo, alto* e *basso* hanno due forme di superlativo relativo e assoluto.

- superlativo relativo ▸ *L'olio umbro è **il più buono** | **il migliore** d'Italia.*
- superlativo assoluto ▸ *La carne toscana è **buonissima** | **ottima**.*

| aggettivo | superlativo relativo | | superlativo assoluto | |
	regolare	irregolare	regolare	irregolare
buono	il più buono	il migliore	buonissimo	ottimo
cattivo	il più cattivo	il peggiore	cattivissimo	pessimo
grande	il più grande	il maggiore	grandissimo	massimo
piccolo	il più piccolo	il minore	piccolissimo	minimo
alto	il più alto	il superiore	altissimo	supremo
basso	il più basso	l'inferiore	bassissimo	infimo

▶ I comparativi

Per fare un paragone tra due nomi o pronomi si usa *più* / *meno* + aggettivo + *di*.

- ▸ *Maria è **più** simpatica **di** Anna.*
- ▸ *La mela è **meno** dolce **della** banana.*
- ▸ *Io sono **più** vecchio **di** te.*

Per fare un paragone tra due aggettivi, verbi, avverbi o pronomi preceduti da preposizione si usa *più* / *meno* + *che*.

- ▸ *Hai visto com'è ingrassato Mario? È **più** largo **che** lungo!*
- ▸ *Parlare una lingua è **più** difficile **che** capirla.*
- ▸ *Fa **più** caldo qui **che** lì.*
- ▸ *Perché pensi **più** a lei **che** a me?*

Per fare un paragone di uguaglianza si usa *come* o *quanto*.

- ▸ *Giulio è alto **come** Vittorio.*
- ▸ *Antonio è forte **quanto** Sandro.*

● L'imperfetto

imperfetto si usa per descrivere una situazione o uno stato (fisico o psicologico) del passato.

▸ *A casa di Luca c'era una festa: tutti* **mangiavano** *e* **bevevano**, *qualcuno* **ballava**. **Erano** *tutti molto contenti di essere lì.*

▸ *Da piccolo* **ero** *molto magro.*

Mentre il passato prossimo si usa per raccontare un fatto (concluso) del passato.

▸ *Ieri sera* **ho visto** *un film in tv e poi* **sono andato** *a letto.*

uasi tutti i verbi hanno un imperfetto regolare.

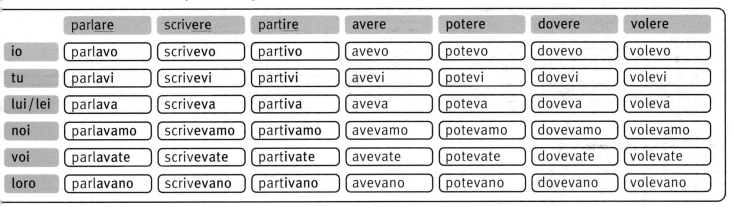

	parl**are**	scriv**ere**	part**ire**	avere	potere	dovere	volere
io	parl**avo**	scriv**evo**	part**ivo**	avevo	potevo	dovevo	volevo
tu	parl**avi**	scriv**evi**	part**ivi**	avevi	potevi	dovevi	volevi
lui/lei	parl**ava**	scriv**eva**	part**iva**	aveva	poteva	doveva	voleva
noi	parl**avamo**	scriv**evamo**	part**ivamo**	avevamo	potevamo	dovevamo	volevamo
voi	parl**avate**	scriv**evate**	part**ivate**	avevate	potevate	dovevate	volevate
loro	parl**avano**	scriv**evano**	part**ivano**	avevano	potevano	dovevano	volevano

verbi *bere*, *dire*, *essere* e *fare* hanno un imperfetto irregolare.

	bere	dire	essere	fare
io	bevevo	dicevo	ero	facevo
tu	bevevi	dicevi	eri	facevi
lui/lei	beveva	diceva	era	faceva
noi	bevevamo	dicevamo	eravamo	facevamo
voi	bevevate	dicevate	eravate	facevate
loro	bevevano	dicevano	erano	facevano

● I connettivi

connettivi si usano per unire due o più frasi tra loro.

	▸ *Alle 6 ho finito di lavorare* **e** *sono andato a casa.*
Ma / però	▸ *Quell'albergo è bello,* **ma / però** *costa troppo.*
Allora	▸ *Giulio non era a casa,* **allora** *l'ho chiamato in ufficio.*
Così	▸ *Ero stanco,* **così** *sono andato a dormire.*
Quindi	▸ *Domani il treno parte alle 7,* **quindi** *dobbiamo alzarci presto.*
Perciò / Per questo	▸ *Hans non capisce l'italiano,* **perciò / per questo** *parla poco.*
Perché	▸ *Vado in vacanza in Sardegna* **perché** *mi piace il mare.*
Mentre	▸ *Non leggere il giornale* **mentre** *mangi!*
Quando	▸ *Chiamami,* **quando** *arrivi a casa.*

● Le espressioni di tempo

Tra due anni, tra tre giorni, ecc.	▸ *Tra due anni mi sposo.*
Il prossimo mese / il mese prossimo, il prossimo anno / l'anno prossimo, ecc.	▸ *L'anno prossimo voglio fare un viaggio in India.*
Quest'anno	▸ *Quest'anno sto lavorando molto.*
Il mese scorso / il mese passato, l'anno scorso / l'anno passato, ecc.	▸ *L'anno scorso sono stato in Perù.*
Dieci anni fa / cinque giorni fa, ecc.	▸ *Ho conosciuto Paolo dieci anni fa.*
A diciotto anni, a cinque anni, ecc.	▸ *A diciotto anni ho cominciato a lavorare.*
Fino a diciotto anni, fino a cinque anni, ecc.	▸ *Fino a diciotto anni sono andato a scuola.*
Da due anni, da dieci giorni, ecc.	▸ *Ho smesso di fumare da due anni.*
In due anni, in dieci giorni, ecc.	▸ *In due anni ho cambiato casa, lavoro e moglie!*
Due volte alla settimana, tre volte al mese, ecc.	▸ *Vado in palestra due volte alla settimana.*

● L'espressione *un sacco di*

In un registro colloquiale, si può sostituire la costruzione *molto* + nome con *un sacco di* + nome.

▸ *Sandro ha vinto un sacco di soldi con il Bingo.*

● I pronomi con l'imperativo informale

I pronomi diretti, i pronomi indiretti e le particelle *ci* e *ne* si uniscono all'imperativo informale.

▸ *Passami il sale, per favore.*
▸ *Questa carne è buonissima. Mangiala!*
▸ *È un libro bellissimo. Leggetelo!*

Con la seconda persona singolare (*tu*) dell'imperativo dei verbi *andare, dare, dire, fare* e *stare* il pronome raddoppia la lettera iniziale.

▸ *Io non vengo al concerto. Vacci da solo!*
▸ *Hai già letto il giornale? Allora dallo a me!*
▸ *Cosa è successo? Dimmi tutta la verità!*
▸ *Domani è il compleanno di Clelia. Falle un regalo!*

Con il pronome *gli* non c'è raddoppiamento.

▸ *Piero non sta bene, stagli vicino.*

Con l'imperativo negativo il pronome può

- andare prima del verbo ▸ *Questo prosciutto non è buono. Non lo mangiare!*
- unirsi al verbo ▸ *Questo prosciutto non è buono. Non mangiarlo!*

L'espressione *ce l'ho*

Per dire che abbiamo (o non abbiamo) qualcosa si usa l'espressione *ce l'ho* (o *non ce l'ho*).

▸ *Ce l'hai un lavoro?*   • *No, non ce l'ho.*
▸ *Dov'è il mio giornale?*   • *Ce l'ho io.*

La forma *ce l'ho* si usa al posto della forma *l'ho,* quindi ogni volta che devo usare un pronome diretto (*lo, la, li, le*) prima del verbo *avere.*

▸ *Vorrei un litro di latte.*   • *Mi dispiace, (~~non l'ho~~) non ce l'ho, è finito.*

La forma *ce l'ho* si può usare anche all'inizio di una richiesta, con enfasi sul verbo *avere.*

▸ *Ce l'ha il pane?*
▸ *Ce li avete i biscotti al vino?*

❯ L'articolo partitivo *del*

La preposizione *di* + **articolo** si usa per indicare una quantità generica, non precisa.

▸ *Vorrei del prosciutto.*
▸ *Compra delle pesche.*

Al singolare l'articolo partitivo può essere sostituito dall'espressione *un po' di.*

▸ *Vorrei del prosciutto.*   →   ▸ *Vorrei un po' di prosciutto.*

❯ La particella pronominale *ne*

Di solito la particella *ne* si usa per indicare una parte di una quantità.

▸ *Ho comprato la pizza. Ne vuoi un pezzo? (ne = di pizza)*
▸ *Prende anche le patate?*   • *Sì. Ne vorrei un chilo. (ne = di patate)*
▸ *Conosci qualche lingua straniera?*   • *No, non ne parlo nessuna. (ne = di lingua)*

Con il participio passato *ne* si comporta come un pronome diretto e il participio concorda con il pronome.

▸ *Vuoi un caffè?*   • *No, grazie, ne ho già bevuti due.*
▸ *Hai comprato le mozzarelle?*   • *Sì, ne ho prese quattro.*

Con *tutto / -a / -i / -e* non si usa *ne* ma i pronomi diretti *lo, la, li, le.*

▸ *Quante pagine hai letto?*   • *Le ho lette tutte. / Ne ho lette 10.*

❯ La dislocazione pronominale

Di solito il pronome sostituisce il nome. Ma nella lingua parlata è molto frequente usare il pronome insieme al nome. La ripetizione serve a evidenziare la cosa che ci interessa sottolineare in quel momento.

Il nome può stare all'inizio:

▸ *Il pane l'ho già comprato.*   ▸ *Gli inviti li avete spediti?*
▸ *A Luca gli telefono io.*

O alla fine:

▸ *L'hai già comprato il pane?*   ▸ *Li avete spediti gli inviti?*

◗ I pronomi combinati

I pronomi diretti e i pronomi indiretti possono formare un pronome doppio.

		lo	la	li	le
	mi	me lo	me la	me li	me le
	ti	te lo	te la	te li	te le
	gli / le	glielo	gliela	glieli	gliele
	ci	ce lo	ce la	ce li	ce le
	vi	ve lo	ve la	ve li	ve le
	gli	glielo	gliela	glieli	gliele

▸ *Dove hai comprato questo vestito?* • *__Me l'ha__ regalato Fabio.*
▸ *Mi presti la macchina?* • *No, non __te la__ do!*
▸ *Hai dato i soldi a Iacopo?* • *Sì, __glieli__ ho dati.*
▸ *Devi mandare una mail a Lucia.* • *Ora non posso, __gliela__ scrivo dopo.*
▸ *Ti sei ricordato di portarci i nostri libri?* • *No, __ve li__ porto domani.*

Attenzione: i pronomi diretti possono formare un pronome doppio anche con la particella *ci*.
▸ *Perché i libri sono <u>sul letto</u>?* • *__Ce li__ ho messi io!*
▸ *Chi accompagna i bambini <u>a scuola</u>?* • *__Ce li__ accompagna la baby sitter.*

◗ La costruzione *stare per*

Per indicare un'azione molto vicina nel futuro si usa la costruzione *stare per* + infinito.
▸ *La partenza è alle 8 e 15. Beviamo un caffè?* • *No, sono le 8 e 13. Il treno __sta per partire__!*

Diversamente, la costruzione *stare* + gerundio si usa per esprimere un'azione che accade "in questo momento".
▸ *__Sto facendo__ la doccia, puoi rispondere tu al telefono?*

◗ La costruzione *avere bisogno di*

La costruzione *avere bisogno di* si usa per esprimere una necessità.
▸ *Ho fame, __ho bisogno di__ mangiare.*
▸ *__Abbiamo bisogno di__ un paio di scarpe nuove.*
▸ *__Hai bisogno di__ aiuto?*

◗ Alcuni usi della preposizione *di*

La preposizione *di* ha molti usi. Può indicare:
- un possesso
- una caratteristica specifica
- la provenienza

▸ *Questo libro è __di__ Maria.*
▸ *La carne __di__ maiale non mi piace.*
▸ *I tortellini sono un piatto tipico __di__ Bologna.*

È inoltre usata in molte espressioni:
di fronte, a destra di, a sinistra di, a proposito di, invece di, d'accordo, ecc.

La differenza tra aggettivo e avverbio

li aggettivi si riferiscono sempre ai nomi. Sono variabili, cioè concordano in genere e numero con il nome.
- *Alla festa ho conosciuto una _ragazza_ **russa**.*
- *I tuoi _amici_ sono **simpatici**.*

li avverbi servono a definire meglio i verbi, ma anche gli aggettivi o intere frasi. Sono invariabili.
- *Luca _parla_ **bene** spagnolo.*
- *Hai una casa **molto** _bella_.*
- ***Sinceramente**, è una situazione _difficile_.*

◗ *Poco, molto, troppo*

li indefiniti *poco, molto / tanto, troppo* si riferiscono a quantità non precise.
ossono essere sia aggettivi (variabili) che avverbi (invariabili).

	aggettivo	avverbio
poco	▸ *Mangio **poca** pasta.*	▸ *La carne mi piace **poco**.*
molto / tanto	▸ *Ada ha **molte** amiche.*	▸ *Ugo lavora **molto**.*
troppo	▸ *Tu mangi **troppi** dolci!*	▸ *Questo esercizio è **troppo** difficile per me.*

◗ Le misure

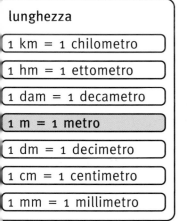

lunghezza
1 km = 1 chilometro
1 hm = 1 ettometro
1 dam = 1 decametro
1 m = 1 metro
1 dm = 1 decimetro
1 cm = 1 centimetro
1 mm = 1 millimetro

peso
1 kg = 1 chilo(grammo)
1 hg = 1 etto(grammo)
1 dag = 1 decagrammo
1 g = 1 grammo
1 dg = 1 decigrammo
1 cg = 1 centigrammo
1 mg = 1 milligrammo

capacità
1 hl = 1 ettolitro
1 dal = 1 decalitro
1 l = 1 litro
1 dl = 1 decilitro
1 cl = 1 centilitro
1 ml = 1 millilitro

◗ I numerali collettivi

numerali collettivi si usano per indicare un insieme di cose o di persone: *un paio, una coppia, un duo, una decina, na ventina, un centinaio, un migliaio*, ecc.
- *Ho comprato **un paio** di scarpe di pelle.*
- *Abito in questa casa da **una decina** d'anni. (= circa 10)*
- *Alla manifestazione c'erano **un centinaio** di persone. (= circa 100)*

✓ ▶ Il condizionale presente

Il condizionale presente si usa per:

- esprimere un desiderio
- chiedere qualcosa con cortesia
- dare consigli
- esprimere una possibilità

▸ *Vorrei cambiare lavoro.*
▸ *Vorrei un caffè, per favore.*
▸ *Dovresti studiare di più.*
▸ *Potremmo andare in campeggio quest'estate.*

▸ *Mi piacerebbe avere un figlio.*

Le forme del condizionale presente dei verbi in *-are* sono uguali a quelle dei verbi in *-ere*.

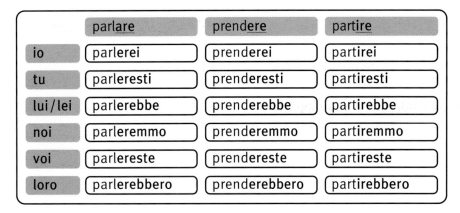

	parl**are**	prend**ere**	part**ire**
io	parl**erei**	prend**erei**	part**irei**
tu	parl**eresti**	prend**eresti**	part**iresti**
lui/lei	parl**erebbe**	prend**erebbe**	part**irebbe**
noi	parl**eremmo**	prend**eremmo**	part**iremmo**
voi	parl**ereste**	prend**ereste**	part**ireste**
loro	parl**erebbero**	prend**erebbero**	part**irebbero**

I verbi in *-care* e *-gare* aggiungono una *-h-*.

- cercare: cer**ch**erei, cer**ch**eresti, cer**ch**erebbe, cer**ch**eremmo, cer**ch**ereste, cer**ch**erebbero
- pagare: pa**gh**erei, pa**gh**eresti, pa**gh**erebbe, pa**gh**eremmo, pa**gh**ereste, pa**gh**erebbero

Alcuni verbi sono irregolari al condizionale.

	essere	avere	volere
io	sarei	avrei	vorrei
tu	saresti	avresti	vorresti
lui/lei	sarebbe	avrebbe	vorrebbe
noi	saremmo	avremmo	vorremmo
voi	sareste	avreste	vorreste
loro	sarebbero	avrebbero	vorrebbero

Verbi irregolari come *essere*:
- dare   io **darei**
- fare   io **farei**
- stare   io **starei**

Verbi irregolari come *avere*:
- andare   io **andrei**
- dovere   io **dovrei** *I should* ✱
- potere   io **potrei** *I could*
- sapere   io **saprei**
- vedere   io **vedrei**
- vivere   io **vivrei**

Verbi irregolari come *volere*:
- bere   io **berrei**
- rimanere   io **rimarrei**
- tenere   io **terrei**
- venire   io **verrei**

I nomi irregolari

cuni nomi sono maschili al singolare e femminili al plurale.

- *il braccio* → *le braccia*
- *il labbro* → *le labbra*
- *il paio* → *le paia*

- *il dito* → *le dita*
- *l'orecchio* → *le orecchie*
- *l'uovo* → *le uova*

▸ *il ginocchio* → *le ginocchia*

tenzione: *mano* è irregolare al singolare e al plurale.

▸ *la mano* → *le mani*

Il *si* impersonale

 forma impersonale *si* + **verbo alla terza persona singolare** indica un soggetto generico (la gente, le persone).
▸ *In Italia* **si va** *in vacanza ad agosto.*
  (= *In Italia* **la gente** *va in vacanza ad agosto. / In Italia* **le persone** *vanno in vacanza ad agosto.*)

uando il verbo ha un oggetto diretto, il verbo concorda con il suo oggetto.
▸ *In Brasile* **si parla** il portoghese.
▸ *A Bologna* **si mangiano** i tortellini.

L'imperativo formale

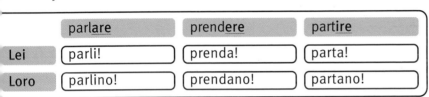

	parl**are**	prend**ere**	part**ire**
Lei	parli!	prenda!	parta!
Loro	parlino!	prendano!	partano!

cuni verbi irregolari:

andare	**vada, vadano**	• avere	**abbia, abbiano**	• bere	**beva, bevano**
dare	**dia, diano**	• dire	**dica, dicano**	• essere	**sia, siano**
fare	**faccia, facciano**	• rimanere	**rimanga, rimangano**	• sapere	**sappia, sappiano**
stare	**stia, stiano**	• uscire	**esca, escano**	• venire	**venga, vengano**
volere	**voglia, vogliano**				

er esprimere l'imperativo formale singolare si usa la terza persona singolare (**Lei**).
▸ *Signor Righi,* **aspetti** *qui, il dottore arriva subito.*
▸ *Per stare bene,* **faccia** *un po' di sport.*

er esprimere l'imperativo formale plurale si usa la terza persona plurale (**Loro**). Questa forma però non è molto usata.
a forma più comune è la seconda persona plurale (**Voi**) dell'imperativo informale.

oro ▸ *Prego signori,* **entrino**.
Voi ▸ *Prego signori,* **entrate**.

er fare l'imperativo formale negativo basta aggiungere *non* prima del verbo.
▸ *Mi raccomando,* **non** *esca con questo tempo!*

L'imperativo formale con i pronomi

pronomi diretti, i pronomi indiretti e le particelle *ci* e *ne* vanno sempre prima dell'imperativo formale.
▸ *Dottore, devo prendere l'antibiotico?*   • *Sì,* **lo** *prenda!*
▸ *Mi dispiace signora, ora non posso parlare.* **Mi** *telefoni più tardi.*
▸ *La cioccolata è buona, ma non* **ne** *mangi troppa.*

● Il futuro semplice

Il futuro semplice si usa per:

- parlare di azioni o eventi futuri
- fare previsioni sul tempo
- fare previsioni su situazioni future

▸ *L'anno prossimo* **cambierò** *casa.*
▸ *Domani* **pioverà**.
▸ *Tra 100 anni non* **ci saranno** *più guerre.*

(handwritten margin notes:) lo schermo / the screen · chissà / who · una mazzo a burul · conditional parleremmo

Le forme del futuro semplice dei verbi in **-are** sono uguali a quelle dei verbi in **-ere**.

	parlare	prendere	partire
io	parlerò	prenderò	partirò
tu	parlerai	prenderai	partirai
lui/lei	parlerà	prenderà	partirà
noi	parleremo	prenderemo	partiremo
voi	parlerete	prenderete	partirete
loro	parleranno	prenderanno	partiranno *stress*

I verbi in **-care** e **-gare** aggiungono una **-h-**.

- cercare: cercherò, cercherai, cercherà, cercheremo, cercherete, cercheranno
- pagare: pagherò, pagherai, pagherà, pagheremo, pagherete, pagheranno

Alcuni verbi sono irregolari al futuro semplice.

	essere	avere	volere
io	sarò	avrò	vorrò
tu	sarai	avrai	vorrai
lui/lei	sarà	avrà	vorrà
noi	saremo	avremo *short*	vorremo
voi	sarete	avrete	vorrete
loro	saranno	avranno	vorranno

(handwritten margin note:) Check with M.F. re. accents when typing

(handwritten notes:) Squashed together · Double rr

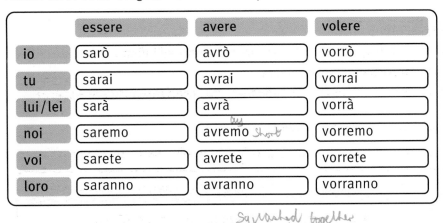

Verbi irregolari come *essere*:

- dare   io **darò**
- fare   io **farò**
- stare   io **starò**

Basic

Verbi irregolari come *avere*:

- andare   io **andrò**
- dovere   io **dovrò**
- potere   io **potrò**
- sapere   io **saprò**
- vedere   io **vedrò**
- vivere   io **vivrò**

Verbi irregolari come *volere*:

- bere   io **berrò**
- rimanere io **rimarrò**
- tenere   io **terrò**   *short verbs*
- venire   io **verrò**

Il futuro epistemico

futuro semplice si usa anche per fare un'ipotesi sul presente o esprimere un'incertezza.

▸ *Che ore sono?* • *Non lo so, saranno le 8.*
▸ *Perché quel bambino sta piangendo?* • *Avrà fame.*
▸ *Dove saranno i miei occhiali?*

I verbi impersonali

verbi impersonali sono verbi che non hanno un soggetto determinato (sono usati alla terza persona singolare).
Iolti di questi verbi riguardano il tempo atmosferico: *piovere, nevicare, grandinare, tuonare,* ecc.

▸ *Piove. Prendi l'ombrello.*   ▸ *Nevica da due giorni.*

tenzione: con i verbi atmosferici si può usare sia l'ausiliare *essere* che l'ausiliare *avere*.

▸ *Questa notte è / ha piovuto molto.*

I verbi *sapere* e *conoscere*

verbo *sapere* + un altro verbo all'infinito, indica "avere la capacità di fare qualcosa".

▸ *Marta non sa nuotare.*
▸ *Luigi sa suonare il piano.*
▸ *Mio figlio ha un anno e ancora non sa camminare.*

uando vogliamo indicare "conoscere qualcuno o qualcosa" usiamo il verbo *conoscere*.

▸ *Tu conosci Aldo?*
▸ *Non conosco Firenze, non ci sono mai stato.*

Il passato prossimo con i verbi modali

l passato prossimo i verbi modali (*dovere, potere, volere*) prendono l'ausiliare del verbo all'infinito.

▸ *Ieri non ho potuto studiare perché stavo male. (studiare: ausiliare avere)*
▸ *A casa non avevo niente da mangiare e così sono dovuto andare al supermercato. (andare: ausiliare essere)*

I diversi usi di passato prossimo e imperfetto

passato prossimo e l'imperfetto si usano per parlare del passato. Hanno una funzione diversa e complementare.

il passato prossimo si usa per:	l'imperfetto si usa per:
• raccontare un'azione finita (e non abituale) ▸ *L'estate scorsa sono andato al mare.*	• descrivere una situazione, uno stato (fisico o psicologico) o un'abitudine del passato ▸ *Quando ero piccolo durante l'estate andavo sempre al mare.*
• raccontare una successione di azioni ▸ *Luca ha studiato e poi ha ascoltato la radio.*	• descrivere azioni simultanee ▸ *Mentre Luca studiava, ascoltava la radio.*

il passato prossimo + l'imperfetto si usano in combinazione quando:
• si racconta un'azione (passato prossimo) che si inserisce in una situazione che è già iniziata (imperfetto). ▸ *Mentre Luca studiava, è arrivata Rita.*

◉ Gli avverbi in *-mente*

Molti avverbi si formano dal femminile singolare dell'aggettivo + il suffisso *-mente*.

aggettivo		avverbio
vero	→ *vera* →	*veramente*
libero	→ *libera* →	*liberamente*

Gli aggettivi in *-le* e *-re* perdono la *-e* finale.

facile	→	*facilmente*
esteriore	→	*esteriormente*

◉ L'avverbio *addirittura*

Come avverbio *addirittura* significa *anche*, ma è più enfatico.

Serve a evidenziare che quello che stiamo dicendo è forse esagerato, è "troppo".

▸ *Mi ha invitato a cena a casa sua, ho mangiato malissimo e poi mi ha chiesto **addirittura** di lavare i piatti!*

Quando è usato da solo è un'esclamazione che significa *"fino a questo punto!"*, *"incredibile!"*, *"non ci posso credere!"*

▸ *Luigi si sposa per la quarta volta.* • *Addirittura!*

◉ Le espressioni preposizionali

Alcune espressioni di luogo sono formate da più parole ma hanno la funzione di una preposizione.

in cima a	▸ *Il monastero è **in cima a** una montagna.*
ai piedi di	▸ *Il paese di Courmayeur è **ai piedi del** Monte Bianco.*
a due passi da	▸ *Il campeggio si trova **a due passi dal** mare.*
nel cuore di	▸ *Ho affittato una casa **nel cuore della** campagna toscana.*
alla fine di	▸ ***Alla fine della** strada comincia il bosco.*
a metà di	▸ ***A metà del** viale c'è un palazzo rosso.*
al limite di	▸ *Abbiamo lasciato la macchina **al limite del** bosco.*
ai lati di	▸ *Ci siamo fermati ad aspettarli **ai lati della** strada.*
con vista su	▸ *Siamo in un albergo **con vista sull'**isola di Capri.*

◉ Le esclamazioni

Alcune esclamazioni della lingua parlata per esprimere sorpresa:

Mamma mia!	▸ ***Mamma mia** quanto sei alto!*
Caspita!	▸ *Hai già finito? **Caspita!***
Cavolo!	▸ *Sono già le 10? **Cavolo!***
Cazzo! *(molto volgare)*	

Alcune esclamazioni della lingua parlata per esprimere preoccupazione, delusione, rabbia:

Accidenti!	▸ ***Accidenti!** Ho dimenticato le chiavi!*
Madonna mia!	▸ ***Madonna mia!** Domani ho l'esame e non ho studiato niente!*
Oddio!	▸ ***Oddio!** Sta piovendo e non ho l'ombrello!*
Santo Cielo!	▸ ***Santo cielo!** Quante volte devo dirti di non usare la mia macchina?*
Per la miseria!	▸ *Ho sbagliato un'altra volta, **per la miseria!***

La congiunzione *se*

a congiunzione se si può usare per esprimere un'ipotesi reale.

▸ *Se il film è iniziato, io non entro.*
▸ *Se tu non vai, non vado neanche io.*
▸ *Se hai sonno, vai a dormire.*
▸ *Se esci, compra il latte!*

L'avverbio *mica*

avverbio mica è molto usato nella lingua parlata per sottolineare una negazione.

▸ *Non voglio **mica** passare la vita a lavorare!*
▸ *Non ho **mica** capito cosa vuoi dire.*

a alcuni casi si può usare anche senza ***non***.

▸ *Stai bene?* • ***Mica** tanto!*
▸ ***Mica** male questo film!*

La forma tonica dei pronomi

uando seguono una preposizione, i pronomi si chiamano tonici (forma tonica).

pronome soggetto	forma tonica
io	me
tu	te

▸ *Vuoi venire con **me**?*
▸ *Allora vengo da **te** alle 8, d'accordo?*

er tutte le altre persone la forma tonica è uguale al pronome soggetto (*lui / lei, noi, voi, loro*).

▸ *A **lui** non piace il pesce.*
▸ *Per **noi** non c'è problema.*

Qualche volta, le forme toniche si usano anche come soggetto:

  in alcune esclamazioni   ▸ *Povero **me**!*   ▸ *Beato **te**!*
  nella costruzione *io e te*   ▸ ***Io e te** non andiamo d'accordo.* (ma: *Tu ed io non andiamo d'accordo.*)

Il pronome relativo *cui*

l pronome relativo cui sostituisce un oggetto indiretto (un oggetto preceduto da una preposizione).

Questo è il libro.
      +   = *Questo è il libro **di cui** ti ho parlato.*
Ti ho parlato del libro.

Andiamo a mangiare in un ristorante.
      +   = *Andiamo a mangiare nel ristorante **in cui** lavora Marta.*
Marta lavora in quel ristorante.

● La frase coordinata e la frase subordinata

Le frasi possono essere collegate tra loro da un rapporto di coordinazione o di subordinazione.
Nella coordinazione le frasi sono sullo stesso piano, non sono cioè in un rapporto di dipendenza.
Di solito sono legate da una congiunzione (*e, ma, però,* ecc.).

	1		2
▸ *Ieri sono andato al cinema*		*e*	*ho incontrato Claudia.*
▸ *Mi piacerebbe venire con voi*		*ma*	*devo studiare.*

Nella subordinazione, le frasi sono in un rapporto di dipendenza l'una dall'altra.
C'è quindi una frase più importante (frase principale) e una frase secondaria (dipendente o subordinata) che dipende dalla prima. Una delle frasi subordinate più comuni è la frase relativa.
In questo caso la frase principale e la frase dipendente sono legate da un pronome relativo (*che* o *cui*).

	principale		dipendente
▸ *Ho conosciuto una ragazza*		*che*	*lavora in libreria.*
▸ *Questa è la casa*		*di cui*	*ti ho tanto parlato.*

● Il prefisso di negazione *in-*

Con il prefisso *in-* molti aggettivi assumono un significato contrario.

- *capace* → *incapace*   ▸ *Aldo non sa fare niente, è un **incapace**!*
- *umano* → *inumano*   ▸ *La guerra è **inumana**.*
- *utile* → *inutile*   ▸ *È **inutile** gridare, ti sento!*

Attenzione:

in- + *b* → *imb*	*bevibile* → **imb**evibile
in- + *m* → *imm*	*mortale* → **imm**ortale
in- + *p* → *imp*	*possibile* → **imp**ossibile
in- + *l* → *ill*	*legale* → **ill**egale
in- + *r* → *irr*	*regolare* → **irr**egolare

● Gli aggettivi in *-bile*

Gli aggettivi che terminano in *-bile* hanno un valore passivo ed esprimono una possibilità.

- ▸ *È un fenomeno **spiegabile**.* (= che può essere spiegato)
- ▸ *È un prezzo **accettabile**.* (= che può essere accettato)
- ▸ *È un libro **introvabile**.* (= che non può essere trovato)

● Le espressioni verbali *farsi avanti, portarsi dietro,* ecc.

Alcuni verbi in combinazione con alcune espressioni possono cambiare poco o molto il loro significato originario.

- andare avanti → continuare
- fare caso → osservare, stare attento
- fare fuori → eliminare, uccidere
- venire meno → morire

- andare d'accordo → essere in sintonia
- fare finta → simulare
- farsi male → ferirsi
- portarsi (qualcuno) dietro → prendere (qualcuno) con sé

I verbi con preposizione *cominciare, continuare, finire, ecc.*

Alcuni verbi si usano generalmente insieme a una preposizione.

cominciare a (incominciare a)	▸ *Di solito **comincio a** lavorare alle 9.*
iniziare a	▸ ***Inizio a** pagare le rate della casa dal prossimo mese.*
continuare a	▸ *Perché **continui a** disturbare la lezione?*
provare a	▸ *Sei ingrassato troppo? **Prova a** mangiare meno!*
riuscire a	▸ *La notte non **riesco a** dormire.*
finire di	▸ *Ieri sera **ho finito di** studiare alle 11.*
smettere di	▸ *Mio padre **ha smesso di** fumare da un anno.*
terminare di	▸ *In Italia gli uomini **terminano di** lavorare a 65 anni.*
cercare di	▸ ***Cerca di** essere più attento!*

Gli indefiniti *qualche, qualcosa, qualcuno, nessuno*

Gli indefiniti indicano cose o persone indefinite, non specificate.

Qualche indica una quantità indefinita. È un aggettivo, è invariabile e si usa solo nella forma singolare.

▸ *Conosci **qualche** ristorante in questa zona?*

▸ ***Qualche** volta sono andato al cinema da solo.*

Qualcosa indica una cosa indefinita. È un pronome, è invariabile e si usa solo nella forma singolare.

▸ *Vuoi **qualcosa** da bere?*

▸ *C'è **qualcosa** che non mi piace in Luigi.*

Qualcuno (come *uno*) indica una persona indefinita. È un pronome, si usa solo nella forma singolare e ha una forma maschile e una femminile.

▸ *C'è **qualcuno** che parla inglese qui?*

▸ ***Qualcuno** dovrebbe aiutare Luca a finire il lavoro.*

▸ *Ragazze, **qualcuna** di voi conosce l'arabo?*

Nessuno indica una mancanza / assenza indefinita. Può essere aggettivo o pronome.

aggettivo	▸ *Non c'è **nessuna** <u>possibilità</u> di vincere la partita.*
pronome	▸ *Attilio? Non conosco **nessuno** con questo nome.*

Quando precede il nome segue le forme dell'articolo indeterminativo.

▸ *Per me non c'è **ness<u>un</u>** problema.* ▸ *Bravo, non hai fatto **ness<u>uno</u>** sbaglio.*

Dopo il verbo vuole la negazione, prima del verbo no.

▸ *Alla festa <u>non</u> è venuto **nessuno**.* ▸ ***Nessuno** vuole lavorare la domenica.*

appunti

appunti

appunti

appunti

griglia di comparazione tra le competenze

previste per il Livello A2 dal *Quadro comune europeo* di riferimento per le lingue e i contenuti di Domani 2

	Descrizione delle competenze acquisite Sono in grado di:	Attività in Domani 2 (numero di pagina)
produzione orale	presentarmi, indicare i miei interessi e le ragioni per cui studio la lingua italiana.	9
produzione orale	spiegare in modo semplice a cosa servono oggetti a me familiari e descrivere e confrontare cose, luoghi, oggetti o concetti.	10, 30, 69, 78, 80, 99
produzione orale	formulare frasi semplici sulla base di un input verbale (per es. liste di parole), sia al presente che al passato.	19, 21, 25, 30, 42, 48, 80, 9c 119, 129, 134
produzione orale	raccontare una breve storia immaginaria ambientata nel presente o nel passato; sono inoltre in grado di arricchire la storia con eventuali dettagli suggeriti da altre persone.	21, 130
produzione orale	riferire brevemente la trama di un libro.	125
produzione orale	descrivere l'aspetto fisico e il carattere di una persona.	47
produzione scritta	riscrivere porzioni di testi brevi per renderli più chiari o sintetici.	14, 129
produzione scritta	scrivere un breve testo su episodi della mia infanzia.	48
produzione scritta	produrre un breve testo (un racconto, un articolo, frasi isolate, ecc.) reagendo a un input verbale o sonoro (per es. prendendo spunto da liste di parole o da un brano musicale).	57, 76, 83, 135
produzione scritta	scrivere brevi lettere, e-mail o pagine di diario di argomento sia immaginario che reale.	83, 113, 122
produzione scritta	scrivere annunci immobiliari o brevi presentazioni di luoghi per brochure turistiche.	83, 103
comprensione orale	capire istruzioni e descrizioni se formulate lentamente e in modo chiaro.	11, 69, 76, 88
comprensione orale	capire conversazioni semplici (formali o informali) tra madrelingua su oggetti di ampio consumo, la vita quotidiana o esperienze comuni, anche in presenza di rumori di fondo o altri tipi di interferenze; negli stessi dialoghi sono inoltre in grado di individuare informazioni dettagliate e utilizzarle per svolgere compiti specifici (correggere o completare un testo, rispondere a domande, isolare lessico tematico, ecc.).	13, 17, 27, 28, 32, 33, 44, 45 47, 54, 59, 62, 65, 70, 79, 8 96, 97, 102, 104, 106, 118, 12
comprensione orale	capire le informazioni principali di brevi brani estratti da trasmissioni o spot televisivi e radiofonici legati ad argomenti correnti e aspetti della vita quotidiana.	54, 96, 97
comprensione orale	capire il contenuto generale di una canzone.	130, 135
comprensione scritta	farmi un'idea del contenuto di materiale informativo ad ampia diffusione (per es. brevi articoli di stampa, brochure, ricette), e-mail e descrizioni di oggetti comuni o fenomeni diffusi, con o senza l'ausilio di immagini; nello stesso tipo di testi so inoltre individuare informazioni o elementi grammaticali specifici.	11, 22, 39, 40, 46, 55, 58, 63 64, 66, 77, 86, 97, 102, 110, 111, 124, 132
comprensione scritta	capire brevi definizioni di termini o concetti.	12, 85, 128
comprensione scritta	capire il contenuto generale di testi canori o brevi brani di letteratura contemporanea.	124, 131
interazione orale	confrontarmi con qualcuno sulle nostre difficoltà relative all'apprendimento linguistico.	13
interazione orale	chiedere, fornire e capire indicazioni e seguire semplici spiegazioni su argomenti e oggetti familiari; so inoltre formulare enunciati finalizzati alla soddisfazione di bisogni elementari e concreti.	13, 29, 31, 33, 56, 60, 61, 62 84, 91, 99, 105, 112, 113
interazione orale	confrontarmi con qualcuno sui costumi e altri aspetti culturali italiani; sono inoltre in grado di descrivere le usanze del mio Paese e del mio entourage, evidenziando differenze e analogie rispetto all'Italia.	16, 17, 23, 26, 42, 54, 64, 10
interazione orale	utilizzare l'espressione appropriata per fare gli auguri a qualcuno.	18
interazione orale	confrontare i miei gusti, le mie preferenze e le mie abitudini con quelli di altre persone.	23, 54, 64, 84, 88, 118, 119
interazione orale	formulare ipotesi sull'uso della lingua, parti mancanti di un discorso o altre particolarità linguistiche e confrontarle con quelle di un'altra persona.	24, 27, 41, 111
interazione orale	convincere qualcuno a fare qualcosa, dare ordini o raccomandazioni e difendere la mia opinione in caso di disaccordo.	26, 91, 101, 121
interazione orale	richiedere e proporre beni e servizi legati alla vita quotidiana.	31, 60, 61, 62, 71, 84, 91
interazione orale	fornire e chiedere informazioni su esperienze personali passate.	42, 45, 91, 118, 132
interazione orale	condurre una conversazione telefonica informale.	48, 99
interazione orale	cavarmela con varie unità di misura (prezzo, lunghezza, peso, volume, taglie, gradi).	55, 57, 60, 62, 67, 68, 69, 9
interazione orale	articolare il mio discorso e dare enfasi alla mia opinione utilizzando i segnali discorsivi, i connettivi e i gesti maggiormente diffusi.	91, 108, 109, 112, 121
interazione orale	formulare frasi semplici per fare supposizioni riferite al presente e previsioni per il futuro.	101, 107, 119